経営学総論

佐久間信夫　浦野倫平 編著

学文社

執　筆　者

田中信弘	杏林大学（第 1 章）
＊浦野倫平	九州産業大学（第 2・3 章）
小山嚴也	関東学院大学（第 4・5 章）
宮川　満	立正大学（第 6・8 章）
木村　弘	宇部工業高等専門学校（第 7 章）
聞間　里	九州産業大学（第 9・10 章）
＊佐久間信夫	創価大学（第 11・15 章）
木村有里	杏林大学（第 12 章）
西村　晋	創価大学・大学院博士後期課程（第 13 章）
安　熙錫	流通科学大学（第 14 章）
森　宗一	呉工業高等専門学校（第 16 章）
山本公平	広島大学（第 17 章）

（＊は編者・執筆順）

まえがき

経済のグローバル化。地球環境問題への関心の高まり。日本はじめ主要先進諸国における持続的な経済成長への懐疑。IT 革命がもたらす社会変化への漠然とした不安。働くことに対する人びとの価値観の多様化。社会と企業の新たな関係の模索。このように 21 世紀を迎えた今日の経営を取り巻く環境は大きく変わりつつある。その中にあってわれわれは，いまこそ経営の将来を見通す目をもつことが必要であろう。

本書は，そのような問題意識を出発点として，経営の将来を見通す上で不可欠となる経営学の代表的な理論，今日的なテーマを取り上げ，それぞれについて初学者向けにわかりやすく解説したものである。読者諸氏には，本書を通じて経営の将来を考える手がかりにしていただければ幸いである。

本書の構成は以下の通りである。まず，第 1 章では社会的制度としての現代企業の仕組みを明らかにしている。第 2 章から第 6 章までは，社会と企業の新たな関係を模索する中で，注目を集めているテーマであるコーポレート・ガバナンス，企業の社会的責任，企業倫理を取り上げている。その中には地球環境保護，社会の持続的成長といったキーワードも含まれる。

第 7 章から第 10 章までは，現代経営学の基礎となり発展をもたらした代表的理論を取り上げ，その意義について現代的視点から再考を試みている。テイラー，ファヨール，バーナード，サイモン。いずれも今日においても十分に説得力のある理論であり，経営学の今を理解するために，さらには将来の経営を予測するためにもそれらの理論を振り返り，あらためて検証することは意義あることと考える。

第 11 章から第 13 章においては，経済のグローバル化に対する企業の対応を取り上げている。経営組織の基本形態と多国籍企業の経営組織形態を相対化して，グローバル化にふさわしい組織形態の特色を明らかにし，さらには，多国籍企業の現状についても概説している。

第14章，第15章においては，第2次世界大戦後の20世紀後半において奇跡とも称される日本の高度経済成長の原動力となった日本企業の経営を取り上げ，その特色と近年における新たな展開についてみていく。最近では日本的経営を維持することで業績を向上させた事例（たとえば，トヨタ自動車）がみられることから，日本的経営の意義が見直され，あらためて今日の経営学の重要なテーマとして脚光を浴びているところである。

第16章では，企業の存続・維持・発展のカギとなる経営戦略を取り上げる。経営を取り巻く環境が大きく変動する今日にあっては，経営戦略の成否は，企業の盛衰に直結するといっても過言ではない。

最後に，ベンチャービジネスを取り上げる。今日，既存の企業において正社員の比率が減少し，契約社員，派遣社員，パート，アルバイトの比率が増大している。その中で，働くことに対する人びとの価値観が多様化し，企業の従業員として働くよりも，みずから起業して一国一城の主となる道を模索する人びとが増大している。この章においては，独立をめざす人を対象に，実践的なベンチャービジネスの経営と戦略とを指南していく。以上が，本書の構成である。

本書の出版にあたって，学文社代表取締役である田中千津子氏ならびに同社編集部スタッフの皆様には，本書の企画段階から原稿処理，校正作業に至るまで多大なご苦労をいただいた。最後になるが，ここにあらためて感謝申し上げる次第である。

2008年3月

編　　者

目　次

第１章　現代企業の諸形態——1
第１節　会社制度の発達と株式会社の登場　1
第２節　先進諸国における株式会社の普及　2
第３節　現代企業の諸形態　5
第４節　現代における株式会社の諸課題　12

第２章　外部監視とコーポレート・ガバナンス——16
第１節　はじめに　16
第２節　コーポレート・ガバナンス概念　17
第３節　外部監視の日米比較　22
第４節　おわりに　28

第３章　会社機関とコーポレート・ガバナンス——31
第１節　はじめに　31
第２節　商法改正と会社機関改革—内部統制システムの整備　32
第３節　内部統制プロセスの整備・運用　41
第４節　株主の機能と役割　44
第５節　おわりに　46

第４章　現代日本企業とステークホルダー——50
第１節　はじめに　50
第２節　ステークホルダーの概念の登場　51
第３節　ステークホルダー概念の展開　52
第４節　ステークホルダーの分類と特定　55

第５節　日本企業にとってのステークホルダー　58
第６節　ステークホルダーとのコミュニケーション　61
第７節　おわりに　62

第５章　現代企業の社会的責任――64
第１節　はじめに　64
第２節　企業規模の拡大と社会的責任　64
第３節　企業に対する社会的要請の変化と企業活動の変容　67
第４節　企業の社会的責任論の発展　72
第５節　近年のCSRをめぐる動向　75
第６節　おわりに　77

第６章　現代の企業倫理――80
第１節　はじめに　80
第２節　企業倫理の歴史　81
第３節　今日の企業倫理　85
第４節　企業倫理の複雑さ　89
第５節　おわりに　91

第７章　テイラーの経営管理論――93
第１節　テイラーと科学的管理法　93
第２節　課業管理の体系　95
第３節　機能式組織制度　100
第４節　テイラー批判に関して　103
第５節　近代経営学への貢献　104

第 8 章　アンリ・ファヨールの管理論――――107
第 1 節　はじめに　107
第 2 節　管理とは　108
第 3 節　管理の構成要素　109
第 4 節　管理の一般的原則　111
第 5 節　テイラーとファヨール　115
第 6 節　おわりに―ファヨールの経営学上の意義　116

第 9 章　バーナードの組織論――――119
第 1 節　はじめに　119
第 2 節　人間を理解するための 2 つの側面　119
第 3 節　制約の転化による協働の成立　122
第 4 節　達成困難な目的を掲げる協働　123
第 5 節　協働の発展と性質の変化　125
第 6 節　公式組織の構築　127
第 7 節　管理者の資質　132

第 10 章　サイモンの組織論　――意思決定的組織論――――134
第 1 節　はじめに　134
第 2 節　意思決定能力を高めるための経営　134
第 3 節　意思決定のプロセス　135
第 4 節　限定された合理性　138
第 5 節　意思決定の合理性を高める組織　140
第 6 節　組織への一体化と能率の基準　144
第 7 節　管理者の役割　147

第 11 章　経営組織の基本形態 ―― 149
第 1 節　ライン組織　149
第 2 節　ファンクショナル組織　151
第 3 節　ライン・アンド・スタッフ組織　152
第 4 節　事業部制組織　154
第 5 節　マトリックス組織　157

第 12 章　経営の国際化と多国籍企業 ―― 163
第 1 節　企業活動の国際展開　163
第 2 節　国際経営戦略　167
第 3 節　グローバリズムと多国籍企業　171

第 13 章　多国籍企業組織の発展 ―― 177
第 1 節　はじめに　177
第 2 節　パールミュッターの EPRG プロファイル　177
第 3 節　ストップフォードとウェルズによる多国籍企業組織の研究　178
第 4 節　ミシャレとドラピエールの多国籍企業の海外子会社の研究　182
第 5 節　バートレットとゴシャールの多国籍企業組織の研究　186
第 6 節　おわりに　188

第 14 章　日本的経営とその展望 ―― 191
第 1 節　日本的経営の形成　191
第 2 節　日本的経営の特徴　193
第 3 節　日本的経営の文化的基盤―集団主義　197
第 4 節　日本的経営を取り巻く状況変化　199
第 5 節　日本的経営の今後の動向　200

第 15 章　日本型企業システムの展開 ―――― 203
第 1 節　日本型企業システムの特徴　203
第 2 節　株式相互持合い　205
第 3 節　メインバンク・システム　208
第 4 節　企業と政府　212

第 16 章　現代企業の経営戦略 ―――― 217
第 1 節　経営戦略論の概念と変遷　217
第 2 節　経営戦略の概念と定義　221
第 3 節　経営戦略のレベル　222
第 4 節　経営戦略の策定プロセス　223
第 5 節　経営戦略と企業の成長の方向性　225
第 6 節　競争戦略―競争優位の構築　227

第 17 章　ベンチャー・ビジネスの経営と戦略 ―――― 230
第 1 節　はじめに　230
第 2 節　ベンチャー・ビジネスとは　230
第 3 節　ベンチャー・ビジネスの経営　234
第 4 節　ベンチャー・ビジネスの戦略　239

索　引 ―――― 246

第1章
現代企業の諸形態

第1節 会社制度の発達と株式会社の登場

今日の会社制度の中心をなす企業形態は株式会社である。世界の中では，株式会社が比較的早期に活用された国において経済発展が先行した。そして，現在，さまざまな新しい企業形態が模索されながらも，実態として株式会社は大部分の企業において採用され，多くの場合，それは変更されることはない。株式会社の発明は，いわば社会におけるイノベーションであり，歴史の上での画期的な出来事としてとらえることができる。しかし，株式会社が定着していくプロセスには長い時間を要した。近代的な株式会社は，19世紀になってようやくその制度的内実を整えることになる。それまでの会社制度は，きわめて長い間，未成熟な状態に置かれてきたといえる。以下，歴史の上での株式会社の発生とその普及プロセスについて考えてみよう。

人類の歴史においては，家族，コミュニティ，国家，宗教組織などのさまざまな社会集団が存在してきたが，会社はそれらと一応区別して理解しておきたい。すなわち，会社の設立は，基本的に個人の自由意思から生じる場合が多く，契約様式が自由で自発的な団体として眺めておくことが必要である[1)]。すでに古代の商業活動の中で商取引は発達し，単純な物々交換の域を超えて，財産の所有関係を証明するための契約を考案したりもしていた。また，会社の発明者という名誉は，すべてローマ人のものだともいわれている[2)]。

中世イタリアにおいては，海上貿易会社が誕生し，通常は一航海ごとに結成されて資金調達とその運営が行われていた。そこでは，共同出資によるパートナーシップが多く用いられ，それが徐々に複雑化・高度化することで会社制度は発達していった。14世紀にはイタリアにおいて複式簿記が採用されたが，これは貿易活動の発展の結果として，海外事務所の不正を防ぐという目的があった。さらに，海外送金の決済方法としての為替状の発行により，当時イタリアの銀行がこの取引の中心的存在となった。

このように，貿易活動の拡大を目的とした欧州諸国の世界進出が会社制度を発展させ，同時に商取引に伴う会計や金融の実務面での体制が整備されていくようになった。そして，おおむね16世紀から始まる大航海時代に，株式会社の活用が進展することになる。1602年には株式会社の起源とされる連合オランダ東インド会社が設立された。すなわち，① 全社員の有限責任，② 資本の証券化，③ 会社機関の存在，④ 永続企業という制度的特徴を満たしたものが株式会社の成立として重視されている。①の有限責任については，国による特許状において投資家が有限責任であることが明記された。また，②の資本の証券化については，1611年にアムステルダムで常設の証券取引所が開設され，そこで株式が自由に売買されることになった。しかしながら，当時，株式会社の設立には国王の特許状が必要とされ，自由な設立は認められなかった。また，会社機関については，出資者総会や取締役会などが支配階級によって専制的に支配されており，必ずしも民主的な運営形式がとられていたわけではなかった。

このように，前述の4つの制度的特徴のうち，有限責任制の確立と資本の証券化をもって，一応の株式会社の本質的な特徴であると理解され，その成立とされているが，近代的な株式会社としてその特性が発揮されるにはなお多くの年月を必要とした。

第2節　先進諸国における株式会社の普及

イギリスでは，1600年に設立されていた東インド会社が1665年に全出資者の有限責任制を導入し，株式会社の発展の基礎を築いた。しかし，18世紀初頭に南海泡沫事件が起こり，無許可会社の設立が相次いで株式会社そのものが危険視されるようになった。そして，泡沫会社禁止令が制定されたことにより，株価が暴落し，その後，ほぼ1世紀の間，株式会社そのものの設立が禁止されることになった。

やがて18世紀後半に産業革命が起こり，工業を機軸として資本主義の発展が起こると，1835年には泡沫会社禁止令が廃止されることになった。そして，1830年代には鉄道業において株式会社形態の採用が多くみられるようになった。鉄道業は株式会社形態のもとで膨大な資金需要をまかなうとともに，株式会社そのものの近代化をうながし，同時に証券市場の発展にも寄与することになった。1862年の会社法では，一定の法律案件を満たしておれば会社設立が可能になるという準則主義のもと，有限責任制が織り込まれた法令が統一されたのである。

アメリカでは，1776年の独立宣言を経て，1811年にはニューヨーク州において一般会社法が制定され，有限責任制が広く認められた。イギリスと比べると，株式会社はアメリカにおいて早くから隆盛をきわめた。アメリカで株式会社の自由化が進められた理由として，より広大な土地での輸送のために鉄道業が多くの資本を必要としたことがあげられる。また，各州が会社に対してより大きな自由を認めることで会社を地元に引きとめようとしたこともその理由であった。そして，19世紀末になると，鉄鋼業や石油業など大規模な株式会社が次々と誕生した。

巨大株式会社（ビッグビジネス）においては，巨額の資本調達のための株式の大量発行から，株式所有が広範に分散していった。それによって大株主の経営支配が後退し，会社支配者が株式所有者から経営者に移行することになった。これを「所有と経営の分離」とよんでいるが，大規模な企業の経営管理が複雑化したことで，所有者に代わって専門経営者が台頭するようになったのである。さらに株式の分散が進んだ状況下では，専門経営者が取締役会の意思決定を実質的に支配するようになっていった。このように，大規模な会社において所有と経営が分離していくことで，専門経営者が雇われて経営の専門化の任務を全うすることで一層の効率経営が行われるようになった。

日本では，明治期の産業化の過程で欧米列強に伍していくため，すでに欧米で完成されていた株式会社の導入をすばやく推進することになった。1872 年に設立された第一国立銀行は，民間企業としての初の本格的な株式会社であった。また，1878 年には，東京と大阪で株式取引所が開設された。事業会社としては，1882 年に大阪紡績会社が設立され，外国技術の受容からスタートし，急速な発展をとげた。そして，1899 年には新商法が公布され，会社設立を免許主義から準則主義に改めた。

明治期以降，第 2 次世界大戦の終結にいたるまで，日本経済の中心的位置を形成することになったのは，三井，三菱，住友などの財閥である。財閥は，傘下に多角的諸事業を配したコンツェルン形態を採用し，同族が親会社の持株会社を支配する一方で，傘下企業には専門経営者を登用するなどして，比較的早い時期に所有と経営の分離をすすめた。このように，日本の経済発展に欠かせない存在だったのは，それまで国内になかった制度としての株式会社を，外国から早期に導入した決断であったともいえる。

一方，中国とアラブが欧米に対する経済的優位を失っていった理由として，ミクルスウェイトらは，民間の大規模な株式会社が発展しなかった事情を重視している[3)]。中国は精緻なパートナーシップが発展し，すでに 14 世紀にはさまざまな種類の投資家と商人が貿易活動を行ったが，永続性をもった民間企業という概念が育たなかった。また，大会社は国家の独占事業として展開されるケースが多く，世襲制の官吏が磁器などの産業を経営し，次第に官僚主義がはびこる中で非効率化していった。

また，イスラムは金貸しを禁止するものの，正当な商業活動は奨励しており，東西の接点に位置する地理的優位性から，ローマ滅亡後には商業活動の中心をなした。しかしながら，コーランに基づく相続法では，遺産が多数の家族に厳格に分配されてしまい，企業の規模は拡大するほうに向かいにくく，このことからも外部から資本を調達できるほどの企業規模には成長しにくかったという。

このように，経済発展を主導した国々の共通要素として，株式会社の活用が重要であった。株式会社が資本調達を容易にし，企業大規模化への要請を充足したのである。そして，現代の企業形態における最もポピュラーな様式として定着するようになった。

第3節　現代企業の諸形態

（1）企業所有の基本形態

これまでみてきた会社制度の発展の中で，株式会社がどのような機能（メリット・デメリット）をもつのかを明らかにしていきたい。そのためには，まずさまざまな企業形態との比較を通じて株式会社の特徴を理解していこう。

ここでは，企業所有の基本形態を次の3つの型としてとらえる。個人企業，パートナーシップ（共同事業），そして株式会社である。現代において株式会社が大規模企業に適した形態として位置するようになった理由を3つの型を比較することから考えてみる。

第1の個人企業は，1人の人によって所有され運営されている組織である。通常，法的な定めによらずとも設立可能であり，特定の事業を起こす個人企業家が事業主体である。その際，個人企業は，必要な資金を銀行等から借り入れるが，全負債に対して個人としての責任を有し，無限責任のもとに経営を行う必要がある。このように，個人企業のメリットは，① 設立の容易さ，② 自由な意思決定，③ 利益の独占といった諸点にまとめられるが，デメリットとして，個人企業は信用に限度があり，規模の拡大にも限界がある。また，リスクの分散が難しく，企業主が死亡すると，企業の存在は終了してしまう。

第2のパートナーシップであるが，それは2人以上の所有者による共同組織である。歴史的に古くから存在する形態である。会社設立に際しては，個人企業よりも法的手続きを必要とし，パートナーシップの諸条件を明確にして創設されねばならない。資本については，複数の所有者による資本が動員されるので，個人企業としての制約からみると信用は増大する。また，意思決定については，協議を要することになるが，個人の能力を超える問題について，各パートナーの専門知識を期待することができ，経営上の職責を分担することが可能である。イギリスでの発展にみるように，株式会社に比べて政府による統制が少ない点も好まれて活用されるという側面があった。現在も，多くの国において法律事務所や会計監査法人などの専門会社にパートナーシップの形態をとる場合が多い。

一方，パートナーシップの不利な点については，個人企業と同じくパートナーの死亡や引退などによって，必ずしも永続性を期待できないことである。また，無限責任であるため，外部からの資金調達に限界をもつ。さらに，パートナー間での意見の不一致など調整の難しさがあげられる。

第3の株式会社については，個人企業やパートナーシップと比較すると，次のような利点がある。まず，株式会社は，会社それ自体がひとつの実体として存在し，その永続性を期待できることである。人間は限られた寿命をもつのに対して，会社は創業何百年といった長期の創業を可能にもさせる。また，全社員の有限責任の下に，投資家自らが負うのは限定された範囲の責任である。無限責任と異なり，投資家は自分の出資額以上の責任を負う必要がない。さらに，証券の譲渡が自由である点である。株式の売却が容易であることは，投資家に出資を積極化させる要因となる。とりわけ，現代のように株式が上場されて証券市場での売買が容易になると，投資家は自分の投資額を即座に回収することが可能である。これらのことは投資家からの資本調達を容易にさせるものとなった。

一方，株式会社のデメリットを考える上で，当初，問題視されていたことは，まず有限責任に関しての是非をめぐるものである。投資家が会社の負債に対してすべての責任をもたないことは，投資家への一種の「助成」であるとみなす考え方があった。また，株式会社は個人企業に比べて，エージェンシー問題が起きることから経営が非効率になりやすいという見方もあった。すなわち，会社の利害に対して，雇用された経営者は所有経営者ほどには真剣に対処しないとするものである。これらの主張は，出資者たちがあまり経営に関与しなくなってしまうことの危険をより大きくみようとしたものであるが，すでにみてきたように巨額の資金調達能力を発揮した巨大株式会社の誕生により，個人企業やパートナーシップに比した株式会社の優位性が認められるようになっていった。

また，株式会社の中でも，今日，重要性を増しているのが大規模な株式公開会社である。ここで「公開会社」とは一般には証券取引所等への上場を果たした会社とされる場合が多いが，わが国の会社法の規定では，発行する株式の一部でも譲渡制限のない株式を発行している会社とされる。また，会社法の上で「大会社」とは，資本金額が5億円以上か，負債総額200億円以上の会社のことである。

このように，3つの基本的な所有形態を比較することで，株式会社の特色を明らかにしてきたが，次に企業形態の分類方法を眺めることで，株式会社の位置づけを明らかにしたい。

（2）　企業の諸形態と日本における実態

企業形態を分類する見方として，経済的形態と法律的形態とを区分するものがある（図表1—1）。企業の経済的形態からの区分は，所有関係から，民間人の出資による私企業と，政府・地方自治体の出資による公企業，そして官民双方の出資に基づく公私合同企業の3つがある。ここでは，私企業を中心に眺めていくことになるので他の形態について若干ふれておくと，公企業については，公益性の高い事業や営利活動になじみにくい事業において，国や地方自治体が自ら活動を行うものである。また，公私合同企業については，第3セクターを例にとれば，地方自治体と民間が共同出資することで，公共性と効率性を同時に実現しようとしたものである。しかし，第3セクターは当初の理念と異なり，

図表 1—1　企業の諸形態

区　分	経済的形態	法律的形態
私企業	単独企業	個人企業
	少数集団企業	合名会社 合資会社 有限会社
	多数集団企業	株式会社 相互会社 協同組合
公企業	官庁企業	政府現業・地方公営企業など
	公共法人	公社・公団・事業団など
公私合同企業	政府公私合同企業	日本銀行・特殊会社など
	地方公私合同企業	第三セクターなど

出所）佐久間信夫編『よくわかる企業論』ミネルヴァ書房，2006年，p. 9とp. 17を参考に作成

責任所在のあいまいさもあって，地方自治体への財務上の依存体質から脱却できずに，近年，わが国では倒産や解散が相次いだ。

また，企業の法律的形態は，具体的には，会社法[4)]の定めた合名会社，合資会社，株式会社，合同会社のほか，保険事業を営むための相互会社，信用金庫などの非営利目的の民間事業組織である協同組合などがある。企業の法律的形態は，各国の法律により規定されるため，国ごとに異なるが，ここでは日本の法制度と実態を眺めることにしよう。

合名会社は，2 人以上の出資者（法律上は，社員という）によって設立され，社員全員が会社の負債に対して無限責任を負う。また，社員全員の総意による意思決定が重視されるため，相互の信頼関係が重視される家族経営に適した企業形態であるといえる。日本では，図表 1—2 にみるとおり，2005 年現在，5,758 社（0.2%）と非常に少ない。

合資会社は，無限責任社員のほかに，直接的に経営に参加しない有限責任社

図表 1—2　日本における組織別企業数

区　分	1,000万円未満	1,000万円以上 1億円未満	1億円以上 10億円未満	10億円以上	合　計	構成比
(組織別)	社	社	社	社	社	%
株式会社	18,101	985,699	30,390	6,877	1,041,067	40.3
有限会社	1,357,959	95,190	891	38	1,454,078	56.3
合名会社	5,039	698	20	1	5,758	0.2
合資会社	29,970	1,904	12	1	31,887	1.2
その他	22,056	29,055	899	233	52,243	2.0
合　計	1,433,125	1,112,546	32,212	7,150	2,585,033	100.0
(構成比)	55.4	43.0	1.3	0.3	100.0	—

出所）国税庁長官官房企画課『平成17年分税務統計から見た法人企業の実態』

員が存在する。有限責任社員の持分については，業務を執行する社員の承認があれば，譲渡が認められる。そのため，合資会社は有限責任を条件に出資する個人が増えるため，合名会社に比べて資本をより多く集めることに適している。しかしながら，合資会社は出資金を返還する制度をもたないため，いったん出資した資金を回収することは一般的に困難である。2005年現在，31,887社(1.2%）である。

株式会社は，前述したとおり，全社員が有限責任社員であり，証券の譲渡は自由である。投資家は通常1株につき1票の議決権を与えられた株式を購入することにより株式会社に出資する。したがって，より多くの株式を所有する者がより多くの支配権をもつことになる。その際，株式会社の最高議決機関は株主総会であり，そこにおいて支配の統一がはかられる。しかし，大規模な株式会社では株主数が多くなるため，株主総会での実質的な審議が行いにくく，総会そのものが形骸化することが多い。したがって，株主総会において選出された取締役が取締役会を構成し，取締役会が業務執行に関する決定とその監督を行うことになる。通常は，このような会社機関をもとに，大規模企業の運営が行われることになる。2005年現在，資本金1億円以上の企業の約95%が株式会社である。なお，2006年会社法では，最低資本金制度が撤廃され，1円での株式会社設立が恒常化されることになった。

合同会社は，同じく2006年の会社法により，新しく導入された形態であり，日本版LLC（Limited Liability Company）ともよばれる。株式会社と同じく有限責任社員のみから構成されているが，株式会社が1株1票の議決権を原則とし，株主は株数に応じた配当を受け取るのに対し，合同会社は利益や権限の配分を出資金の比率に拘束されずに出資者間で決めることができる。そのため，出資割合と利益分配の割合を変えることで，多額の資金をもたないが，事業のアイデアや特許を有する者に対してより多くの利益を分配するようなルールを定めておくことができる。

そのほか，図表1―2にみるとおり，有限会社が1,454,078社と多くあるが，2006年会社法で有限会社は原則として廃止され，株式会社へ一本化されることになった。有限会社においては，全社員が有限責任であるが，出資者数は50名以下，資本金は300万円以上であることが定められていた。株式会社に比べて，設立手続きや会社機関とその運営が簡素化されており，中小企業にとっての利便性は少なくなかったが，実態においては株式会社との区別がほとんどなかったといえる[5)]。

一方，近年の日本の会社設立動向として，総務省の調査による企業数ベースでの開廃業比率をみると，長期的には開業率が低下し，1990年代以降，廃業率が高まるようになった（図表1―3）。当該調査は，5年おきに行われる調査であるため，開業後まもなく廃業してしまうような事業所の把握が難しいなどの問題点もある。そのため，『中小企業白書（2007年版）』では，NTTタウンページによるデータベースから事業所数に関しての開業率・廃業率の算出を行っているが，それによれば総務省調査と同様の傾向がみられ，2004年以降についても，景気の回復が続いている中で，依然として廃業率が開業率を上回っているとされる[6)]（図表1―4）。

活発な会社設立は経済発展の源泉であるともいえ，近年，日本政府は起業しやすい環境づくりをすすめてきた。近年の法改正では，会社設立等の手続き面

図表 1―3　日本における開・廃業比率の推移（企業数ベース，非 1 次産業）

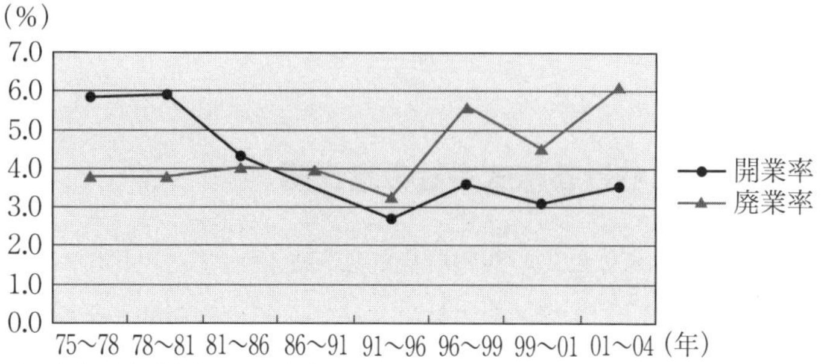

出所）総務省「事業所・企業統計調査」

図表 1―4　タウンページデータベースによる開廃業率と事業所数の推移

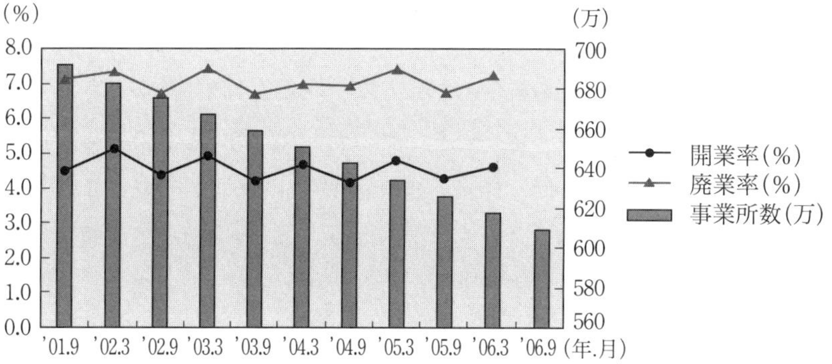

資料）エヌ・ティ・ティ情報開発(株)「タウンページデータベース」による集計。
出所）中小企業庁『中小企業白書 2007 年版』

での緩和がすすめられ，ベンチャー企業の新規登場なども待望されているのが現況である。また，団塊世代による起業や学生・大学ベンチャーの発動といった従来とは異なる起業者が社会におけるニーズや研究開発上のシーズをくみ取り，経済活動の一翼を担うことが期待されている。その場合，営利企業としての使命を追求する者のみならず，NPO 法人などの設立を通じた社会起業家としての活動も大いに模索されているようにみえる。すなわち，会社設立に関するさまざまな動機に基づく企業形態の選択という視点も，今日になって重要視されてきたと考えられるのである。

第4節　現代における株式会社の諸課題

これまで，さまざまな企業形態の歴史的変遷を眺めて，現代における企業形態の活用動向を検討してきた。その結果，株式会社は代表的な企業形態として普及し，現代企業に適合した様式として定着していることが確認できた。おそらく，株式会社は将来にわたっても支配的な企業形態の様式であり続けると考えられる。しかし一方で，現代において生じている株式会社の課題はないのであろうか。ここでは株式会社に内在する問題や株式会社を取り巻く環境における諸問題を考察し，それらを具体的に示していくことにしたい。

第１に，近年，株式会社の統治のあり方について多くの議論がなされていることである。この問題はコーポレート・ガバナンスの問題として，くわしくは後の章において論じられるが，株式会社の運営をめぐって，会社は誰のものであり，また，誰のために運営されるべきかについて，今日改めて問題提起されるようになった。本章でみてきたように，大会社の支配は所有者から専門経営者に移行することになったが，近年，生じているのは株主を企業の主権者としてとらえなおすことで，経営の非効率を是正しようとする動きがみられることである。すなわち，現代の株式会社における経営者支配体制の問題点に着目し，経営者に対する監視を強化していくことを重視するものである。それらは，具体的には会社機関を通じた内部監視体制の整備や，株式市場を通じた外部監視体制の強化を志向している。近年の商法・会社法の改正は，そのようなコーポレート・ガバナンスの改変をめぐる対応を意図したものであった。さらに，株式公開企業は証券市場の情報公開ルールに従い，会計情報の提供などのさまざまな説明責任（アカウンタビリティ）を課されている。結果として，それら企業情報の公開がM&Aにおける企業価値評価などのインフラ面の整備に資することにもなった。

第2に，上の議論とも関連するが，現代企業はコンプライアンス体制の構築や，CSR（企業の社会的責任）の要請に対応することが重要な課題となっている。近年，決して少なくない企業不祥事を契機に，組織メンバーの倫理観の向上をいわば再強調する取り組みが強化されるようになった。また，企業独自の対応とともに，たとえば，金融商品取引法などにより内部統制を強化しようとする法制度の要請も背景となって，一層のコンプライアンス体制の強化が進められている。このように，組織全体の倫理土壌の構築がさまざまな制度化施策を通じて講じられているのが現状である。

また，株式会社を取り巻く環境として，社会といかに向き合うかが現代企業の重要な使命となっている。近年，大企業を中心にCSRが注目され，より一層の推進が期待されるようになった。企業は株主のために利益を追求するとともに，株主以外の従業員，顧客，地域社会等のステークホルダーに対して責任を負う。とりわけ，企業は社会からの要求や圧力に受動的に対応するのでなく，メセナやフィランソロフィーといった社会貢献活動を主体的に進めることも求められるようになっている。

そのほか，株式会社に課された現代的問題として以下の2点をあげておこう。第1は，企業形態とイノベーションをめぐる議論である。近年における企業形態の模索は，技術面でのイノベーションに適する組織の選択という側面からも要請される。これからの産業社会においては，従来の重化学産業のように大設備を建設するのに必要な資金の獲得こそが最上位の課題であるといえない可能性がある。すなわち，カネを提供（調達）できることの価値は，知識を提供（調達）できる価値に比して小さくなる。研究開発型企業においては，知識資産を有するメンバーに対してより多くの貢献を認めるような会社制度も重要であり，先にふれた合同会社などの仕組みの実践的な活用も課題となっている。企業形態とイノベーションとの関わりをめぐる議論は今後の重要なテーマとなっていくにちがいない。

第2は，会社支配の防衛面の対策についても，株式会社は留意していくべきことである。とりわけ，資本拡大を要請される急成長企業は，外部株主の増加に対して一層の配慮をしていくことが必要となっていく。そのためには，種類株の活用を通じた買収防衛を行っている企業事例なども参考になる。たとえば，アメリカのグーグル社では，Dual Class 株式（複数の権利をもつ Class 株が共存する株式）を採用している。グーグルの株式の種類には Class A と Class B があり，Class B は Class A の 10 倍の議決権をもつ。その際，経営陣は創業者とともに Class B を多くもつことで，全議決権の 78% を確保している（2005 年 12 月 31 日時点）。グーグルは株式公開前にこのような方針を掲げて，賛同する株主によって出資を得ることで株式公開を果たした。すなわち，株式市場の短期的な業績向上に対する圧力を回避するために，Dual Class 構造の資本形態をとり，実質的な会社の支配権を創業者・経営陣に集中させ，長期的な視点に立った経営を志向したのである。

本章では，現代企業の代表的な形態である株式会社に注目し，その生成過程を含めて検討し，同時に今日における課題を示してきた。各国経済の持続的成長を促す主体として企業家精神の発揚を重視しなければならず，私企業の中での重要な企業形態である株式会社にかける期待は今後とも大きい。企業の誕生が経済活力の基盤であることを改めて確認し閉じることにしたい。

注）

1） 正木久司『株式会社論』晃洋書房，1986 年，p. 68 参照。
2） Micklethwait, J. & A. Woodridge, “The Company : A Short History of a Revolutionary Idea”, *Modern Library*, 2003.（日置弘一郎・高尾義明監訳『株式会社』ランダムハウス講談社，2006 年，p. 24 参照）
3） 同上訳書，pp. 25-27
4） 会社法では，株式会社以外の会社として，合名会社，合資会社，合同会社があげられており，それらをあわせて「持分会社」とよんでいる。
5） ただし，特例有限会社として有限会社の商号を用いて，一部において会社法の適用を除外する形も残された。

6)　中小企業庁『中小企業白書 2007 年版』第 2 章

参考文献

岩井克人『会社はこれからどうなるのか』平凡社，2003 年
植竹晃久『企業形態論』中央経済社，1984 年
近藤光男『会社法の仕組み』日本経済新聞出版社，2006 年
佐久間信夫編著『現代企業論の基礎』学文社，2006 年
佐久間信夫編『よくわかる企業論』ミネルヴァ書房，2006 年
正木久司『株式会社論』晃洋書房，1986 年
Micklethwait, J. & A. Woodridge, "The Company : A Short History of a Revolutionary Idea", Modern Library, 2003.（日置弘一郎・高尾義明監訳『株式会社』ランダムハウス講談社，2006 年）

第2章
外部監視とコーポレート・ガバナンス

第1節 はじめに

コーポレート・ガバナンスをめぐる議論は，大企業において「所有と経営の分離」が進展するにつれて，株主から経営を委託された立場にあるはずの経営者が実質的に企業の意思決定権を握る経営者支配の状況がみられたアメリカにおいて登場した。そこでは，「経営者の暴走を食い止めるにはどうすればよいのか」という問題をめぐって議論が展開されてきた。そして今日ではアメリカでのコーポレート・ガバナンスの議論が世界各国に波及し，日本をはじめ世界で活発に議論が展開されている。

日本では1990年代に入り，企業・経営者の不祥事が次々と明らかになり，さらには主要な大企業において，それまで日本企業のコーポレート・ガバナンス機能を担っていたとされる株式相互持合いやメインバンク制度が後退したこともあり，コーポレート・ガバナンスのあり方が問い直されることになった。

現在の日本企業のコーポレート・ガバナンス改革の全体的な流れをみると，アメリカでのコーポレート・ガバナンスの議論をふまえ，アメリカにおけるガバナンス改革の成果を積極的に取り入れる形で進展しているといえる。しかし，2001年のアメリカにおけるエンロン事件，それに続くワールドコム事件の発生を受けて，日本において，アメリカ的な論理，手法だけでよいのかという問題提起がなされ，日本独自のコーポレート・ガバナンスの模索も始まっている。

本章と次章ではコーポレート・ガバナンスにかかわる理論展開と日米の実践の最新動向について取り上げていくこととするが，まずはコーポレート・ガバナンス概念について整理するところからはじめたい。そこではコーポレート・ガバナンスの本質論（原理論）の 2 つの大きな流れについて言及されることになる。続いて現在のコーポレート・ガバナンスの実践的改革の動向について，コーポレート・ガバナンス実践の基本的枠組みである外部監視と内部統制とに分けて検討していく。なお，本章では実践論については外部監視の検討までとし，内部統制の検討については第 3 章において行うこととする。

第2節　コーポレート・ガバナンス概念

（1）　コーポレート・ガバナンスとは何か

近年，わが国においてコーポレート・ガバナンスのあり方に大きくかかわる法改正が続けざまに実施されていることもあり，コーポレート・ガバナンスをめぐる議論が活発化している。しかし，そこでの議論は法改正に対する企業の現実的な対応にかかわるものが多く，「コーポレート・ガバナンスとは何か」という本質が見えにくくなりつつあるように思われる。そこでまずは原点に戻り，コーポレート・ガバナンス概念を再検討するところから始めることにしたい。

コーポレート・ガバナンスは企業統治とも訳されているが，それは「経営者ないしは企業を規律づけること」ということができる。基本的にこのように理解されるコーポレート・ガバナンスにおいて問われる問題は大きく 2 つある。

まずは「誰が，誰のために，何を目的に，経営者ないしは企業を規律づけるのか」という問題で，これはコーポレート・ガバナンスの本質にかかわる問いである。したがって，この問いをめぐる議論はコーポレート・ガバナンスの本質論（原理論）に属するといえる。いまひとつの問いは「いかなるシステム，プロセスにより経営者ないしは企業を規律づけるのか」というものである。この問いをめぐる議論は，経営者，企業を効率的に規律づける具体的なシステムを提示しようとするものであり，コーポレート・ガバナンスの実践にかかわるものである。よって，こちらはコーポレート・ガバナンスの実践論に属する議論ということができる[1]。

（2） コーポレート・ガバナンス本質論にかかわる2つの理論（その1）
―株主理論に依拠したコーポレート・ガバナンス論―

コーポレート・ガバナンスに対するアプローチは，株主理論に基づくものと利害関係者理論に基づくものに大別される（図表2―1参照）。

株主理論は，法律上の規定を前提に，「会社は株主のもの」であり，その行動原理は所有者たる株主の利害を最大限に実現すること（株主価値最大化）にあるとする企業観をもつ。この株主理論に依拠すれば，コーポレート・ガバナンスの本質は，「株主が，所有者である自らのために，株主価値最大化を目的として経営者を規律づけるもの」ということになる。

コーポレート・ガバナンスの本質をこのようにみるならば，具体的なコーポレート・ガバナンスの実践にかかわる議論は，必然的に株主と経営者の関係と，その関係を制度化した会社機関に焦点があてられ，会社機関の改革による株主と経営者の関係改善策が展開されることになる。このように会社機関を通じて経営者を規律づけるシステムは内部統制とよばれる。

ところで，株主価値最大化を目的とした株主理論に基づくコーポレート・ガバナンスは，株主以外の利害関係者の利害を損なうことにはならないのであろうか。この点について株主理論の立場にある者は次のように述べる。

今日，公開企業の株式所有の中心は企業年金，公的年金，保険会社，投資信託といった機関投資家である。この機関投資家が運用する資産は，広く国民から預託された個人資産からなっており，機関投資家はそれを国民に代わって運用しているにすぎない。したがって経営者に株主価値最大化を求めることは，名義上の株主である機関投資家を介して，最終受益者である国民全体の個人資産を最大化することに他ならない。つまり，経営者に株主価値最大化を求めることは，国民が保有する個人資産の最大化を図ることを通して，経済社会全体

図表 2—1　株主理論と利害関係者理論に基づくコーポレート・ガバナンス論の基本的特徴

	株主理論ベース	利害関係者理論ベース
企業観	株主のもの 伝統的 法規定が前提	企業とりわけ巨大企業は一つの社会制度 すべての利害関係者が企業への請求権を有する
誰が	株主	株主を含むすべての利害関係者
誰のために	自らの利害のために	すべての利害関係者のために 社会全体のために
何を目的に	株主価値最大化	持続的成長 サステナビリティの確保
評価基準は何か	株主価値最大化 キャッシュフロー創造	トリプル・ボトム・ライン
ガバナンス改革の重点は	株主・経営者の関係を重視 会社機関を通じた内部統制強化に重点 とりわけ，取締役会改革と株主行動の促進を志向	株主を含むすべてのステークホルダーと企業の関係を重視 外部監視に重点

出所）筆者作成

の発展に寄与することになるのである。

この主張はたしかに一定の説得力をもつ。しかし，一方で株主理論に依拠するコーポレート・ガバナンスが濫用された事例もみられたのも事実である。1980 年代後半のアメリカでみられた投資ファンドによる敵対的買収の横行がそうであったし，日本でもライブドアや村上ファンドといった独善的な株主価値最大化行為が行われたことは記憶に新しい。彼らは結局，社会的混乱を招いた末に市場からの退場を余儀なくされた。

（3） コーポレート・ガバナンス本質論にかかわる2つの理論（その2）
―利害関係者理論に依拠したコーポレート・ガバナンス論―

次に利害関係者理論に基づくコーポレート・ガバナンスへのアプローチについてみてゆく。利害関係者理論の立場にある者は，もはや「会社は株主だけのものではない」と主張する。というのも，今日の企業とりわけ大企業は事実上，社会における重要な制度であり，企業にかかわるあらゆる利害関係者が請求権を保有していると見なすからである。また，利害関係者理論においては，昨今のCSR論（企業の社会的責任論）の展開をふまえ，企業はすべての利害関係者を重視しながら，経済的繁栄の維持，社会的公正の維持，環境の質の向上をバランスよく達成することで可能となる社会の持続的発展（サステナビリティ）に貢献すべき存在であるとの立場をとる[2)]。そして，このように位置づけられる企業のコーポレート・ガバナンスを実践するためのシステムとして，会社機関を通じて経営者を規律づける内部統制だけではなく，各種法規制，各種団体による提言，市場の規律，社会運動などにより，企業外部の利害関係者が自らの利害を考慮しながら企業行動全体を監視（モニタリング）する外部監視とよばれる行動も重要であるとみている。

以上をふまえるならば，利害関係者理論に基づくコーポレート・ガバナンスの本質は，「株主を含むあらゆる利害関係者が，すべての利害関係者ならびに社会全体のために，制度としての企業を内包する社会全体の持続的成長（サステナビリティ）を目的に，経営者ならびに企業を規律づけるもの」と定義されることになるだろう。この利害関係者理論に依拠するコーポレート・ガバナンス理解は，現代社会の企業に対するさまざまな要請が反映されており，現代社会の人びとに受け入れられやすいと思われる。

だが問題も存在する。利害関係者理論に依拠するコーポレート・ガバナンスの達成度は，その目的に照らして，企業価値を経済的価値，社会的価値，環境的価値の3つの局面から考察し，トータルとして社会の持続的発展（サステナビリティ）にどれだけ貢献したかにより評価されることになる（このような評価基準をトリプル・ボトム・ラインという）が，この評価基準は株主理論による評価基準である株主価値と比較すると抽象的といわざるを得ない。これに関して，現在，企業のCSRへの取り組みを評価に入れたSRI（社会的責任投資）インデックスなど，トリプル・ボトム・ラインを客観的に評価しようという試みが続いている。利害関係者理論に基づくコーポレート・ガバナンスの評価基準として，そうしたインデックスに関連させたものが取り入れられ，社会に定着していく可能性は高いといえる。

（４）両アプローチの接近

これまでコーポレート・ガバナンスに対する２つのアプローチをみてきたが，最近の動向として，株主理論からのアプローチが利害関係者理論からのアプローチを取り入れる形で接近する傾向にあることを指摘しておきたい。

その傾向は，今日の株式所有の代表的存在であるアメリカ機関投資家によるリレーションシップ・インベストメント重視への移行という行動変化に端的に表れているといえる。リレーションシップ・インベストメントとは，短期的な株主価値最大化の考えを改め，株式の長期保有を前提に経営者との信頼関係を醸成しながら，かつ，すべての利害関係者の利害にも一定の配慮をしながら，長期的見地に立った株主価値向上をめざそうとするものである。アメリカ機関投資家の発想がこのように変化した理由については，① サステナビリティを求める現代社会の要請に対応して，前述のトリプル・ボトム・ラインによる企業評価にも一定の配慮をせざるを得なくなったこと，② 機関投資家自身の株式所有の大規模化や分散投資の普及により，もし株式を保有する会社の経営に不満があればすぐに株式を売却するという，いわゆるウォール・ストリート・ルールでの対応が困難になったことなどがあげられる。

しかし，株主以外のすべての利害関係者の利害を考慮すること，企業の社会的価値を高めるためにコンプライアンス（法令遵守）を徹底し，企業倫理の向上に努めること，さらには環境保全に配慮すること，これらはあくまでも経済的価値である株主価値最大化のための手段にすぎないとする見解もある[3)]。このような位置づけによる利害関係者理論に基づくコーポレート・ガバナンスへの接近であれば，それは安易な対応であるとの批判は免れない。

第3節　外部監視の日米比較

前節においてコーポレート・ガバナンスの2つの本質論（原理論）を取り上げそれぞれの問題点についても触れた。ここからはコーポレート・ガバナンスの実践論をみていくことにする。コーポレート・ガバナンスの実践は，基本的に外部監視と内部統制に大別されるが，このうち外部監視は，主要株主を除く利害関係者がコーポレート・ガバナンスに参加するための主要な手段で，具体的には各種規制，ガイドライン提示や提言，市場の規律，社会運動などを通じて自らの利害を主張しながら経営者行動あるいは企業行動全体を監視（モニタリング）する形で実践される。

ここでは，さまざまな外部監視の主体のうち，コーポレート・ガバナンスの動向に大きな影響を及ぼしている政府および政府関係機関，自主規制機関，ならびに外部監査機関に注目し，日米比較の視点から考察していくこととする。

（1）政府による規制

アメリカ政府は連邦法である証券関連法による規制を通じて，また政府関係機関であるSEC（Securities and Exchange Commission；証券取引委員会）によるNYSE等の証券取引所に対する監督を通じてアメリカのコーポレート・ガバナンス改革に関与してきた。

アメリカのコーポレート・ガバナンスに新たな展開をもたらしたのが2002年7月に成立したSOX法である[4)]。同法は，現在，世界のコーポレート・ガバナンスにおける内部統制の基本的枠組みとして注目されているCOSOレポート（1992年[5)]）をベースに制定されたもので，その正式名称の「証券関係法に基づいて作成される開示資料の精確性および信頼性を高めて投資家を保護するための法律」(An Act to Protect Investors by improving the Accuracy and Reliability of Corporate Disclosures Made Pursuant to the Securities Law, and for other Purposes) に端的に示されているように，投資家保護の立場から，公開企業の財務報告制度の改革（厳格化）を目的として，監査制度を抜本的に改革するとともに，投資家に対する経営者の責任と義務および罰則を定めたものである。

SOX法の特色は，以下のとおりである。① 会計監査法人を監視する独立機関として公開企業会計監視委員会（PCAOB：Public Company Accounting Oversight　Board）を設置したこと，② 会計監査人の独立性を確保したこと，③ CEO・CFOに対して定例財務報告書に虚偽記載がないこと等について書面による保証を義務化したこと，④ 財務開示強化として，財務報告のための内部統制メカニズムを自己評価する内部統制報告書の作成を義務づけたこと，⑤ 証券アナリストの利益相反を防止したこと[6]，⑥ CEO等に対する罰則を強化したことである。これらの措置により，経営者には企業経営全体の詳細な把握，内部統制の強化，業務効率のさらなる向上が求められることになった[7]。アメリカのコーポレート・ガバナンスに関するルールは，これまで州法や証券取引所規則が規定してきたのであるが，SOX法はそれを初めて連邦法レベルでの実体法として規定したという点で画期的であった。

SECは，NYSEでの証券取引を監督，監視することを目的として連邦政府機関としてすでに1934年に設置されていたが，1970年代以降，活動を強化している。たとえば，1972年に社外取締役から構成される監査委員会の設置を全上場会社に対して勧告し，次いで1976年にはそれを義務づける上場規則改正をNYSEに対して正式に要請した。このようなSECの勧告・要請に応じて，NYSEは1977年に上場規則を改正し，上場会社に社外取締役からなる監査委員会の設置を義務づけるに至っている[8]。

SECはSOX法施行後，コーポレート・ガバナンス改革への関与をさらに深めている。アメリカではSOX法の規制に対して，経営者から厳しすぎる，負担が大きいとの批判が高まり[9)]，SECはこれに対応して，2005年5月に「内部統制報告規定の実施に関する委員会報告」を公表して，内部統制報告書作成に至るまでのプロセスにおける経営者の負担軽減につながる提案をしている。また，同年6月には「証券取引法の下での年次報告書における，財務報告にかかわる内部統制についての経営者報告およびその証明」を公表し，内部統制の定義と内部統制報告書に記載すべき事項を規定し，経営者の内部統制業務の拡散に一定の歯止めをかけている。このようにアメリカ政府，SECは，2002年以降，コーポレート・ガバナンス改革に向けて積極的に関与していることがわかる。

一方，日本政府および政府関係機関によるコーポレート・ガバナンス改革に関連する動きは，アメリカの会社機関を参考にした会社機関の制度改革と，前述したSOX法以降のアメリカのコーポレート・ガバナンス改革に連動した動きが重なり大きな展開をみせている。ここでは，このうち後者のみについて取り上げることとする。なお，会社機関の制度改革については次章にて取り上げる。

日本におけるコーポレート・ガバナンス改革の最近の動向は，2002年のSOX法にはじまるアメリカのコーポレート・ガバナンス改革に連動しており，ほぼアメリカと同じ展開をみせている。ここでは日本での展開をアメリカのそれと比較しながらみていきたい。

日本において2006年6月に日本版SOX法（J-SOX法）ともよばれる金融商品取引法が成立し，2007年9月30日に全面施行された。新たに成立・施行された金融商品取引法は，それまでの証券取引法を中心に金融先物取引法や投資顧問業法などをすべて統一し，投資家保護のルールを包括的かつ横断的に整備したものである。この改正が実施された背景には，国内金融市場において外国人投資家が増大してきたことに対応して，金融市場全体をグローバル・スタンダードに近づけることが不可欠という判断があったとされる。

ここで注意しなければならないのは，日本版SOX法イコール金融商品取引法ではないということである。日本版SOX法とよばれるのは，金融商品取引法のうち「“財務報告に係る内部統制の強化等に関する制度整備”として導入される内部統制の評価及び監査に関する法規則」の部分を指す。

日本版SOX法が規定する内部統制は，① 上場企業は内部統制としての管理体制を整備，自己評価する。② 内部統制についての自己評価を「内部統制報告書」として公表する（「財務報告書」に加えてこちらも経営者が内容を保証（署名）した上で公表することが義務化された）。③ 公認会計士または監査法人の内部統制監査を受ける。④ 監査結果を「内部統制監査報告書」として公表するという手順になっている。そして，これらのプロセスについて，経営者がすべての説明責任，実行責任を負うこととされ，「内部統制報告書」の不備に対して罰則規定も設けられている[10)]。

これをみればわかるように，日本版SOX法の内容は，アメリカSOX法のそれに酷似している。しかし，日本版SOX法には，アメリカのPCAOBに該当する会計監査法人を監視する独立機関の設置は含まれていない。これについては日本ではすでに2004年4月に「公認会計士監査委員会」が発足しており，これがアメリカのPCAOBと同様の役割を担う機関と位置づけられたためと思われる。

以上より，日本の政府および政府関係機関によるコーポレート・ガバナンス改革への関与は，今のところ，日本的なアレンジを若干加えながらも，基本的にはアメリカのコーポレート・ガバナンスシステムを積極的に導入する形で展開されているとみることができる。

（2） 自主規制機関の規制

アメリカにおいて自主規制機関といえば，NYSE（ニューヨーク証券取引所）やナスダック（NASDAQ）といった証券取引所や全国証券業協会（NASD）のことを指す。これらはSECの監督下にあるが，市場およびそこでの取引の規制については自主的にルールを制定し，実施できることから，アメリカ証券法においてそのように位置づけられている。[11]

2001年エンロン事件以降のSECは，投資家の証券市場に対する不信の払拭にも取り組んでおり，翌年7月のSOX法の制定を踏まえてNYSE，ナスダックに対して上場規則改正を促している。このSECの要請に応えて，NYSE，ナスダックは，経営者による会社の私物化を排除するべく[12] 2002年から上場規則改正の検討を続け，2003年11月にそれぞれコーポレート・ガバナンス規則最終案として公表し，SECに承認されている。

このうちNYSEのコーポレート・ガバナンス規則最終案では，① 取締役会の過半数を独立取締役とすること，② 独立取締役の要件を厳格化すること（独立取締役とは取締役会が業務，個人両面で「実質的な利害関係」をもっていないと判断した取締役をいう），③ 業務執行を行わない取締役のみの定期的な会合を開催すること，④ 独立取締役のみによる指名委員会，コーポレート・ガバナンス委員会を設置すること，⑤ 独立取締役のみによる報酬委員会を設置すること，⑥ 監査委員会（3名以上）はすべて独立取締役とし，その業務内容およびメンバーの報酬について厳格化すること，⑦ 会社は独自のコーポレート・ガバナンス・ガイドラインおよび行動規範，倫理規定を設定し公表すること，⑧「NYSE上場規則を遵守している」旨，CEOは個人名でSECに保証すること，⑨ NYSE上場規則に違反した場合にNYSEは戒告通知を出し公表すること，といった会社制度や経営者の責任についての厳格な規定を新たに設けている。[13][14]

これに対して日本では，東京証券取引所が，外部監視のひとつである市場規律を担う投資家はじめ市場関係者にコーポレート・ガバナンスに関する共通認識の基盤を提供することを目的として，2004年3月に「上場会社コーポレート・ガバナンス原則」を公表したのに続き，2006年3月には「コーポレート・ガバナンス報告制度」を導入し，上場企業に対して投資家向けにコーポレート・ガバナンスに関する詳細な情報公開を義務づけている。こうした情報公開の義務化は，経営者の投資家に対する説明責任を徹底し，投資家がコーポレート・ガバナンスに参加する重要な手段である市場規律を強化するための不可欠な措置といえる。

ところで，ここでいう投資家はすでに上場会社の株式を所有している既存株主だけを想定するものではなく，将来，証券市場に参加して株主となる可能性をもつ者を含む広義の概念と理解すべきである。したがって，ここでいう投資家は，企業を取り巻くすべての利害関係者と同義であるとみることができる。また，説明責任については，経営者による投資家に対する一方的な説明・報告で終わるものではない。説明・報告の後に投資家により評価され，承認されてはじめて完結するものである。したがって，経営者による詳細な情報公開は，すべての投資家すなわち，すべての利害関係者が十分理解できて，かつその説得性により彼らが十分に評価でき承認できるものでなければならないことを意味する。そして，そのような説明責任が果たされることによってはじめて，企業の透明性が確保され，投資家（すべての利害関係者）は証券市場への参加・退出を含む証券市場での行動を通じて，企業・経営者に対して一定の規律づけ（市場規律）を行うことが可能となるのである。

（3）監査法人による監査の厳格化

会計監査法人を監視するための独立機関としてアメリカ SOX 法により設置された公開企業会計監視委員会（PCAOB）は，2004 年 3 月に「財務諸表の監査とともに実施される内部統制」において監査法人向けの監査基準を公表したのに続いて，2005 年 6 月には，その指針に基づく監査実行のための「内部統制に関するガイドライン」を公表している。

日本においても同様の役割を果たす機関として，2004 年 4 月に「公認会計士監査委員会」が設置されていることはすでに述べたが，監査の基準については別途，日本公認会計士協会から「監査基準委員会報告書」が公表され，これが日本での監査法人による監査の指針としての役割を果たしている。

第4節 おわりに

以上，コーポレート・ガバナンス実践のうち外部監視について，とくにアメリカSOX法が制定された2002年以降の日本とアメリカの動向についてみてきた。アメリカにおける政府および政府関係機関（SEC），自主規制機関によるコーポレート・ガバナンス改革への関与は，いずれも投資家保護の立場から外部監視を強化し，経営者の説明責任を徹底するものとなっていた。一方，日本のコーポレート・ガバナンス改革は，国内における外国人投資家の増大を背景にグローバル・スタンダードに近づけるという名目で，アメリカと歩調を合わせるように進展しており，その内容についてもほぼ同じ意義をもっていることが明らかになった。

しかし，これをもって日本，アメリカともにコーポレート・ガバナンスの本質論として，株主理論に依拠したコーポレート・ガバナンス論が優勢であると結論づけるのは早計であろう。なぜならば，すでに触れたように，コーポレート・ガバナンスの外部監視の目的とされる投資家保護という場合の投資家概念は，将来，証券市場に投資家として参加する可能性を有するすべての者を含む広義の概念ととらえるならば，投資家イコールすべての利害関係者ということになる。投資家をこのように理解すれば，投資家保護を目的とした外部監視の強化は，単に既存株主だけのためではなくて，すべての利害関係者のために行われているとみることができる。コーポレート・ガバナンス実践としての日本，アメリカの外部監視の動向については，その本質論として，株主理論に基づくコーポレート・ガバナンス論一辺倒ではなく，利害関係者理論に基づくコーポレート・ガバナンス論もしっかりと組み込まれているといえるのである。

注

1）コーポレート・ガバナンスの定義において，規律づけの対象が「経営者ないしは企業」とされている点について若干補足しておく。後述するように，コーポレート・ガバナンスにかかわる主体は，株主，従業員，取引先，消費者，政府，地域社会などさまざまであり，彼らは総体として利害関係者（ステークホルダー）とよばれる。彼らは企業からみて内部に存在する利害関係者と外部に存在する利害関係者に大別できる。たとえば，株主，従業員は企業の一員である。彼らの規律づけは企業内部での行為であり，その対象は経営執行責任者である経営者となる。一方，企業外部の利害関係者の関心は経営者行動のみならず企業動向全体に及ぶ。よって彼らが規律づけるべき対象は企業全体となるであろう。このようなコーポレート・ガバナンスの主体の違いを意識して，ここでは規律づけの対象を「経営者ないしは企業」としている。

2) この企業観は現代社会の企業に対する多様なニーズを反映していちじるしい発展をみせている CSR 論と密接な関係にある。

3) 若杉敬明「コーポレートガバナンスの意味と意義」『経営戦略研究』夏季号 vol. 1，大和総研，2004 年参照。

4) 日本では「企業改革法」とも意訳されている。

5) COSO はトレッドウェイ委員会組織委員会（The Committee of Sponsoring Organizations of the Treadway Commission）の略称で，COSO レポートは，1992 年に同委員会が公表した「内部統制—統合的枠組み（Internal Control of Integrated Framework）」の通称である。その概要については第 3 章を参照されたい。

6) 証券アナリストとインベストメント・バンキング活動と関係あるブローカー/ディーラーとの間に特に定める利益相反があればそれを開示しなければならない。

7) 山崎石秀「米国企業改革法の概要」『調査レポート』No. 34，三井トラスト・ホールディングス，2003 年。峰滝和典「米国におけるコーポレート・ガバナンス改革の問題点」『Economic Review』7 月号，富士通総研，2003 年参照。

8) 鎌田信男「米国における企業改革と日本的経営システムの課題」『東洋学園大学紀要』第 13 号，2005 年，pp. 76-77 参照。

9) 大村岳雄「内部統制を巡る最近の動き—米英の開示状況と日本の現状—」『経営戦略研究』Vol. 6，大和総研，2005 年秋季号，p. 33 参照。

10) http://www.bb 1964.com/jsox/jsox 1.html（2007.8.20）

11) 海外事業活動関連協議会『米国のコーポレート・ガバナンスの潮流』商事法務研究会，1995 年，p. 24 参照。

12) 鎌田信男，前掲書，p. 73

13) 同上書，p. 72 参照。

14) ナスダックのコーポレート・ガバナンス規則においても独立取締役の採用とその人選と機能の強化，会社機関制度の見直しなど，ほぼ NYSE のそれに準じた改正が行われている。

参考文献

出見世信之『企業統治問題の経営学的研究―説明責任関係からの考察―』文眞堂，1997 年
石田眞得編著『サーベンス・オクスレー法概説』商事法務，2006 年
佐久間信夫編著『コーポレート・ガバナンスの国際比較』税務経理協会，2007 年

第3章 会社機関とコーポレート・ガバナンス

第1節 はじめに

前章において，コーポレート・ガバナンスの2つの本質論について検討し，さらにコーポレート・ガバナンスの2つの実践，すなわち，外部監視と内部統制のうち外部監視の最近の動向についてみてきた。本章ではその流れを受けて内部統制について取り上げていく。

内部統制について考察する場合，会社機関のあり方と会社機関を構成する株主総会，取締役会，監査役（会），執行役といった各機関の機能について検討していかねばならない。というのも，コーポレート・ガバナンスとしての内部統制プロセスは，会社機関というシステム（制度）を通じて遂行されていくのであり，会社機関のあり方，あるいはその改革が実際の内部統制プロセスに大きな影響を及ぼすことになるからである。

そこで本章では，まず，内部統制システムそのものである会社機関の改革について日本を中心に，アメリカのそれと比較しながらみていくことにする。次いで，システムとしての会社機関を通じて展開される内部統制プロセスについても考察する。そして最後に会社機関における株主の位置づけ，機能についても焦点を当て，株主権利の動向についても言及していく。

第2節　商法改正と会社機関改革ー内部統制システムの整備

（1）1993年以前の日本の会社機関

日本においてコーポレート・ガバナンス改革を明確に意識した会社機関の改革が試みられたのは1993年の商法改正からといえる。この年の商法改正により商法特例法（「株式会社の監査等に関する商法の特例に関する法律」）上の大会社[1)]について，3人以上のメンバー（うち1人は社外監査役）からなる監査役会の設置が義務づけられ，監査役の任期も2年から3年に延長されたのである。

それ以前の日本の株式会社における会社機関は，適切な内部統制が機能しなくなる制度上の欠陥があり，さまざまな問題を抱えていた。図表3—1は，1993年以前の商法特例法上の大会社の会社機関を示したものであるが，まず，取締役会は株主総会において選任され取締役会を構成していた（人数は3人以上で任期2年。必ずしも株主である必要はない)。取締役会は意思決定機関であり，株主に代わって株主の利益を保護するために業務執行を監督する機能（受託機能）を担うものであった[2)]。しかし，同時に取締役会のメンバーの中から，業務執行について会社を代表し，責任を負う機関となる代表取締役を選任することも規定されていた（複数可)。すなわち，取締役会は業務執行を監督する機関

図表 3—1　1993年以前の日本の会社機関（商法特例法上の大会社）

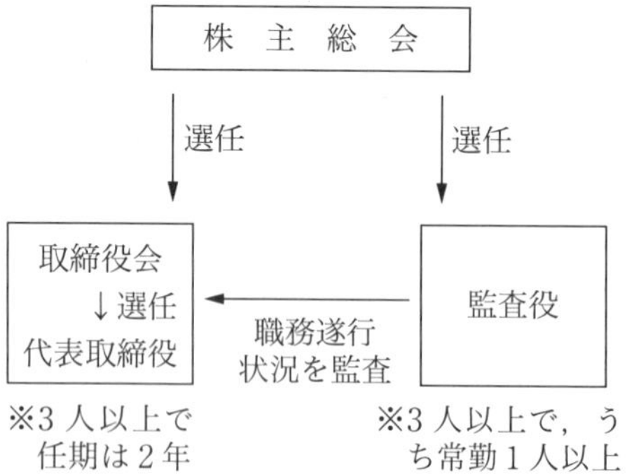

出所）筆者作成

でありながら，その内部において業務執行責任者（業務執行機関）をも含む組織となっていたのである。

監査役は取締役の職務遂行状況を監査する機関として位置づけられている。監査役の選任，資格については取締役と同様で，株主総会において選任され，必ずしも株主である必要はない。監査役の人数については商法特例法上の大会社については3人以上（うち1人は常勤―常勤者は監査役の互選により選任）が要求されているが，取締役とは異なり，監査役全体で監査役会を構成することはなかった。

では，このような会社機関において内部統制上，どのような問題が生じていたのであろうか。ひとつは取締役会メンバーの選任機関である株主総会が形骸化し，かつ取締役会において業務監督機能と業務執行機能とが未分離であったことから，現実の取締役会メンバーのほとんどが代表取締役が指名する社内の業務執行担当者で占められ，社外取締役はまず存在しえない状況にあった。このような状況下では，業務執行を監督する者と実際に業務執行を担当する者が同一人物という矛盾を生み出すことになり，結果として取締役会は本来の役割であった業務監督機能を果たすことが困難になっていた。つまり，コーポレート・ガバナンスとしての内部統制が機能不全に陥りがちだったのである。そして，社外取締役の不在や取締役同士の執行業務担当者時代そのままの序列関係がその傾向に拍車をかけていた。

同様のことは監査役についてもいえた。監査役は本来，株主総会において選任されるべきであったが，実質的には代表取締役の指名により選任されており，かつ，会社役員内における序列も相対的に低いとみなされていたため，強い独立性をもって取締役会の業務執行を監査することは困難な状況にあった。[3)]

要するに，従前の日本の株式会社の会社機関は，株主総会はじめ取締役会も監査役も形骸化してその本来の機能を果たせなくなっていた。したがって，日本の株式会社において内部統制を機能させ，コーポレート・ガバナンスを改善するには，会社機関の大幅な見直しが必要だったのである。

（2） 監査役設置会社

日本の会社機関改革は，こうした実態面での矛盾を解消しコーポレート・ガバナンスを改善するために始まったものである。会社機関の改革については，1993 年に大会社における監査役会設置を義務化した流れを受けて，2001 年 12 月には議員立法により成立した企業統治法に従った商法改正がなされ，従来の日本の会社機関をベースに監査役の独立性と権限を強化した監査役設置会社が規定された。この改革をもたらした企業統治法はその立法趣旨において，「株主重視の姿勢を一層鮮明にし，社外取締役の機能強化に努める米国の企業社会に範を求め，グローバルスタンダードの観点からわが国におけるコーポレート・ガバナンスの確立を早急に求めるべきである[4)]」としている。また，監査役会の位置づけについては，「米国の社外取締役の位置にわが国の監査役[5)]」を置こうとするものであった。このことから，わが国における監査役設置会社は，アメリカのコーポレート・ガバナンスを強く意識して，株主重視の視点から導入されたものであることが伺える。

監査役設置会社の会社機関については図表 3―2 に示されている。監査役設置会社における監査役会の特色は，まず，① 監査役は株主総会において直接選任されること，② 任期は 4 年，③ 構成員は 3 名以上でかつ，社外監査役が半数以上でなければならない，④ 社外監査役については過去に一度でもその会社や子会社の役員や使用人であった者は認められない，⑤ 監査役同士は協議することは可能であるが，個々の監査役の権限行使を妨げることはできない（独任制），としている点にある。このように監査役設置会社においては，監査役の独立性の強化が図られているのであるが，各監査役が各々独任制であることを考えると監査役会は全体としてひとつの権限を行使するものではない。したがって，監査役会は実質的には独立した監査役の集合体にすぎないのであり，そのことをふまえて監査役設置会社という名称になっているものと思われる。

監査役設置会社では取締役会の構成については従来どおりとなっている。もちろん，監査役設置会社においても執行業務とその監督機能とを分離するため

図表 3—2　監査役設置会社（商法特例法上の大会社）

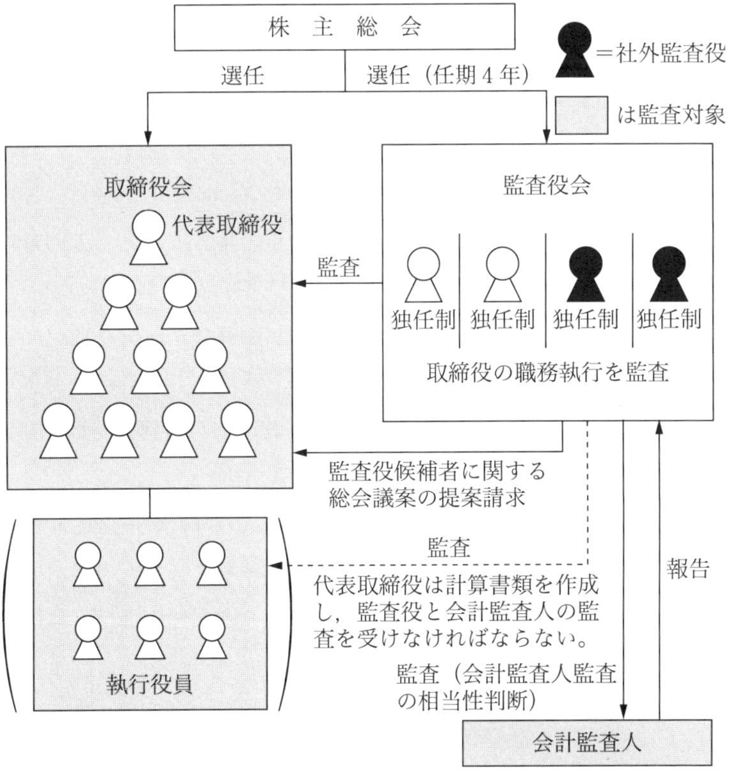

《監査役制度》……監査役は株主から直接選任され，監査の主体と客体が峻別されている。
① 監査役会の半数以上を社外監査役としなければならない。
② 常勤監査役を1名以上選任しなければならない。
③ 取締役・使用人等との兼任は禁止。
④ 独任制である。
出所）日本監査役協会監査法規委員会『監査役からみた平成14年商法・商法特例法改正の捉え方―主として会社機関の選択制に関して―』日本監査役協会電子図書館（http://www.kansa.or.jp/PDF/el03_kh15410.pdf）平成15年，p.20

に任意に執行役員制度を導入することも可能である。しかし，執行役員制度の導入はあくまで任意であり，執行役員は法的には株主代表訴訟の対象にもなりえない存在である。この点は，後述する委員会設置会社において執行役が取締役と並ぶ正式な会社機関と規定されているのとは対照的である。[6)]

(3) 委員会設置会社

2001年に監査役設置会社が規定されたのに続いて，2002年の商法改正においてアメリカ型の会社機関を範とした委員会（等）設置会社が導入され，日本の大会社およびみなし大会社[7)]については，会社機関として監査役設置会社と委員会（等）設置会社のいずれかの選択が可能となった。

さらに2005年において新会社法が制定された（2006年5月施行）。この新会社法は，2001年商法改正および2002年商法改正の集大成であると同時に，日本の新しいコーポレート・ガバナンスの全体像を明らかにするもので[8)]，会社機関についても監査役設置会社および委員会（等）設置会社が引き継がれることになったが，委員会（等）設置会社については，それまで大会社およびみなし大会社に限定されていた選択上の制限が撤廃され，また名称も委員会設置会社に統一された[9)]（本稿においても，以下，委員会設置会社と記す）。

委員会設置会社の会社機関についてまとめたものが図表3—3である。この制度はアメリカ型の会社機関制度（図表3—4）を参考にしたもので，最大の特色は会社機関の中に業務執行機能を担う機関として執行役を設け，取締役会を執行役の職務執行を監督する機関として特化させたことにある。つまり，委員会設置会社では経営上の業務執行機能と業務監督機能を制度的にはっきりと分離独立させたのである。

監査役設置会社においても同様の目的で取締役とは別に，任意で執行役員を置くケースもあったが（執行役員制度），執行役員と執行役の最大の違いは，執行役員はあくまで任意に設置されたもので法的に株主代表訴訟の対象たりえないが，委員会設置会社の執行役は会社機関のひとつとして正式に設置されたものであるためその対象になりうるということである。

委員会設置会社では取締役会の中に各々3名以上の取締役（うち半数以上は社外取締役）で構成される監査委員会，指名委員会，報酬委員会の設置が義務づけられている。アメリカにおいては設置が義務づけられているのは監査委員会のみであり，それと比較すると日本の委員会設置会社はより厳しい制度であるといえる。[10)]

監査委員会は，執行役の業務執行を監査し，監査報告書を作成することを重要な職務としている。また，会計監査人を選解任する権限を有している。なお，執行役の職務を監督する機能をもつ監査委員会が設置されたことにより，従来型の監査役は設置されないこととなった。委員会設置会社においては監査役機能が取締役会に吸収されたといえる。

指名委員会は，毎年，株主総会に提出する取締役の選解任に関する議案の内容を決定する権限を有している。したがって，委員会設置会社の取締役の任期は，次期の定例株主総会まで（実質1年以内）ということになる。この手続きの意義は，取締役の選解任につき「指名委員会の多数派を占める社外取締役による選考というフィルターを通すことになるから，取締役の候補者の選出について透明性が高まることが期待できる[11)]」ことである。報酬委員会は，取締役および執行役が受け取る個別の報酬の内容を決定する権限を有している。

新たに設置された業務執行担当機関としての執行役は，取締役会において選任され，解任についても取締役会の決議によりいつでも解任できるとされている。また，執行役の中から会社の業務執行上の代表である代表執行役（アメリカ会社機関におけるCEOに相当する）が決定されることになるが，これについても取締役会において選任される。執行役は通常株主総会終了後に開催される最初の取締役会において毎年選任されることになっている。したがって執行役の任期も，取締役同様，実質的に1年以内ということになる。

ところで，取締役会と執行役との関係については，業務執行機能と業務監督機能の分離独立という委員会設置会社本来の目的をふまえ，取締役は原則として会社の業務執行行為に従事することはできないとされている。このことは，取締役が取締役の立場で会社の業務執行上の代表になることはありえないことを意味する。したがって委員会設置会社においては従来型の代表取締役（取締役にして業務執行上においても会社を代表する者）は設置されない。それに代わって業務執行上，会社を代表する機関となるのが執行役の中から選ばれた代

図表 3―3　委員会設置会社

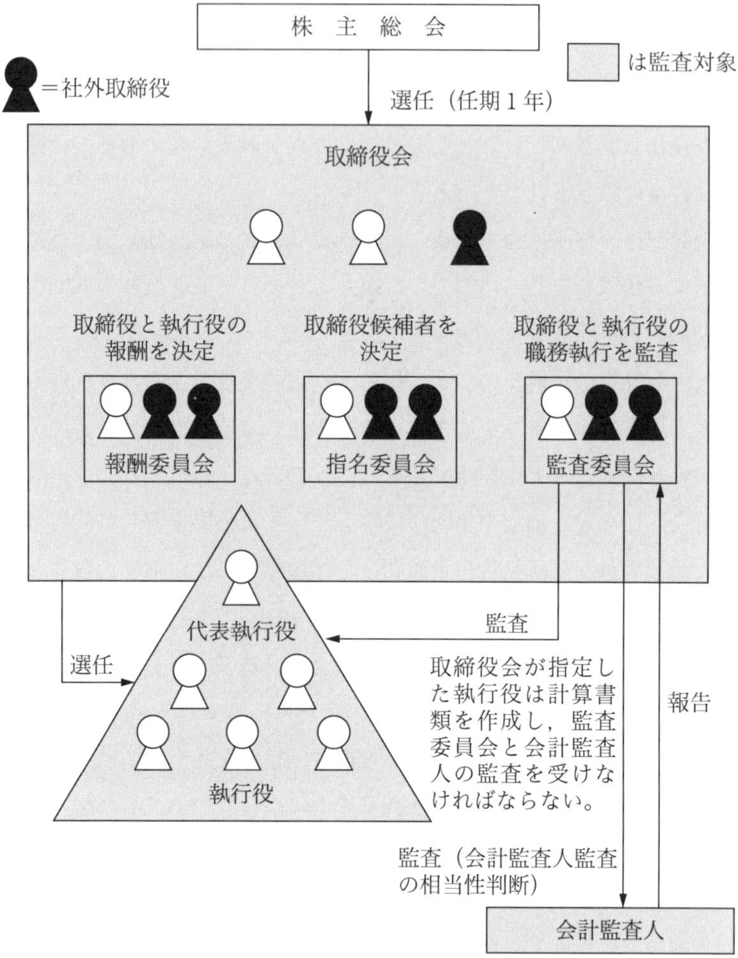

① 委員会の過半数を社外取締役としなければならない。
② 委員会メンバーは，取締役会で選任される。
③ 社外取締役は，複数の委員会を兼務することができる。
④ 監査役と同内容の職務・権限を監査委員会に移行。

出所）図表 3―2 と同じ，p.21

図表 3—4　アメリカ型の制度（上場会社）

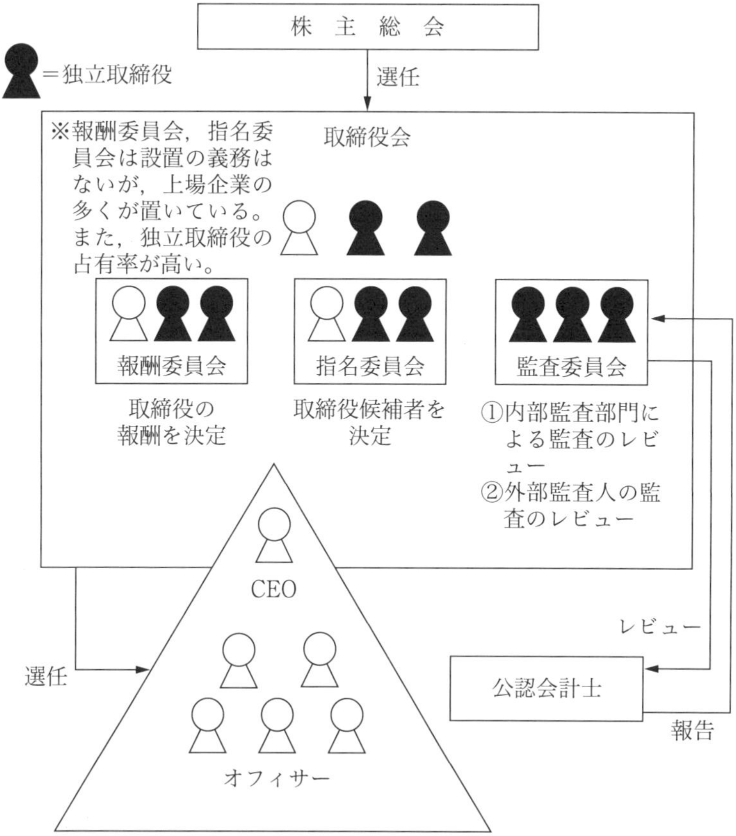

① サーベンス・オクスリー法の規定に基づいた証券取引所の上場規則により，独立取締役のみで構成される監査委員会の設置が義務付けられている。
② 同様に，監査委員会の主たる職務は，内部統制の機能状況のチェックと，外部監査人が行う監査のレビューが中心となっている。
③ 各委員会は決定権を持たず，最終決定権は取締役会が持つ。
④ 監査委員会は自ら監査行為を行わない。
⑤ 監査委員会メンバーは常勤しない。監査委員会は平均して年間 4～5 回程度開催される。

出所）図表3—2に同じ，p.22

表執行役ということになる。

だが，委員会設置会社においても業務執行機能と業務監督機能は完全には分離されていない。新会社法は一方において，取締役である者が執行役を兼ねることができる（新会社法第402条6項）としているからである[12)]。

このような原則論に反する規定が導入されたのは，「① 取締役の全員が非業務執行者（社外取締役を含む）であることを一律に義務付けると，かえって会社の実態に即した適切な業務決定や執行役の業務執行につき有効な監督をなし得ない懸念があること，また，② 委員会設置会社のモデルとなった米国の制度においても，そこまで両者の分離を徹底していないこと，さらに，③ 指名委員会により取締役選任等の議案の内容が適切に決定される限り，取締役会による執行役の選任が適切に行われると期待できる[13)]」といった理由からとされている。

ここまで，コーポレート・ガバナンス実践の内部統制を担う重要なシステムである会社機関の変革について日本を中心にみてきた。日本ではアメリカのコーポレート・ガバナンス改革を強く意識し，会社機関についてもアメリカ型の委員会設置会社が導入された。しかし，一方で日本の従来型会社機関をベースとした監査役設置会社も規定され，日本の大会社はいずれかを選択できることとなった。この点はアメリカ一辺倒ではない日本独自のコーポレート・ガバナンスが意識されたものとみることができる。

また，監査役設置会社でも委員会設置会社でも，外部監査，社外取締役を積極的に導入することで株主以外の利害関係者が会社機関に参加する機会が与えられるようになっている。会社機関を通じたコーポレート・ガバナンスをめぐる議論では，主に「株主と経営者の関係」に重点が置かれ，株主理論に基づくコーポレート・ガバナンスの検討が中心になりがちであるが，こうした会社機関の改革の流れをみれば，その中に利害関係者理論をベースとしたコーポレート・ガバナンスの発想が取り込まれつつあるということができるであろう。

第 3 節　内部統制プロセスの整備・運用

前節において内部統制システムである会社機関を取り上げ，日本での近年における大きな改革について考察してきた。本節では新たな会社機関（新たな内部統制システム）上で展開されるべき内部統制プロセスの整備・運用について，金融商品取引法に含まれる日本版SOX法の内容を具体化した「財務報告に係る内部統制の評価及び監査の基準」「財務報告に係る内部統制の評価及び監査の実施基準」（以下，この2つをまとめて「内部統制基準・実施基準」と記す）に依拠しながらみていくことにする。[14)]

内部統制基準・実施基準によれば，内部統制は，基本的に，① 業務の有効性及び効率性（事業活動の目的達成のため業務の有効性及び効率性を高めること），② 財務報告の信頼性（財務諸表及び財務諸表に重要な影響を及ぼす可能性のある情報の信頼性を確保すること），③ 事業活動に係る法令等の遵守（事業活動に係る法令その他の規範の遵守を促進すること，つまりコンプライアンスおよび倫理性の追求），④ 資産の保全（資産の取得，使用及び処分に正当な手続き及び承認の下に行われるよう資産の保全を図ること）という4つの目的を達成するために業務に組み込まれ，企業のすべての者により遂行されるプロセスをいい，6つの基本的要素，すなわち，① 統制環境，② リスク評価と対応，③ 統制活動，④ 情報と伝達，⑤ モニタリング（監視），⑥ IT対応から構成されるものとされる。[15)]それを体系的に示したものが図表3—5である。

6つの基本的要素のうち重要と思われるものについてみてみると，まず，統制環境に関する事項として，① 誠実性及び倫理観，② 経営者の意向及び姿勢，③ 経営方針及び経営戦略，④ 取締役会及び監査役または監査委員会の有する機能，⑤ 組織構造及び慣行，⑥ 権限及び職責，⑦ 人的資源に対する方針と管理があげられ，これらが総体として組織の気風を決定し，組織内のすべての者の統制活動に影響を及ぼすものとしている。

統制活動については，経営者の命令および指示が適切に実行されることを確

図表 3—5　日本版 SOX 法における内部統制フレームワーク

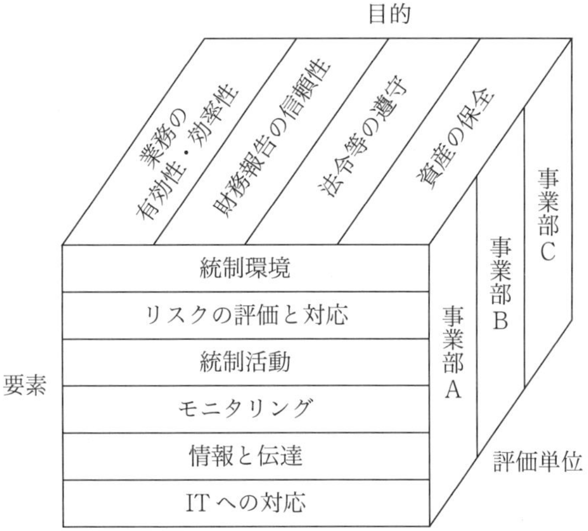

出所）「なるほど日本版 SOX 法」
http://www.bb1964.com/jsox/img/01.jpg

保するために業務活動の中に組み込まれるべき活動のことをいう。この統制活動は事業活動のプロセスの中で実施されるものではあるが，あくまでもコーポレート・ガバナンス活動の一環であり，事業活動に直接かかわるものではないことは注意すべきであろう。しかし，この統制活動がなければ，事業活動の効率化・目標達成はありえないのであり，統制活動は事業活動を遂行していく上で不可欠な要素となっていることは明らかである。[16)]

情報と伝達は，必要な情報が組織内外の関係者相互間で正しく伝えられることを確保することとされる。また，説明責任を情報発信とその受け手の理解・承認からなる双方向プロセスととらえ，必要な情報は単に伝達されるだけでは終わらず，それが受け手に正しく理解され，承認されることが重要であるとしている。[17)]

モニタリング（監視）は，内部統制が有効に機能していることを継続的に評価するプロセスをいい，業務に組み込まれて行われる日常的モニタリングと経営者，取締役会，監査役ないしは監査委員会および内部監査部門等が業務から独立した視点から実施する独立的評価とに分類されている[18]。

以上が，内部統制基準・実施基準で示されている内部統制の基本的枠組みおよび内容の概略であるが，これは基本的にはアメリカの1992年COSOモデルを踏襲し，日本独自のアレンジとして目的に資産の保全，基本的要素にITへの対応を追加したものである[19]。

続いて内部統制プロセスにおける主要な関係者である経営者（業務執行機関代表者)，取締役会，監査役の役割と責任について，同じく内部統制基準・実施基準に従ってみていく。

経営者は取締役会が決定した基本的方針に基づき内部統制を整備し運用する役割と責任を負うと同時に，内部統制の有効性について自ら評価し，外部に向けて内部統制報告書を作成して報告することが求められている[20]。すなわち，内部統制の実行責任者は経営者なのであり，経営者は業務執行機関代表者として事業活動に責任を負うだけでなく，内部統制責任者として統制活動にも責任を負っていることになる。

内部統制の整備・運用の実施責任者たる経営者には，責任者であるがゆえに厳しいセルフ・ガバナンス（自己規律）も求められる。彼らに期待されるセルフ・ガバナンスとしては，他の利害関係者の懸念を解消し自らの評価を高めるために，自らの置かれている状態や特性を自主的に相手に知らせようとする行動であるシグナリングや，他の利害関係者の利益に相反するような行動を取らないと保証するための行動であるボンディングといった情報行動があげられるであろう[21]。情報行動との関連でいえば，新会社法において，経営者は3ヵ月に1回以上，自己の職務執行状況を取締役に報告すべき義務を負うとされている[22]。この規定は，上記のシグナリング，ボンディングといった情報行動を経営者に促すことを企図したものと考えられる。

取締役会は，内部統制の整備・運用に係る基本方針を決定し，経営者の業務執行を監督する役割を担う。では，いかなる手段で経営者を監督していくのであろうか。これについては，まずは自ら策定した内部統制の基本方針に基づくモニタリング（監視）を通じて，経営者行動に一定の制約を加えることがあげられる。また，取締役会（委員会設置会社においては指名委員会）は，経営者を選解任する権利を有している。したがって，その権利を行使する可能性を示すことも経営者に対する制約的行動となるであろう。

しかし，取締役会の監督行動はそれにとどまらない。報酬引き上げやストック・オプションといった金銭面でのインセンティブの付与（委員会設置会社においては報酬委員会において決定），承認，職務満足あるいは地位保全といった動機づけの付与により，経営者の自発的な内部統制行動を促すことも監督行動の範疇に入るものと思われる。これらは経営者の自主性を促す監督行動といえる。

委員会設置会社の監査委員会，監査役設置会社の監査役については，これは独立した立場から内部統制の整備および運用状況を監視・検証する役割と責任を有している[23]。

第4節　株主の機能と役割

最後にコーポレート・ガバナンス改革の中で見直されつつある株主の機能と役割，株主行動にかかわる法規制の改正についてみていくことにする。

アメリカにおいては1970年代より公的年金，企業年金，保険会社，投資信託といった機関投資家が台頭し，1980年代後半からは本格的に株主行動主義へと転換してコーポレート・ガバナンスに大きな影響を及ぼすようになっている。その代表格はカルパース（Calpers：California Public Employees Retirement System；カリフォルニア州公務員退職基金）であるが，彼らは基本的には経営者との対話を重視しながら長期的な収益を追及するリレーションシップ・インベストメントを志向しながらも，一方において，株主総会における議決権行使，株主提案，株主代表訴訟も辞さない姿勢でコーポレート・ガバナンスに対応している。[24]

このような姿勢を有する機関投資家は今日では世界の株式市場に進出しており，日本もその例外ではない（1997 年からの 10 年間で日本の株式市場における外国人投資家の割合は 2 倍以上に増大し全体の 3 割に迫っている。－第 15 章，図表 15―2 参照）。このような海外の機関投資家の日本進出は，日本の機関投資家にも大きな影響を及ぼしている。たとえば，2001 年には厚生年金基金連合会が「運用受託機関に対する議決権行使ガイドライン」を公表し，2003 年には自ら運用する株式について「議決権行使基準」を策定している。また 2004 年には地方公務員共済組合連合会が「議決権行使基準」と「コーポレート・ガバナンス原則」を定めている。このように日本の機関投資家も確実に株主行動主義への転化をみせているといえる。

ところで，株主行動主義に転じつつある世界の機関投資家の行動基準あるいは株主行動にかかわる法改正の基準になっているのが，1999 年公表の OECD コーポレート・ガバナンス原則および，その改訂版である 2004 年公表の新 OECD コーポレート・ガバナンス原則であると考えられる。そのうち株主にかかわるものを取り上げると，まず株主の権利として，① 株主が重要な事項について十分な情報をもって意思決定に参加する機会を与えられるべきこと，② 合併・買収に関する情報が株主に開示されるべきことなどが当初から規定されていたが，新原則においては年金基金等の受託者責任を負う機関投資家に対して「自社のコーポレート・ガバナンスおよび議決権の行使に係る意思決定プロセスも開示するべきである[25]」との要求も加えられた。また株主の平等な取り扱いにも触れており，企業に対して株主権を保護するための救済措置の整備を求めると同時に，株主による権利の濫用を防ぐ措置の必要性に言及している。2004 年の新原則においては新たに，① 少数株主は大株主の権利の濫用から護られるべきであり，権利の侵害があった場合には救済措置を得られるべき，② 国を越えた議決権行使に対する障害は除去されるべきとの 2 項目が追加されている。[26)]

このように新旧のOECDコーポレート・ガバナンス原則は，株主の権利を保護すると同時に，株主とりわけ大株主による権利の濫用を防止するというバランスの取れた内容となっている。株主としての機関投資家が今後ともOECDコーポレート・ガバナンス原則に従うのであれば，彼らは株主としての権利の保護を受けつつも，企業を取り巻くすべての利害関係者の一員であるとの観点から，その権利の濫用は容認されない状況の中でコーポレート・ガバナンスに参加していくことになると思われる。

その傾向はすでに日本の株主権利に関する法改正にみることができる。日本では1993年に株主の権利強化の一環として，株主代表訴訟の手数料が一律8200円とされて以降，株主による提訴が相次ぎ，取締役に対する巨額の賠償責任を認める事例も相次いだ。[27)] このため，2001年に商法改正が行われ，取締役個人の責任は軽減され，さらに2005年新会社法においては「株主代表訴訟の濫用を防ぐため，株主が自己または第三者の不正な利益を図る目的の場合や，会社に損害を与える目的で訴訟する場合には，裁判所は株主代表訴訟を却下できる」[28)] こととなった。これはまさしくOECDコーポレート・ガバナンス原則の主旨に一致した動きであるといえる。

第5節　おわりに

本章ではコーポレート・ガバナンス実践としての内部統制について考察した。また会社機関の頂点に立つ株主の権利の動向についても触れた。その動向を要約すれば，日本では内部統制システムである会社機関および内部統制プロセスについても，原則的にはグローバルスタンダードの名の下にアメリカに歩調を合わせた改革が進められながらも，日本独自のアレンジが加えられているということであった。

しかし，日本におけるコーポレート・ガバナンスに関する昨今の議論は「目先の表面的な事象に捉われ，各国の文化，風土，制度，商習慣，資本市場における取引実態等の違いを十分に認識しているとは考えがたい議論が行われがち」[29]との指摘もあるように，日本独自のコーポレート・ガバナンスが，明確になりつつあるとはいいがたい。日本に適したコーポレート・ガバナンスとは何か。今こそ改めて原点に立ち戻り，コーポレート・ガバナンスの本質論から積み上げていくことが必要であると考える。

注

1) 大会社とは，資本金5億円以上の株式会社。または，最終の貸借対照表の負債額が200億円以上の株式会社をさす。
2) 佐久間信夫編著『現代企業論の基礎』学文社，2006年，pp. 63-64参照。
3) 佐久間信夫編著『企業統治構造の国際比較』ミネルヴァ書房，2003年，pp. 18-21参照。
4) 小林秀之編著『新会社法とコーポレート・ガバナンス―委員会設置会社VS監査役設置会社（第2版）』中央経済社，2006年，p. 16
5) 同上書，p. 16
6) 同上書，pp. 113-114参照。
7) みなし大会社とは，資本金1億円超で，最終の貸借対照表の負債額が200億円未満であっても定款で会計監査人の監査を受けることにした株式会社のこと。
8) 小林秀之編著，前掲書，p. 27参照。
9) 同上書，p. 21参照。なお，コーポレート・ガバナンスの議論の対象となる公開会社については，監査役設置会社もしくは委員会設置会社のいずれかを選択しなければならなくなった。
10) なお，ここでいう社外取締役とは，「当該委員会設置会社の業務を執行しない取締役で，過去にその会社または子会社の業務を執行する取締役，執行役または支配人その他の使用人になったことがなく，かつ現に子会社の業務を執行する取締役もしくは執行役，またはその会社もしくは子会社の支配人その他の使用人でない者」（新会社法第2条15号）をいう。
11) 小林秀之編著，前掲書，p. 123
12) 同上書，p. 113参照。もちろんその取締役が業務執行機能を担う場合，それは取締役としてではなく，あくまで執行役という立場に基づいて許されるのである。
13) 同上書，pp. 115-116

14) 日本版SOX法では内部統制の手順について法制化したものの，評価・監査基準さらには実施基準については法文として記載されていない。それをカバーしたものが，金融庁企業会計審議会内部統制部会が作成し2007年2月に金融担当大臣に提出した「財務報告に係る内部統制の評価及び監査の基準」と「財務報告に係る内部統制の評価及び監査に関する実施基準」である。前者は，アメリカSOX法のベースとなった1992年COSOモデルに若干のアレンジを加えた基本的枠組みを提示しており，日本版COSOモデルともいえる内容となっている。後者については，日本版COSOモデルに基づいて内部統制の整備・運用，評価，報告，監査について具体的な項目を列記し，内部統制業務の範囲についてガイドラインを示している。これはアメリカSOX法施行後にSECが公表した「内部統制報告規定の実施に関する委員会報告」などに対応するものとみることができる。

15) 企業会計審議会『財務報告に係る内部統制の評価及び監査の基準並びに財務報告に係る内部統制の評価及び監査に関する実施基準の設定について（意見書)』2007年参照（なお，同書からの引用，参照ページについては，すべて通し番号によるページ表記に従うことにする)。

16) 同上書参照。

17) 同上書，p. 44参照。

18) 同上書，pp. 46-47参照。

19) ITへの対応という項目を追加した理由としては1992年COSOモデル以降，IT革命が急速に進展したという事情もある。

20) 企業会計審議会，前掲書，p. 4参照。

21) 情報行動の詳細についてはエージェンシー理論を学習されたい。

22) 小林秀之編著，前掲書，p. 131

23) 企業会計審議会，前掲書参照。

24) 詳細については，佐久間信夫編著『コーポレート・ガバナンスの国際比較』税務経理協会，2007年，第II部アメリカのコーポレート・ガバナンスを参照されたい。

25) 神山哲也「改訂されたOECDコーポレート・ガバナンス原則」『資本市場クォータリー』2004年夏号，野村資本市場研究所，2004年，p. 5

26) 同上書，pp. 5-6参照。

27) たとえば旧大和銀行ニューヨーク支店の巨額損失事件に絡む訴訟では，賠償総額はおよそ830億円に上った（内海英博『図解コーポレート・ガバナンス』日本実業出版社，2004年，p. 84参照)。

28) 小林秀之編著，前掲書，p. 20

29) 日本経済団体連合会「我が国におけるコーポレート・ガバナンス制度のあり方について」2006年

http://www.keidanren.or.jp/japanese/policy/2006/040.html（2007.12.25）

参考文献

佐久間信夫『企業統治構造の国際比較』ミネルヴァ書房，2003 年
内海英博『図解コーポレート・ガバナンス』日本実業出版社，2004 年
小林秀之編著『新会社法とコーポレートガバナンス（第 2 版）』中央経済社，2006 年
佐久間信夫編著『コーポレート・ガバナンスの国際比較』税務経理協会，2007 年

第4章
現代日本企業とステークホルダー

第1節　はじめに

現代の企業は，それをとりまく環境と相互に作用しながら存続している。企業が発展していくためには，環境との間でさまざまな取引，交換を行い，環境の変化に適応していくことが必要である。

しかしながら，経営学において，環境という概念が研究上の重要なポジションを占めるようになったのはそれほど古いことではない。少なくとも，テイラー（Taylor, F. W.）の科学的管理法を端緒とする伝統的な管理論の世界では，組織の内部における管理の問題に焦点が当てられ，組織をとりまく環境は所与とされていた。

近代組織論の創始者であるバーナード（Barnard, C. I.）は，組織をオープン・システムとしてとらえ，「組織と環境」という問題の重要性を指摘している。とはいえ，環境という概念が大きく取り上げられ，本格的に議論されるようになるのは，「組織と環境」という問題を積極的に扱う研究が活発化する1960年代以降のことである。

そうした中で生まれたのが，企業を取り巻く利害関係者を意味するステークホルダーという概念である。近年では，企業の社会的責任が厳しく問われる中，ステークホルダーを意識した企業経営が求められるようになってきている。

本章では，ステークホルダーの概念を明らかにしたうえで，現代日本企業とステークホルダーの関係について概観する。

第2節　ステークホルダーの概念の登場

かつての企業は小規模であり組織もかなり単純で，事業を行うということはサプライヤーから原材料を購入し，それを商品として顧客に販売することから成り立っていた。

その後，株式会社制度のもと，企業が大規模化するとともに，企業は多くの個人やグループと関わるようになってきた。所有と経営の分離が生じると，経営者が企業経営の中核を担うようになり，彼らは事業を成功させるために，株主（所有者）はいうまでもなく，その他の関係者をも考慮に入れなければならなくなってきたのである。

フリーマン（Freeman, R. E.）によれば，ステークホルダーという概念の原型は，アダム・スミス（Smith, A.）やバーリとミーンズ（Berle, A. A.&Means, G. C.），バーナードの議論の中にもみられたが，「ステークホルダー」という言葉自体が経営学の文献に初めて現れたのは1963年のスタンフォード研究所（SRI）の内部メモであった。SRIは，経営者が対応する必要のあるグループを株主以外へ拡張するためにステークホルダー概念を導入したのである。これは，企業がそういったステークホルダーのニーズや関心を理解しない限り，存続に必要なサポートを得られないという理由による。当時のステークホルダーという概念は，「そのサポートなしには組織が存続できないグループ」と定義され，株主，従業員，顧客，サプライヤー，債権者，それに社会が加えられていた。[1)]

定義からもわかるように，この時点では企業に対して敵対的なグループがステークホルダーとみなされることもなかったし，NPOやNGOのような特定の利害を主張するグループもステークホルダーとして認識されていなかった。実際，当時のアメリカ企業にとっての環境はきわめて安定していたので，このようなステークホルダーのとらえ方は妥当なものであった。[2)]

ところで，株主以外の関係者を意味するものとして「ステークホルダー

(stakeholder)」という言葉が採用されたのは,「株主(stockholder)」という言葉と韻を踏んでのことだといわれている。しかしながら,辞書によれば「ステークホルダー」とは「掛け金の保管人」を意味する言葉であり,株主以外の関係者を表す言葉としては必ずしも適切だとはいえない。確かに,「stakeholder」と「stockholder」は韻を踏んではいるが,果たしてそれだけの理由で,この言葉が株主以外の関係者を意味するものとして採用されたのであろうか。そもそも,「ステークホルダー」の起源はアメリカの開拓時代まで遡る。当時,移住民たちは「誰のものでもない土地」に杭や支柱を打って自らの土地の所有権を主張したのだという。この杭(stake)を打って権利を主張するというところから,彼らのことを「stakeholder」とよぶようになったのである。このため,株主以外の関係者もある種の権利を主張する存在であるがゆえに,「ステークホルダー」という言葉があてられたと考えられる。[3)]

第3節 ステークホルダー概念の展開

その後,1960年代から1970年代にかけての社会の変化に対応する形で,このステークホルダーの概念に大きな展開がみられた。その展開とはステークホルダーをこれまでステークホルダーとみなされなかった個人やグループにまで拡大したことである。

ディル(Dill, W. R.)は,企業の環境が拡大・変化し,同時にその環境の変化が激しくなるのにしたがって,これまで企業を経営する上で考慮されていなかった人びとや組織が,企業の意思決定に「干渉」するようになってきたことを指摘し,伝統的なステークホルダー概念の限界を主張した。そして,競争相手や社会運動家を引き合いに出しながら,ステークホルダー概念の想定する範囲を拡大し,なおかつ特定のステークホルダーにも焦点を当てることによって,戦略的経営にとっての包括的概念としてのステークホルダー概念の利用の基礎を作った。[4)]

また，社会的責任論の多くの文献においても，ステークホルダーの概念を企業に対して敵対的な関係にあるような，それまでステークホルダーとみなされなかったグループにもあてはめるようになった。とりわけ社会的責任論の文献は，株主（所有者）にあまり重点を置かず，一般社会やコミュニティ，従業員に比較的重点を置くところに特徴がある。[5)]

つまり，ディルがこの論文を発表するまで，あるいは社会的責任への関心が高まるまでは，大部分の研究においてステークホルダーは非敵対的，もしくは敵対的であるにしても労働者と経営者との間の交渉程度のものと仮定されていたのである。

これらの主張をうけ，さらにその後の状況を踏まえ，ステークホルダー概念の定義を再構築したのがフリーマンであった。

フリーマンは，従来のステークホルダー概念は現代企業を理解する上では不十分なものであるとした。彼はその理由として，第 1 に企業と株主，サプライヤー，従業員，顧客などの関係が変化してきたことをあげる。そして，第 2 にこうした関係者以外にも企業経営に影響を与える人や組織が台頭してきたことをあげる。[6)]

まずフリーマンは株主の変化について，1960 年代以降，「ウォール・ストリート・ルール」が「経営者が気に入らないなら株を売れ」から「経営者が気に入らないなら『ろくでなし』を追い出すのに十分な株を買え」に変わったことをあげている。これは，具体的には M&A，テイク・オーバーといった行動を意味している。また，キャンペーン GM に代表されるような，いわゆる「株主運動」が盛んになってきたことも意味している。[7)]

顧客の変化については，顧客の選択肢が日本の製品などアメリカの製品以外にも広がったことをあげている。また従業員に関しては，価値観の変化に伴い，より「人間的」な対応が求められるようになってきていることをあげており，さらにサプライヤーに関しては，OPEC の例を引き合いに出し，外国のサプライヤーとの関係を管理していくことの難しさを指摘している。[8)]

他方，後者について，フリーマンは，まず企業と政府との間の相互作用を理解することが重要になってきたことをあげている。また，自動車に関する問題を例にとり，競争相手，特に外国の競争相手をより適切に理解することの重要性を説いている。さらに消費者運動や「環境」への関心の高まり，特定の利害を主張するグループの台頭，マス・メディアの発達を大きな変化として取り上げている[9)]。

フリーマンはこのような変化を考慮した上で，ステークホルダー概念の定義を再構築したのである。

ここでフリーマンが再構築したステークホルダーの定義とは次のようなものである。すなわち，「ステークホルダーとは企業活動に影響を与える可能性のある，もしくは企業活動によって影響を受ける可能性のある個人ないしグループである[10)]」。

このフリーマンによるステークホルダーの定義の特徴として，次の２点を指摘することができる。まず第１に，フリーマンは定義を「企業活動に影響を与える可能性のある」とすることで，SRIの「そのサポートなしには組織が存続できない」という定義では想定していなかった個人やグループ，とりわけ敵対的なそれをステークホルダーに内包することを可能にしたということである。第２に，「企業活動に影響を与える可能性のある」個人やグループだけでなく，「企業活動によって影響を受ける可能性のある」個人やグループをもステークホルダーとする，「対称的な定義」を構築したことである。

フリーマンは，かつては企業活動に影響を与えなかったグループが，その後，企業活動に影響を与えるようになってきているという事実にかんがみ，企業活動によって影響を受ける可能性のあるグループをも同じくステークホルダーとみなす必要があるとする[11)]。

企業によって影響を受ける可能性のあるグループの全てが企業に対して影響を与えるわけではないが，この定義のように影響を受ける可能性のあるグループをもステークホルダーとよぶことで，企業は将来の環境変化に敏感になるし，効果的に戦略を立てることができるようになるというのである。

つまり，フリーマンによってなされたステークホルダー概念の定義は，社会が変化するということ，および企業がそのように変化する社会からの要請に対応していかなければならないということを前提にしているのである。

第4節　ステークホルダーの分類と特定

フリーマンによるステークホルダー概念の定義をふまえると，企業とステークホルダーの関係は図表4―1のように示すことができる。しかし，ここにあげられるステークホルダーは無限に広がることになる。したがって，現実的にはステークホルダーを何らかの基準で分類・整理して把握しようという考え方が出てくる。

その典型的なものは，市場を通じて関わる「プライマリー・ステークホルダー」と市場以外で関わる「セカンダリー・ステークホルダー」とにステーク

図表4―1　企業とステークホルダー

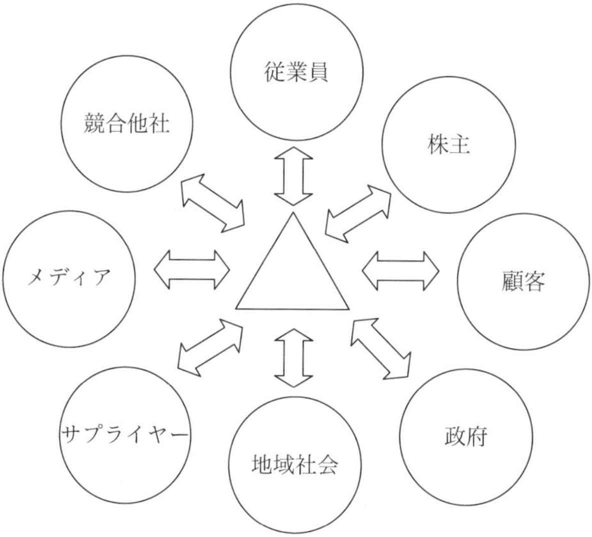

ホルダーを分けて考えるというものである。

ローレンス（Lawrence, A. T.）らは，財・サービスの提供という企業の主たる使命の達成に市場を通じて直接かかわるすべてのステークホルダーをマーケット・ステークホルダーとよんでいる。ここでマーケット・ステークホルダーとして扱われているのは，従業員，株主，債権者，サプライヤー，顧客，小売・卸売業者である。また，通常の業務遂行のための活動によるインパクトを通じて市場以外で関わりをもつステークホルダーをノンマーケット・ステークホルダーとよび，地域社会，政府，社会活動団体，メディア，企業支援団体，公衆をあげている。[12)]

近年，企業の社会的責任が問われる中で，ステークホルダーに配慮した経営を求める声が多く聞かれる。他方，仮に上記のようにステークホルダーを分類したとしても，理論上，ステークホルダーは無限に存在することにかわりはない。それらを併せて考えると，企業は無数のステークホルダーすべてに配慮した経営を行わなければならなくなる。しかし，そうしたことは不可能であろう。

また，企業が，誰もしくは何を自社のステークホルダーとして認識するのかという問題もクローズアップされてくる。単純に「企業」といっても，経営者レベルで認識するステークホルダーと特定の部署レベルで認識するステークホルダーは異なることが多い。たとえば，経営者レベルであれば，財界や監督官庁を強く意識するかもしれないし，営業部門であれば，取引先や顧客を強く意識するかもしれない。さらに，製造部門，特に事業所レベルであれば，地域社会を強く意識するということも考えられる。さらにいえば，「企業」といっても，業種も規模も千差万別であり，製造業であるのか，サービス業であるのかによっても認識するステークホルダーは異なってこよう。

そうしたこともあり，「企業と社会」論（企業の社会的責任論）では，セカンダリー・ステークホルダーがプライマリー・ステークホルダーよりも企業の存続にとって重要になってきているということが主張されることになる。[13)] すなわち，「企業と社会」論は，ステークホルダーをプライマリーとセカンダリーに分けることによって，当初はあまり注目されていなかったセカンダリー・ステークホルダーに焦点を当て，その重要性をより強調しようとしていると考えることができるのである。

さらに，企業における適切なステークホルダー認識の促進を目的として，「パワー」「正当性」「緊急性」という3つの概念に基づいたステークホルダーの3類型7種類の分類も提示されている（図表4―2）。そこでは，まず，ス

図表4―2　ステークホルダーの質的な分類

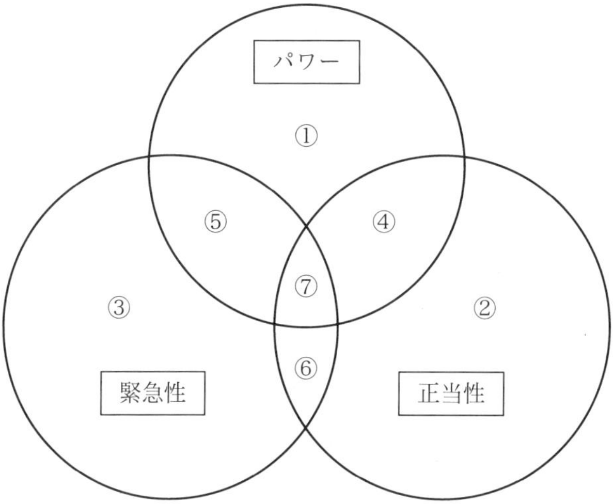

潜在型ステークホルダー	休眠型ステークホルダー	①
	裁量型ステークホルダー	②
	要求型ステークホルダー	③
期待型ステークホルダー	支配型ステークホルダー	④
	危険なステークホルダー	⑤
	依存型ステークホルダー	⑥
決定的ステークホルダー		⑦

出所）Mitchell, R. K., B. R. Agle & D. J. Wood, "Toward a Theory of Stakeholder Identification and Salience: Defining the Principle of Who and What Really Counts", *Academy of Management Review*, Vol.22, No.4, p.872.（水村典弘『現代企業とステークホルダー』文眞堂，2004年，p.75）より作成

テークホルダーが「潜在型ステークホルダー」「期待型ステークホルダー」「決定的ステークホルダー」の大きく3タイプに分類される。そして，「潜在型ステークホルダー」は，パワーの行使を一時的に休止した「休眠型ステークホルダー」，正当性の行使を自由意思に任せた「裁量型ステークホルダー」，要求の実現を緊急に求める「要求型ステークホルダー」に分類され，「期待型ステークホルダー」は最も影響力を有する「支配型ステークホルダー」，企業に危害または損失をもたらす「危険なステークホルダー」，他者に依存する「依存型ステークホルダー」に分類される。そして第3のタイプである「決定的ステークホルダー」は，最も優先的に考慮されるべきステークホルダーとして規定される。[14)]

こうしたステークホルダーの分類法は一定の有効性をもつと考えられるが，他方，企業とステークホルダーとの関係はきわめてダイナミックなものでもある。すなわち，上記の7分類のいずれかに該当していたステークホルダーが，何らかの理由で別のタイプに変容する場合もあるし，ステークホルダー間での連携が生じて状況がより複雑になることもある。したがって，こうしたステークホルダーの分類は必ずしも万能なものではなく，企業にとって意思決定の際のある種の手がかりを与える道具にすぎないともいえる。

第5節　日本企業にとってのステークホルダー

わが国の大企業では，戦後，個人による株式の所有比率が低下し，銀行，生命保険会社，事業会社などといった機関による株式の所有比率が上昇した。そして，それとともにいわゆる株式の持合い現象が生じた。

株式の持合いとは企業同士がお互いの発行株式の一部を所有しあうというもので，特に同一の企業集団や企業系列に属する企業の間で顕著となっている。これには，企業に対する敵対的な乗っ取りを防止するための株主安定化工作と企業間関係の強化という狙いがある。

通常，安定株主は株式を発行している側の企業の了解なしに自己の保有している株式を売却することはない。また，安定株主は経営者に対して支援的な態度をとるため，サイレントパートナーなどともいわれている。したがって，これは経営者の支配力を強化し，株主総会の形骸化にみられるように，株主の影響力を希薄化する効果をもっていた。

したがって，これまで，わが国大企業の経営者は株主をステークホルダーとして意識してこなかったということがわかる。他方で，同一企業集団・企業系列内の他企業については自社のステークホルダーとして意識してきたと考えられるし，護送船団方式とよばれる体制のもとで，とりわけ，監督官庁も重要なステークホルダーとして認識していたと考えられる。

また，いわゆる日本的経営のもとで，少なくとも大企業においては，従業員は長期継続雇用を前提として手厚い福利厚生などの恩恵に浴してきたことから，従業員も重要なステークホルダーとして認識されてきたといえよう。さらに，お得意様という意味での「顧客」も，日本企業が強く意識してきたステークホルダーだといえる。

1960年代から1970年代にかけて，公害問題，消費者問題が社会問題化した。そして，日本の有力企業の多くは社会から強く批判された。その後，日本企業は地域社会や消費者一般をステークホルダーとして意識するようになったといえる。しかしながら，地域社会についていえば，それは事業所（工場）レベルでは強く意識されたものの，全社的なそれになっていたとはいえない。また，消費者一般についても，ともすれば「顧客」への意識に偏りがちで，どちらかといえば，消費者一般というステークホルダーは企業にとって厄介な存在という認識が強かったと思われる。

その後，いわゆるバブルが崩壊する過程で，企業集団・企業系列が弱体化し，日本的経営がネガティブにとらえられるようになるとともに，日本企業におけるステークホルダーの認識は大きく変貌を遂げてきた。

世界的な潮流の中，わが国でもコーポレート・ガバナンス改革が叫ばれるようになり，これまで日本企業があまり意識してこなかった株主というステークホルダーが存在感を強めてきた。これには，外国人株主の増加という現実的な株主構造の変化の影響もある。ライブドアや村上ファンドの「モノいう株主」としての行動もこれに拍車をかけている。これに伴い，各企業ではIR部門が新設されたり，強化されたりしているし，株主総会自体も，以前のような「シャンシャン総会」から，白熱した議論が展開されるようなものに変化しつつある。

また，従業員についても長期継続雇用が難しくなってきたこと，福利厚生が縮小したこと，非正規従業員が増加したことなどに加え，2006年に公益通報者保護法が施行されたことなどが相まって，企業は，これまでの，どちらかといえば友好的なステークホルダーといった存在から，場合によっては，内部告発なども辞さない，敵対的なステークホルダーとしての側面をも強く認識せざるを得なくなってきた。

さらに，近年のNPO・NGOの台頭により，そうした集団の言動も無視できなくなってきている。こうしたステークホルダーは，メディアと連携したり，インターネットを効果的に利用したりして，世論を形成するような力をもつようになってきたからである。

メディアについていえば，近年の企業不祥事の際の影響力をみれば明らかなように，企業にとって非常に意識をしなければならないステークホルダーになってきたということができる。したがって，最近は，経営者や従業員に対してメディアトレーニングを行う企業も増えてきている。

このように，日本企業が意識するステークホルダーも，近年，さまざまな側面で変化をしてきている。したがって，こうした変化に鈍感な企業は，高いレベルで不祥事発生リスクにさらされているといえる。

第6節　ステークホルダーとのコミュニケーション

これまで意識してこなかったステークホルダーが強力な力をもつようになったり，これまで意識していたステークホルダーの性格が変化する中で，企業においても，自社のステークホルダーとの間でコミュニケーションをとろうとする動きが出てきている。

近年，多くの企業で『CSR報告書』『社会責任報告書』といった冊子が発行されているが，これも企業とさまざまなステークホルダーとの間のコミュニケーションの手段と位置づけることができる。

たとえば，グンゼ株式会社の『CSR報告書』では，自社のCSR基本方針が明示されたのち，ステークホルダーからの信頼構築にむけた取り組みの紹介や，ステークホルダーとの共存共栄へむけた取り組みが紹介されている。注目すべきは，従業員を対象に実施したCSRアンケートの結果（抜粋）を掲載している点である。そこでは，企業にとってネガティブな情報も積極的に開示されている。さらに，巻末には第三者意見として，社団法人日本消費生活アドバイザー・コンサルタント協会の常任理事のコメントが掲載されている。[15]

また，地域社会とのコミュニケーションに積極的に取り組んでいる企業も多数みられる。

たとえば，中外製薬株式会社では，鎌倉事業所周辺地域住民への貢献を目的に，地元の関東学院大学などと産学共同による公開講座を実施している。同講座で中外製薬は鎌倉事業所での工場見学と「薬育」の講義を担当した。最終講義終了後の懇親会では，中外製薬担当者と受講生（地域住民）がテーブルを囲み食事をしながら意見交換も行っている。[16]

最近になって，特に各社で取り組みが始まっている企画に，「ステークホルダー・ダイアローグ」ないし「ステークホルダー・ミーティング」がある。これは，自社のステークホルダーを招き，自社に対するさまざまな意見を述べてもらうことを目的としたものである。一般に，経営者が同席するため，「気心の知れた」ステークホルダーを招くケースも見受けられる。

そうした中，大和ハウス工業株式会社では，参加希望者をインターネットなどを利用して公募している。実際の参加者は，一般消費者，学生，NPO，企業CSR担当者，研究者など多岐にわたる。ミーティングは2部構成となっており，第1部では『CSR報告書』に基づいて自社のCSRへの取り組みが説明され，第2部では，個別のテーマのもとに分科会形式で経営者および担当者とステークホルダーとの間でディスカッションが行われている。また，当日出てきた質問のうち，十分に回答ができなかったものについては，後日，ホームページ上で丁寧に回答している[17)]。

以上，近年の日本企業によるステークホルダーとの交流についてみてきた。企業の社会的責任が厳しく問われる中で，こうした取り組みは，今後ますます，拡大と発展を続けていくと考えられる。

第7節　おわりに

本章では，ステークホルダー概念の登場と展開，さらに現代日本企業とステークホルダーとの関係をみてきた。

ステークホルダーという考え方は，企業が曖昧模糊とした「社会」を切り取り，理解するために有効な手段となる。しかし，一方で，ステークホルダー概念の限界にも着目しなければならない。

近年，企業の社会的責任ないしCSRがある種のブームになる中で，ステークホルダーという言葉もまた一般化した。しかしながら，ステークホルダーという言葉の安易な利用は避けなければならない。ステークホルダー概念の有効性と限界をおさえてこそ，企業は社会的責任を果たすことができるといえるだろう。

注）

1) Freeman, R. E., *Strategic Management*, Pitman, 1984, pp. 31-32.
2) *Ibid*., pp. 35-36.
3) 水村典弘『現代企業とステークホルダー』有斐閣，2004年，pp. 43-44
4) Dill, W. R., "Public Participation in Corporate Planning : Strategic Management in a Kibitzer's World", *Long Lange Planning*, Vol. 8, No. 1, 1975, pp. 57-63.
5) Freeman, *op. cit*., p. 38.
6) *Ibid*., pp. 7-8.
7) *Ibid*., p. 9.
8) *Ibid*., pp. 9-11.
9) *Ibid*., pp. 11-22.
10) *Ibid*., p. 25.
11) *Ibid*., p. 46.
12) Lawrence, A. T., J. Weber, *Business and Society*, McGraw-Hill, 2008, pp. 8-10.
13) Wood, D. J., *Business and Society*, Scott, Foresman, 1990, p. 85.
14) Mitchell, R. K., B. R. Agle, D. J. Wood, "Toward a Theory of Stakeholder Identification and Salience : Defining the Principle of Who and What Really Counts", *Academy of Management Review*, Vol. 22, No. 4, pp. 872-879. 水村，前掲書，p. 75
15) 『グンゼCSR報告書2007』グンゼ株式会社，2007年
16) 『社会責任報告書CSR '06』中外製薬株式会社，2007年
17) 大和ハウス工業株式会社ホームページ：http://www. daiwahouse. co. jp/csr/stakeholder/03/outline. html

参考文献

水村典弘『現代企業とステークホルダー』文眞堂，2004年
谷本寛治編『CSR経営』中央経済社，2004年
宮坂純一『ステイクホルダー行動主義と企業社会』晃洋書房，2005年
松野弘・堀越芳昭・合力知工編著『「企業の社会的責任論」の形成と展開』ミネルヴァ書房，2006年
三戸浩・池内秀己・勝部伸夫『企業論　新版補訂版』有斐閣，2006年
企業倫理研究グループ『日本の企業倫理』白桃書房，2007年
Lawrence, A. T. & J. Weber, *Business and Society*, McGraw-Hill, 2008.

第5章
現代企業の社会的責任

第1節 はじめに

近年，企業の社会的責任，CSR という言葉を耳にする機会が増えてきた。これは，一方で，企業不祥事に関する報道が連日のように繰り返されているという現状によるものであり，他方で，ISO における SR（社会的責任）規格の制定など CSR をめぐる世界的な潮流によるものでもある。こうした動向を受け，2003 年はわが国における CSR 元年だといわれることもある。

しかしながら，企業の社会的責任は最近になって問われるようになってきたものではない。古くは 1970 年代に，公害問題，消費者問題に関連して企業の社会的責任が厳しく問われたし，最近では 1990 年前後に，企業の社会貢献活動，いわゆるフィランソロピーが注目を集めている。

実は，企業の社会的責任は大企業の台頭と切り離して考えることができない概念である。すなわち，企業の大規模化の進展に伴って，企業の社会的責任もまた関心を高めてきたのである。

そこで，本章では，大企業と社会的責任の関係，企業の社会的責任論の展開，近年の企業の社会的責任をめぐる動向について明らかにしていくことにしたい。

第2節 企業規模の拡大と社会的責任

企業の社会的責任という考え方は企業規模が拡大する中で生まれてきたものである。したがって，基本的にその意味するところは，企業の大規模化に伴って拡大してきた企業のもつパワーの行使をめぐる問題ということになる。

アメリカでは企業の社会的責任をめぐる議論は，大企業が台頭してきた19世紀末から20世紀初頭にかけて，すでに高まりをみせている。当時，企業は大規模化するとともに巨大なパワーをもつようになり，それに比例してその反社会的行動が批判され始めていたのである[1)]。そして企業の反社会的な行動を非難する人たちは法や規制によって企業のパワーを抑制しようとした。このような「抵抗」に直面して，一部の企業家は，企業のもつパワーを利潤追求のためだけでなく，広く社会的な目的のためにも自発的に用いるようになった。

こうした考え方に基づく当時の企業家たちの行動には大きく2つのパターンがあったとされる。たとえば，アンドリュー・カーネギー（Carnegie, A.）やジョンD. ロックフェラー（Rockefeller, J. D.），J. P. モルガン（Morgan, J. P.）らは，教育機関や慈善団体に多額の寄付を行った。これに対して，ヘンリー・フォード（Ford, H.）らは，従業員の健康やレクリエーションの要求に応えるための温情主義的（paternalistic）プログラムを展開した[2)]。

こうした企業家たちの行動の背景には，企業に対する規制が強化されることを予防しようという側面もあった。しかし，一方で，彼らは企業には利潤追求を超えた社会に対する責任，あるいは利潤追求と並ぶある種の社会に対する責任があるという考えをもっていたようである。たとえば，カーネギーは，企業は利潤を追求しなければならないが，企業のもつ財産はコミュニティのために使われなければならないと考えていた[3)]。

こうしたカーネギー，ロックフェラー，モルガンらの慈善的な行動や，フォードによって行われた温情主義的な行動は現代的な社会的責任概念を構成している2大原理の原点にあたる。その原理とは慈善原理（charity principle）と受託者原理（stewardship principle）とよばれるものであり，それらの原理は図表5―1のようにまとめられる[4)]。

こうした大企業のもつパワーの問題を中心的に論じたのは，バーリ（Berle, A. A.）とミーンズ（Means, G. C.）である。バーリとミーンズはその著書『近

図表 5—1　企業の社会的責任に関する基本的原理とその現代的表現

	慈善原理	受託者原理
定義	企業は社会の貧困な人びとや集団に自発的な支援を行うべきである。	企業は公衆の受託者として意思決定や政策によって影響を受ける全ての人びとの利害を考慮すべきである。
現代的表現	・企業フィランソロピー ・公共の福祉を向上させるための自発的活動	・企業と社会の相互依存性の認識 ・社会の多様な集団の利益や要求のバランスをはかること

出所）Lawrence, et al., 2008, p.48より作成

代株式会社と私有財産』（1932）において，大企業への経済的なパワーの集中を指摘し，そのような大企業が経営者によって支配されていることを明らかにした。さらに，彼らはそうした大企業のもつパワーは誰のために行使されるべきかを問題とし，経営者支配となった大企業は社会全体に対して奉仕すべき存在となったのだとした。これが「株式会社革命論」である。

このバーリとミーンズの「株式会社革命論」をもとに，企業の持つパワーと社会的責任の関係を理解してみると次のようになるだろう。

すなわち，巨大なパワーをもった大企業は，その生産活動のプロセスや結果を通じて，社会の広い範囲に強大な影響を及ぼすようになってくる。たとえば，株主は企業の業績の変化により影響を受けるであろうし，従業員はその生活の基盤を企業からの賃金に依存することにより同様に影響を受けるだろう。また，消費者も企業の提供する商品やサービスなしには生活していくことができなくなるだろう。こうして企業に関わり，依存する人びとが増加してくるにしたがい，影響を受ける人びとの利害に考慮するような企業によるパワーの行使の仕方が問題になってくるというわけである。社会的責任概念を構成している2大原理のうちの受託者原理は，ここから導き出されるといっていい。

一方，大企業は社会全体に対して奉仕すべき存在になったのだとの指摘から，大企業のもつパワーの新たな活用の仕方もまた問題となってくる。具体的にい

えば，企業によるフィランソロピーへの関わりである。実際に，大企業のもつパワーを考えると，社会からの企業に対する寄付や寄贈，ボランティア活動への期待が高まるのは当然のことともいえる。また，社会全体でみたフィランソロピーに対する需要が高まるにつれ，個人レベルでの寄付や寄贈，ボランティア活動だけでは対応しきれなくなる。それゆえ，実際にこの100年の間に大企業によるフィランソロピーは質，量ともに拡大の一途をたどっている。

このことに関連して，企業フィランソロピーの是非をめぐって争われた，1953年の「A. P. スミス裁判」は注目に値する。すなわち，ニュージャージー州最高裁判所は，A. P. スミス裁判の判決の中で，国の財産のかなりの部分を企業が持つようになった段階においては，企業も，個々人がなしてきたのと同様に，フィランソロピーに関与すべきであるとしたのである[5)]。この判決では，すでに述べた大企業のもつパワーについても言及されている。そして，そこでは巨大なパワーをもつ大企業は社会的存在なのだから，そのパワーを社会のためにも用いるべきであるとの見解が示されている。ここに，社会的責任概念を構成している2大原理のうちの慈善原理を見いだすことができる。

これまでみてきた企業のもつパワーと社会的責任の関係については，「責任の鉄則（iron law of responsibility）」という考え方で整理することができる。「責任の鉄則」とは，パワーにはそれに見合うだけの責任が伴わなければならないとする考え方である。この「責任の鉄則」に従えば，社会が認めるようなパワーの行使をしなければ，そのようなパワーは正当なものとは見なされず，やがてはそのようなパワーは失われることになる[6)]。ここに，企業がどのようにパワーを行使すれば社会が認めるのかという，いわば，企業の社会的責任の意味内容をめぐる議論が生じてくることになる。

第3節　企業に対する社会的要請の変化と企業活動の変容

現代社会の発展は，大量生産に基礎をおく産業化の進展によって支えられてきた。工場の煙突から出る煙は，国家発展のシンボルであったし，大量生産・大量消費は「豊かさ」の象徴であった。しかし，経済的な発展に伴い人びとの価値観が変容するようになると，やがて人びとは物質的な「豊かさ」のみならず精神的な「豊かさ」をも求めるようになる。とりわけ，1960 年代から 1970 年代にかけて，先進各国では大きな社会的な変化を経験し，それに伴い企業活動も大きく変容した。ここでは，そういった先進各国の中から，アメリカと日本を取り上げそれぞれの事情をみていくことにしよう。

（1） アメリカ

アメリカでは，権利意識の強化，とりわけベトナム反戦，女性の権利，老人の権利，マイノリティの権利，身障者の権利などの強化をめざす社会運動が盛り上がりをみせたのが 1960 年代であった。さらに 1970 年代までには消費者運動や環境保護運動が高まった。また企業内部にかかわるものとしては，特に労働生活の質の問題に焦点が当てられていた。ここでは，特に企業活動とのかかわりが深い消費者運動と環境保護運動，そして労働生活の質の問題を取り上げてみることにしよう。

「キャンペーン GM」で有名なラルフ・ネイダー（Nader, R.）はアメリカの消費者運動を代表する人物である。彼の 1965 年の著書『どんなスピードでも危ない』は，空前の消費者運動を引き起こし，1972 年の消費者製品安全委員会（CPSC）設立をもたらすまでにいたった。

当時の消費者運動の主な論点は，「不当な高価格」「製品の安全性」「誇大広告」「健康に有害な製品（タバコ，高脂肪食品，農薬）」などであった。[7)]

現在，消費者保護に関連する主な政府機関としては，前述の CPSC をはじめ，連邦通商委員会，食品薬品局（FDA），連邦高速道路交通安全局，食品安全品質局（FSQS）などがある。このうち自動車の安全にかかわる問題を扱う連邦高速道路交通安全局は CPSC 同様，1960 年代から 1970 年代にかけての消費者運動に対応して設立されたものである。[8)]

このような社会の変化に対する企業の対応として，いくつかの行動をあげることができる。[9)]

その第１は，企業における消費者問題担当部署の設置である。現在では多くの大企業が消費者問題担当部署を設置しており，「消費者ホットライン」を設けて直接消費者の苦情を受け付けている。

第２は，調停委員会（arbitration panel）の設置である。調停委員会は，多くの企業において，消費者と企業の間の紛争を処理するために独自に設置されているもので，専門家などの第三者によって紛争の調停が行われている。

第３は，BBB（Better Business Bureaus）およびCAPs（Consumer Action Panels）の運営である。そもそもBBBは1912年に，広告の悪用を正すことを目的として設立されたが，その後，わが国の消費者センターと同様の機能をはたす機関となっている。一方，CAPsはいくつかの業界において設置されているクレーム処理機関であり，1970年に創設された家電業界のMACAP（Major Appliance Consumer Action Panel）が有名である。

第４は，企業による製品のリコールである。リコールは1970年代中頃より頻繁に行われるようになってきている。

次に環境保護運動の展開についてみてみよう。

1962年に出版されたレイチェル・カーソン（Carson, R.）の『沈黙の春』はアメリカ中に大きなショックを与え，環境保護運動が高まりをみせた。

このような動きに対応して，1970年には大気汚染防止法が，1972年には水質汚濁防止法がそれぞれ制定されている。また，政府機関としては1969年に環境基準審議会（CEQ），1970年に環境保護庁（EPA），1974年に原子力規制委員会（NRC）がそれぞれ設立されている。[10)]

これに対して企業もさまざまな公害防止対策を実施している。たとえば，1976年のデータによれば，総設備投資額に対する公害防止投資額の比率（公害防止投資比率）が10％を越える産業も多数あることがわかる。[11)]

労働者問題といえば，1970年代初頭までは，もっぱら，賃金や年金などが重要事項として優先的に議論されていた。しかし，次第に「労働生活の質」の問題が重要な事柄として取り上げられるようになってきた。[12)]

世界的規模で「労働の人間化」あるいは「労働生活の質」が注目されるようになったのは，1972年のILO（国際労働機関）理事会において，長期活動計画の中にこの問題が取り入れられたことがひとつの要因だといわれている。さらに1975年のILO第60回総会において，「労働をより人間的にすること－労働条件と作業環境」と題する事務長報告が提出され，その中でILOが想起すべき「労働の人間化」の内容として，職場における安全と健康，労働時間と職場外の生活様式，作業組織があげられ，その改善に努力することが表明されている。[13)]

こうした世界的な動向の中で，アメリカにおいても，「労働の人間化」は1950年代より一部の企業で実験的に導入されるようになり，1960年代には労務管理方策として個々の企業に普及しはじめ，1970年代になると広く社会的な関心を集めるに至った。1971年12月，保健教育福祉省（HEW）は，労働が国民の健康・教育・社会福祉に及ぼす影響についての調査を特別調査団に委託している。この調査に関する報告書は1973年に1冊の本として出版され，社会的にも大きな影響を与えた。また，1972年7月には連邦議会において労働疎外に関する公聴会が行われているほか，1975年11月には全国生産性および労働生活の質向上法が制定されている。[14)]

このような動きに対応して，1974年，米国労働総同盟産別会議（AFL－CIO）は職業安全衛生法の厳しい適用を労働省に要請した。さらに，石油，化学，原子力，ゴムそして自動車といった産業の労組が彼らの契約書に安全と健康に関する問題を組み込むことに成功している。また，多くの企業が労働者の安全と健康を守るために，時に職業安全衛生局（OSHA）と協調しながら，各種のプログラムを開発している。[15)]

(2) 日　本

一方，わが国でも同様に1960年代から1970年代にかけて消費者運動や公害反対運動などといった多くの社会運動が高まっている。

消費者運動に関していえば，1969年に欠陥車問題が起き，同年には日本消費者連盟が，翌1970年には日本ユーザーユニオンが発足している。同じ頃，人工甘味料チクロ追放運動，カラーテレビ二重価格問題に端を発した不買運動とメーカーに対する訴訟，合成殺菌剤AF2追放運動などが起こっている[16)]。

これらの動きに対応して，1968年には消費者保護基本法が公布されるとともに，全国に消費者センターが設立され，さらに1970年には経済企画庁所管の特殊法人である国民生活センターが発足している[17)]。

企業の側の対応としては，アメリカの場合と同様に，消費者問題担当部門の設置があげられる。1983年までに設立された消費者問題担当部門のうちの86.6%が1970年以降に設立され，とりわけ1970年から1979年までの10年間に全体の63.1%が設立されている[18)]。

公害問題に関しては，いわゆる4大公害のうち，四日市ぜんそくが社会問題化したのが1960年代から1970年代にかけてである。こうした公害の多発を受けて，1967年に公害対策基本法が制定されたのをはじめ，1968年には大気汚染防止法，1970年には水質汚濁防止法がそれぞれ制定されている。さらに，1971年には環境庁が設置された。

このような社会の動きに対して，企業も公害防止のための設備投資を行っている。とりわけ1972年から1975年にかけての「公害防止設備投資」はきわめて高い伸び率をみせている。素材・基幹産業および加工型産業における公害防止投資の対前年伸び率をみると，それぞれ1972年が24.5%，15.8%，1973年が69.0%，80.8%，1974年が41.4%，8.9%，1975年が27.2%，2.5%となっている。また，四日市ぜんそくなどの公害病の原因物質として知られる二酸化硫黄の年平均濃度などは，企業による低硫黄原油の輸入，重油の脱硫，排煙脱硫装置の設置などの対策の結果，1967年をピークに低下している[19)]。

以上みてきたように，社会と企業の間の相互作用を通じて人びとのもつ価値観は次第に変化してくる。そして，そのような変化が企業活動に対する新たな要請を生み出し，他方，企業活動自体もまたそのような要請に応えるように変化してきている。こうした社会の側からの企業に対する要請とそれに対する企業の応答の中から，いわゆる企業の社会的責任の意味内容というものは明確化されてくる。したがって，企業の社会的責任論というものは，基本的には，現実に生じている社会と企業の間のやりとりの中から生まれてきたものであるといえるのである。

第4節　企業の社会的責任論の発展

(1)　社会的責任概念

前節でみたような企業に対する社会的要請の変化とそれに対する企業の応答をうけ，企業の社会的責任を概念化し，理論化してきたのがいわゆる企業の社会的責任論である。現代的な企業の社会的責任論の嚆矢は，1953年に出版されたボーエン（Bowen, H. R.）の著書『ビジネスマンの社会的責任』である。以後，企業の社会的責任論は，ある種の概念上の混乱を引き起こしつつも発展してきた。[20)]

たとえば，デイビス（Davis, K.）は1960年の論文の中で企業の社会的責任概念の意味内容を経済的利益を超えるものとしてとらえている。一方，ミルトン・フリードマン（Friedman, M.）は，いわゆる社会的責任を強調する見解は自由経済体制にとって根本的に破壊的な考え方であるとしている。そのうえで，不正行為のないオープンかつ自由な競争の中で，株主の利益を最大化することが企業にとっての唯一無二の責任であると主張している。[21)]

マクガイア（McGuire, J. W.）は1963年の著書の中で，フリードマンを社会的責任否定論の代表的論者として取り上げるとともに，自らは，企業には経済的，法的義務だけでなく，それらの義務を超えた社会に対するある種の責任があるということを述べている。[22)]

このような状況をふまえつつエプスタイン（Epstein, E. M.）は，1965 年から 1975 年までに学界および経営者たちの中で企業が利潤追求を超えて真に社会的な責任を果たさなければならないという合意が形成されたと述べている。そして，この合意の具体的な内容として経済開発委員会（CED）の 1971 年発行の報告書（『企業の社会的責任』: *Social Responsibilities of Business Corporations*）に言及している。[23)]

CED は，その報告書の中で社会的責任を「3 つの同心円」からなるものとして提示している。それによれば，内側にある円は，経済的機能の効率的遂行に対する明確で基本的な責任であり，生産，雇用，経済成長がこれに相当する。中間の円は，社会的価値および優先事項の変化に対する敏感な意識をもって経済的機能を遂行する責任を示している。具体例として，環境保護や雇用条件，従業員との関係，製品の安全性などに配慮することがあげられている。最後に，外側にある円は，社会環境の改善に対して積極的かつ広範にかかわるという責任を示している。これは，貧困や都市の荒廃などといった主要な社会的問題の解決に企業が関与することを意味している。[24)]

その後，このような同心円アプローチは，多くの研究者の間で採用されている。そして，これらの研究上の大きな潮流をふまえ，キャロル（Carroll, A. B.）は 1979 年に社会的責任の「4 パート・モデル」を提唱する。[25)] すなわち，社会的責任を経済的責任，法的責任，倫理的責任，社会貢献（philanthropic）責任という 4 つのパートに分けて考えるというものである。

キャロルは，社会において企業が何よりもまず経済的制度たることを求められることに鑑み，第 1 に経済的責任をあげている。つまり，企業には社会の求める財・サービスを適切な価格で提供する責任があるということである。

第 2 に，彼は法的責任をあげている。社会は法律や規制といったルールを制定し，そのルールの範囲内で企業が業務を遂行することを期待する。その意味で，法に従うということは，社会に対する企業の責任ということになる。

第3に，倫理的責任があげられる。倫理的責任とは，企業が，成文化されてはいないが社会のメンバーによって期待されている活動を行ったり，あるいは逆に禁止されている活動を行わないようにするという責任である。一般に，倫理や価値の変化は法律の制定よりも先行するものであるといえる。消費者運動が後の法律制定を促したことはその典型例であろう。したがって，キャロルは倫理的責任について，社会の求めているような新たな価値や規範を，企業が受け入れ，反映することとみることができるかもしれないとする。

最後に，キャロルは社会貢献責任をあげ，具体的には企業によるフィランソロピーをその内容として提示している。この責任は純粋に自発的であり，社会的活動に関与しようという企業の欲求から導かれるものであるという。そして，キャロルは，社会貢献責任が道徳的，倫理的な意味において典型的に期待されるものではないということを指摘している。たとえば，地域社会は企業に対してさまざまな支援を期待するが，仮に企業が望まれたレベルの支援をしなかったとしても，そのことでその企業が非倫理的であるとは見なされないということである。つまり，社会貢献責任は，そのことに対する社会的な要請は存在するにしても，それに応えるかどうかは企業の裁量に依存しているという点が特徴とされているのである。

このように「4パート・モデル」について説明した後，キャロルは，企業の社会的責任とは，企業に経済的，法的，倫理的，社会貢献責任を同時に達成することを課することであるとし，社会的責任を，経済的責任が最下層にあり，法的責任，倫理的責任，社会貢献責任という順に階層化したピラミッド型の構造として理解するのである（図表5—2）。

以上の社会的責任論の展開をふまえた上で，ここでは次のようなことを指摘することができる。

すなわち，まず第1に，企業の社会的責任論の発展は現実に生じた社会と企業の変化と密接に関連しているが，一方で，一般に企業の社会的責任の理論はどちらかといえば規範的側面が強いものであることから，企業の社会的責任概

図表 5—2　企業の社会的責任の 4 パート・モデル

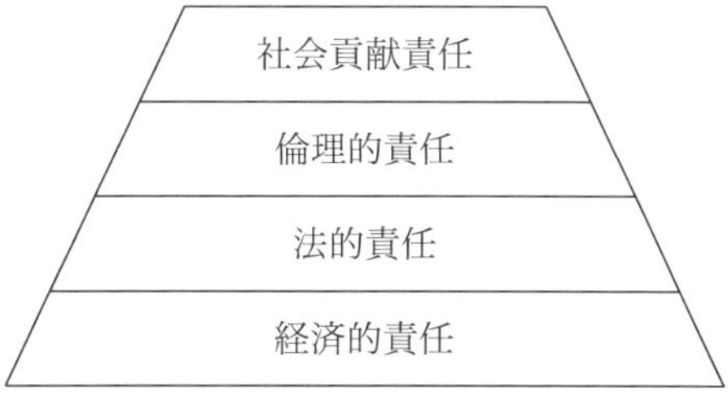

出所）Carroll, A.B. & A. K. Buchholtz, Business & Society South-Western, 2006, p. 39

念の意味内容が現実の「変化」や「合意」よりも先行する場合が多いということである。そして，そのこと自体は現実の「変化」や「合意」の形成を促す可能性を有するとともに，他方，概念上の混乱や対立を生みだすことになる。第 2 に，いわゆる企業の社会的責任，すなわちキャロルの定義における経済的責任や法的責任を超える部分に企業が応えることの是非をめぐる論議は，エプスタインが指摘したように，1970 年代半ばまでに，一応の決着をみたといってよいということである。最後に，企業の社会的責任概念の意味内容の大きな枠組みは，キャロルの「4 パート・モデル」をもって，一応「完成」したと見なせるということである。

第 5 節　近年の CSR をめぐる動向

「企業の社会的責任」を意味する「CSR」という言葉が急速に普及することになった契機は主としてヨーロッパでの関心の高まりにある。そして，日本でも，2003 年に経済同友会が『第 15 回企業白書 「市場の進化」と社会的責任経営―企業の信頼構築と持続的な価値創造に向けて―』を発表したことにより，2003 年以降，「CSR」という言葉が一般化した。

「CSR ブーム」ともいうべき，昨今の状況は，① 企業不祥事の頻発，② 持続可能な発展という考え方の拡大，③ 国際行動基準の制定という 3 つの動向と関連している。

第1の企業不祥事の頻発については，洋の東西を問わず，連日，報道を耳にすることから，特に説明の必要はないだろう。とりわけ，アメリカではエンロン事件，ワールドコム事件が，また日本でも雪印乳業の一連の事件，三菱自動車工業の事件がCSRへの関心を高めることにつながっている。

第2に，持続可能な発展という考え方の拡大についてだが，これは，そもそも1992年に行われた国連環境開発会議において環境問題の観点から用いられた概念である。その後，1995年の世界社会開発サミットでは貧困，雇用，社会的統合の観点からも用いられるようになり，2002年の持続可能な発展に関する世界サミットにおいては，「環境」から「社会」までを含む考え方として用いられるようになった。こうした流れを受けて，企業の現場では，「環境報告書」が「CSR報告書」，さらには「サステナビリティ報告書」へと発展的に変化してきている。

第3の国際行動基準の制定については，第1および第2の動きを受けて，さまざまな展開がみられる。日米欧の経済人からなるコー円卓会議では，1994年にすべてのステークホルダーに対する企業の責任などに言及した「企業の行動指針」を制定している。1997年には労働者の人権保護に関する国際規格であるSA 8000が策定された。さらに，2000年には，国連のアナン事務総長の提言に基づきグローバル・コンパクトが発足した。これは，人権，労働，環境，および腐敗防止に関する10原則からなる。同じく2000年には，GRIによるサステナビリティ（持続可能性）報告書ガイドラインの第1版が発行された。また，ISOでは，社会的責任の国際規格であるISO 26000の制定が進められている。

こうした社会の動向を受け，各企業もそれぞれにCSR活動を推進している。具体的には，倫理綱領・行動規範の策定，担当部署の設置，ホットラインの設置，社内研修の実施といった基本的な取り組みに加えて，「CSR報告書」ないし「サステナビリティ報告書」の発行，ステークホルダーとの対話会などの取り組みがみられる。

第6節　おわりに

近年，企業活動に対する社会の目は一段と厳しさを増している。同時に，公益通報者保護法の施行以降，企業内部からも不正の告発が相次いでいる。こうした社会の変化を踏まえて，多くの企業においても不祥事を防止すべく，さまざまな取り組みがなされている。

そうした中，より積極的に社会的責任を果たそうとする企業と，社会的責任をあまり積極的に果たそうとしない企業との間の格差が拡大している。すなわち，いわば先進的な企業と，鈍感な企業とに二極分化しているということなのである。

不祥事を起こした企業の末路をみればわかるように，社会の期待に応えることのできる企業が，21世紀の優良企業となることだろう。

注）

1）当時の企業に対する法律や規制の強化については，
Fligstein, N., *The Transformation of Corporate Control*, Harvard University Press, 1990 を参照のこと。
2）Lawrence, A. T & J. Weber, *Business and Society*, McGraw-Hill, 2008, pp. 60-61.
3）Bremner, R. H., *American Philanthropy*, University of Chicago Press., 1988, p. 101.
4）Lawrence, et al., 2008, pp. cit., pp. 60-61.
5）森田章『現代企業の社会的責任』商事法務研究会，1978年，pp. 62-63
6）Lawrence, et al., 2008, pp. cit., p. 47.
7）Post, J. E., A. T. Lawrence & J. Weber, *Business and Society*, McGraw-Hill, 2002, p. 355.
8）Ibid., 2002, p. 359.
9）Frederick, W. C. & J. E. Post, Keith Davis, *Business and Society*, McGraw

-Hill, 1992, pp. 354-357.
林田学『PL 法新時代』中央公論社，1995 年，pp. 61-80.

10) Freeman, R. E., *Strategic Management*, Pitman, 1984, p. 21. Frederick, et. al., 1992, pp. 463-464.

11) Frederick, W. C. & J. E. Post, Keith Davis, *Business and Society*, McGraw -Hill, 1988, p. 426.

12) Ackerman, R. W. & Bauer, R. A., *Corporate Social Responsiveness : The Modern Dilemma*, Reston, 1976, p. 21.

13) 奥林康司『労働の人間化・その世界的動向』有斐閣，1981 年，pp. 22-24

14) 同上書，pp. 149-156

15) Ackerman & Bauer, 1976, op. cit., p. 21. Frederick, et al., 1992, op. cit., p. 322.

16) 壹岐晃才・木村立夫編『日本企業読本』東洋経済新報社，1985 年，pp. 245-246

17) 林田，前掲書，p. 114

18) 壹岐・木村，前掲書，p. 249

19) 林田，前掲書，p. 248．環境庁編『平成 7 年版環境白書』大蔵省印刷局，1995 年，p. 330

20) Wood, D. J. & P. L. Cochran, "Business and Society in Transition," *Business & Society*, Vol. 31, No. 1, 1992, pp. 1-2.

21) Friedman, M., *Capitalism and Freedom*, University of Chicago Press, 1962, pp. 133-136.

22) McGuire, J. W., *Business and Society*, Random House, 1975, pp. 144-149.

23) Epstein, E. M., "Business Ethics, Corporate Good Citizenship, and the Corporate Social Policy Process : A View from the United States," *Journal of Business Ethics*, Vol. 8, No. 8, 1989, p. 585. 中村瑞穂「経営社会関係論の形成」『明大商学論叢』第 77 巻第 3・4 号，1995 年，pp. 101-102

24) CED 著　経済同友会編訳『企業の社会的責任』鹿島出版会，1972 年，pp. 16-18

25) Carroll, A. B., "A Three-Dimensional Conceptual Model of Corporate Performance," *Academy of Management Review*, Vol. 4, No. 4., 1979, pp. 499-501.

参考文献

出見世信之『企業倫理入門』同文舘出版，2004 年
高巖・日経 CSR プロジェクト編『CSR　企業価値をどう高めるか』日本経済新聞，

2004年
谷本寛治編『CSR経営』中央経済社，2004年
Carroll, A. B. & A. K. Buchholtz, *Business & Society*, South-Western, 2006.
松野弘・堀越芳昭・合力知工編著『「企業の社会的責任論」の形成と展開』ミネルヴァ書房，2006年
企業倫理研究グループ『日本の企業倫理』白桃書房，2007年

第6章
現代の企業倫理

第1節 はじめに

企業倫理は，企業活動を価値論的な正しさの観点から論じる。経営学の多くの領域が，企業の利益の多寡や成長というスクリーンに映して，経営の良し悪しを考えるのに対し，企業倫理は，善悪という道徳的スクリーンに映して，経営のあり方を考えるものである。

「企業倫理」が経営学の「独立的領域」として本格的に取り上げられたのは，そう古いことではない。しかし，今日においては，重要なテーマのひとつをなしている。

そもそも企業倫理は，いかに重視されるに至り，いかなるテーマを取り扱われるのであろうか。また，この領域特有の難しさはどこにあるのであろうか。これらの問いに答えるのが，本章の目的である。

さて，冒頭で企業倫理についてのきわめて概括的な説明を行ったが，企業倫理の論じられ方は一様ではない。ある時には，純粋に哲学的な関心で論じられ，またある時には，たとえばリスク・マネジメントといった実践的・実利的な関心で論じられる。本章では，他の章における経営学の知識蓄積との接合性を意識して，純哲学的なアプローチを避け，具体的な企業行動とのリンケージを念頭に置いた形で論じていきたい。

本題に入る前に，企業倫理と法律についての考え方について述べておきたい。しばしば指摘されるように，企業倫理の中心的な課題となるのは，法律を超えた部面である。法的な制約条件は外部から強制されているものであり，自律的な意思決定領域ではないというのがこの根拠である。しかし，後にみるように，企業倫理が重要視されてきた契機は，違法性をもつ企業不祥事であった。また，内容的見地からすれば，法遵守の問題とそれを超えた狭い意味での道徳性の問題は，連続性をもっている。したがって，企業の応答行動としてみた場合，両者は決然と分けることはできない。加えて，社会の人びとの意識の高まりにより，道徳的領域が法的領域に転ずる可能性も十分にある。したがって，ここでは，法遵守の問題も含めた形で企業倫理を考えていくことにしたい。

第 2 節　企業倫理の歴史

経済活動における倫理というテーマについては，古くから一定の関心を集めてきた。それは，哲学者の視点や経営者の信念等を通じて，さまざまな形で表出され，経営に織り込まれてきた。また，それに関連する社会的な批評も存在した。しかし，企業倫理について重点的かつ体系的な考察が熱心に行われるようになったのは，古い話ではない。

企業倫理が，長い間中心的地位を獲得できなかった大きな理由を，理論的に説明すれば，企業の営利性をめぐる社会思想上の問題による。すなわち，市場経済の下にあっては，私企業が営利原則により活動することが基本的に認められているという点である。このため，特に法律で定められた範囲を越えた次元での倫理問題の受容については，否定的になりやすい。営利原則に基づく行動が，「市場メカニズム」を通じて調整されるというのが市場経済の基本的な理念である。すなわち，企業は利己的に振る舞っていても競争を通じて，最終的には，社会にとって望ましい結果に結びつくと考えられるのである。この考えが正当だとすれば，倫理などは考えずに，市場の調整力にまかせておけばよいのではないか。むしろ，へたに倫理性を意識した行動をとると，市場メカニズムがもつ効率性が失われるのではないか。そもそも，営利性を主たる目的としている企業にとって，社会的な考慮など可能なのであろうか。倫理性の主張へのこうした批判は完全に解消されたわけではない[1]。

しかし，「現実」の市場は，「理念」的な市場とは異なる。また，企業の主な活動が，市場を通じたものであるとしても，市場での関係ですべての企業活動が完結するわけではない。このため，社会における他者との関わりの中で活動しているという視点が失われると，社会は大きな迷惑をこうむることになる。こうした事例が，最も集約的に現れてくるのは，企業不祥事である。企業活動は，他者との関わりという，公的な側面との結びつきを回避することはできないのである。

以上は，社会システムについての考え方をめぐる議論の素描であるが，国ごとの企業倫理の歴史は，大きな意味での共通性と同時に，より特定的な環境の影響による相違なり個性が認められる。この点をアメリカと日本の2国において「企業倫理」が重視されるに至った経緯を通じて確認していきたい。

（1） アメリカのケース

アメリカにおいても企業活動の倫理的考察は，古くからなされてきた。しかし，少なくとも実践的な企業の経営や，経営学研究領域においては主要テーマとしては認識されてこなかった。

アメリカにおいては，1950年代から60年代にかけ，不正事件が多発し，環境破壊，国際的コンフリクト等が起こり，企業批判が高まった[2]。

アメリカにおいてビジネス社会全体の企業倫理対応が普及しはじめたのは，1970年代のこととされる[3]。80年代半ばになると防衛産業の不正請求事件を契機に，大統領諮問委員会が発足し，その答申を元にして，防衛産業イニシアチブが防衛産業各社により組織された。ここにおいて，全従業員に対する倫理基準の制定や自己点検の促進，実践例の共有等が進められた。これが企業倫理を企業内で実体化していく役割をもつと同時にひとつのひな型となったとされる[4]。また1991年になると「連邦量刑ガイドライン（正確には，同ガイドラインの中の「組織に関する量刑ガイドライン」)」が制定された。これは，倫理の制度化がなされているか否かで，不祥事が起こった際に組織に科される罰金額に大きな差をつけるものである[5)]。量刑ガイドラインにおいて，倫理問題は，実利的次元と強く結びつき，各企業の倫理的取り組みが大いに促進された。

企業倫理が重要視されるに至った理由は，こうした個別事例的な問題のみではなく，より大きな流れとしては，規制緩和や企業の巨大化・グローバル化，地球環境問題といったトレンドがあると考えられる。特に新自由主義的経済思想に基づく規制緩和は，政府が関与する諸領域を，私企業に委ねる性格をもつものである。そのため，私企業の活動領域が公的領域に大きく食い込むことになり，新たな制御を必要とするようになるのである[6)]。たとえば，今世紀初頭に発覚した巨大会計不正事件の背景の一部には，エネルギーの自由化があった。

（2） 日本のケース

日本においてもビジネスに携わる人たちの倫理は，古くからあった。商業が大きく発展した江戸時代においては，石田梅岩を元とする「石門心学」が代表的なものであった。

明治期においても，営利活動をどのように位置づけるかは関心事項のひとつであった。これはある意味では当然のことである。既述のように市場経済において，自由な経営活動の倫理的根拠は，「市場メカニズム」を通じた自動調整機能である。ただ，近代的な経済システムや思想が，自生的に生まれたわけではない日本においては，市場システムについての信念を，アメリカほど強くは共有できなかった。こうした中，経済面での近代化を促進し，実業界に強い影響力があった渋沢栄一は，儒教的倫理を織り込んだ経営の意義を主張した。

戦後期になると，「高度成長」の負の帰結としてさまざまな問題が指摘されてきた。すなわち，公害に代表される「ひずみ」が顕在化し，企業の倫理性が社会から問われた。

しかしながら，企業倫理を中心的課題のひとつとして多くの企業が意識し，ある種の体系だった学問的な関心として大きく取り上げられるようになったのは，もっと後のことである。そうした意味での企業倫理は，1980年代終わりごろから登場し，バブル経済の崩壊を経て長期不況の中で徐々に注目を集めるようになってきたとされる[7]。

アメリカの場合と同様，現代の「企業倫理」ブームの直接的な契機となったのは，マスコミを通じて報道される企業不祥事であった。批判に応答する形で，さまざまな企業や経営者団体が行動憲章を提示した[8]。また，学問的な企業倫理研究も急速に進んでいった。

日本における企業倫理を考えるにあたり，見逃せないのは，先行していたアメリカの影響である。1980年代半ばに急速に進んだ経営の国際化に伴い，海外拠点で直面した倫理問題が，日本へと波及してきた面は否定できない。これは，企業の国際化に伴う副次的な効果であると考えることができよう。アメリカの影響は，学問的な次元でも顕著にみられ，日本における倫理研究は，当初アメリカの理論や研究動向の紹介を中心にしていた。

アメリカ同様，日本においても規制緩和や地球環境問題といった，大きなトレンドは共有され，企業倫理問題の意義が高まった重要な背景をなしている。

次のようにまとめることができよう。

企業倫理が特定の課題として意識され，研究上も大きく取り上げられるに至ったものは，基本的には，企業が社会にもたらすマイナスの影響が，不祥事の発生を通じて表面化したことで，社会的な批判が高まったことによる。企業の大規模化に伴い，マイナスの影響の重要度が大きくなってきたことから，社会的な必然性として倫理が重要視されてきたのである。社会の企業に対する評価基準が厳しくなってきたことも見逃せない。また，この背景には，新自由主義に基づく規制緩和の進展やグローバル化に伴い，企業の潜在的な活動領域が拡大したことも見逃すことができない。こうしたことにより，企業の意思決定あるいは行動のあり方にまで立ち入って，倫理的側面を織り込むような社会的要請が増大したと考えることができる。いずれにせよ，企業倫理の重要化の契機は，企業の立場からすれば，外発性が強かったと考えることができよう。

一方で，国により企業倫理が重要視されるにいたった経緯には相違がある。日米を比較した場合，時間的な見地からすれば，アメリカの方が早く倫理問題が扱われるようになった。また，アメリカにおいては，企業に対する批判が，企業行動の変化を促す社会制度の形成に結びついた。そのため，倫理を織り込む社内体制の整備等については，日本よりも進んでいるとされる[9)]。この問題については，後に若干考えてみよう。

今日の企業は，社会との相互応答関係の形が変化して，財務的なボキャブラリーのみでなく，倫理的なボキャブラリーでも企業が活動を説明せねばならなくなったのである。

第3節　今日の企業倫理

前節では，企業倫理の成立基盤について述べたが，今日の企業倫理として取り扱われる課題は，具体的にどのようなものであろうか。

この問いに答える上で，次のことを考えていかねばならない。まず，これまで，どのような問題が，企業倫理の課題として取り上げられてきたか，あるいは，どのような課題が企業倫理の課題となりやすいかという点である。この問題と密接にかかわるものであるが，どのような規範を用いて善悪が論じられるのかという点である。最後に，実践的な立場として，企業という場にあって，どのようにすれば倫理的な行動を保証できるのかという点である。これには，企業内部の制度化の問題と外部からの影響力の行使の問題がある。

（1）企業倫理の課題

企業倫理の今日的な課題は，広範である。極言すれば，企業活動の倫理的な評価は，企業のあらゆる活動において潜在的に倫理問題は発生しうる。ただ，倫理が，基本的には，他者の存在を前提にし，他者との関係性が発生する場において特に問題となる点を考えれば，企業における関係性に着目して整理することが有用であろう。企業がもつ関係性のあり方は，重要なかかわりをもつ他者，すなわちステークホルダー関係として表現される。それでは，ステークホルダーの権利（あるいは利害）との関わりという視点から，どのような課題があるかを考えてみよう。

まずは，従業員に関するものである。これは職場での倫理ということになるが，人事・労務管理上の倫理が問われる。例としては，採用・解雇・昇進等における公正さや従業員のプライバシー問題がその典型である。セクシュアル・ハラスメントもこの領域に入る。また，従業員の価値判断と企業の政策とのギャップを前提にした内部告発も大きなテーマとなっている。

次に取引関係をめぐる倫理問題がある。これは，大きく分ければ，川下に位置する顧客・消費者に対する倫理と取引先に対する倫理があろう。前者としては，製品の安全性，情報提供（広告・表示等）の正しさ等があろう。後者としては，詐欺，産業スパイ問題，「下請けいじめ」に代表されるような取引上の力関係の濫用等があろう。

この他にも，株主に対する倫理（たとえば，経営者報酬やインサイダー取引），地域社会に対する倫理（公害問題防止等），もっと広く国際社会に対する倫理（進出先の経済等），さらには地球全体にかかわる倫理（地球規模の環境問題）等，さまざまなものをあげることが可能であろう。企業の関係性の範囲は，拡大を続け，結果として企業の倫理課題は，創出され続けることとなる。

もちろん，これは，どこまでも典型的な課題と一義的なステークホルダーの関係を示した便宜的なものにすぎない。企業の行動は，水面の波紋のように，波及的効果をもたらす。具体的な企業の行動は，特定ステークホルダーとの一対一対応をなしているのではなく，複合化した課題に多層的に対応せねばならない。

別の整理法として，機能あるいは，専門職能の倫理を基軸にして考えることができる。たとえば，会計の倫理，マーケティングの倫理等がその例である。契機となる変化に連動した倫理問題（たとえば，情報化に伴う倫理）といった切り口も可能である。

(2)　道徳的規範

次に，このような課題群をどのような形で善悪に振り分けていくのかという問題がある。この振り分けが整序立って行われるためには，何らかの道徳的な理由づけが必要となり，一定の体系性が求められることとなる。

西洋哲学の視点からすれば，既成の規範体系として，功利主義，義務論，正義論等がある。功利主義は，結果を重視する見方で，最大多数の最大幸福をめざす。義務論は，むしろ動機のあり方を重視するものである。正義論は公正さに判断の力点を置く。それぞれの規範は，思想的個性をもっており，同じ行動についても異なった評価に結びつくことがある。また，それぞれの主張には，常識的理解からすれば，不適切と考えられる面がある。実践としての企業倫理は，社会で「ある程度共有化された」価値観を排除しては成り立ち得ないことから，いずれかの規範に固執した規範形成は，企業の存続に対してはマイナスの影響を及ぼすことになりかねない。

(3)　企業倫理の制度化

企業にとって，どのようなことが倫理的課題となり，どのような価値で判断するかといった問題に暫定的な答があたえられたとしても，それで，企業倫理が達成されるというものではない。

実際に，倫理的基盤を意識した意思決定がなされ，それが実行されるということが重要である。こうしたことを織り込んでいくことは，制度化とよばれる。換言すれば，企業倫理の制度化は，倫理の実現性を強く裏づける基盤である。

制度化の例としては，次のようなものをあげることができよう。

① 倫理担当常設機関の設置，② 倫理綱領の制定・遵守，③ 倫理教育の体系的実施，④ 倫理相談の仕組み，⑤ 専任役員の任命，等[10)]。

倫理担当の常設機関は，企業倫理に関する調査から評価までを一貫して行う機関である。倫理綱領は，基本的な倫理上の規準について明確にするものである。倫理教育については，倫理綱領の浸透をめざした教育訓練である。非倫理的行動は，従業員の個人的利益志向のために発生する場合があるが，そうした行動を抑制する意味ももつ。倫理相談については，倫理問題についての質問・相談を受け付ける窓口である。専任役員は，トップ層に倫理問題の専門職位を置くことである。

制度化を進めても，必ずしも名目通りに機能するとは限らないし，それぞれの方策の有効性については，さまざまな評価がある。しかし，経営管理システムとしての従業員に倫理問題の重要性を認知させると同時に，ステークホルダーに対して自社が倫理性を重視することを明示化することにより，総合的には倫理的意思決定を行う上での障害を低下させる意義をもつ。

制度化のあり方については，法令遵守（コンプライアンス）に視点をおいたものから，組織文化や価値に重点を置いた価値共有（インテグリティ）型へと展開していく方が望ましいとの主張がある。[11)]

（4） 倫理を促す社会の動き

企業倫理は，基本的には，経営者の判断による部面が大きい。しかし，一方では，社会的諸制度を創出することにより，企業の倫理的行動を促進しようとする動きがある。

アメリカにおける連邦量刑ガイドラインがそのような役割をもっていることについては既述したが，もうひとつの典型的な例はSRI（Socially Responsible Investment；社会的責任投資）である。これは，社会性の見地からスクリーニングを行うことにより，投資先企業を決定しようとするものである。また，価格・品質といった製品・サービスの基本的特性だけではなく，倫理評価を含めて購買行動に結び付けようとする運動もある。

こうした行動の有効性は，次のように考えることができる。すなわち，企業が倫理的な意思決定に対して消極的になりやすい大きな原因は，それが短期的な利益を抑制する要因として働くことにある。とりわけ競合する企業が，倫理性を考慮しないことにより価格競争力のある製品・サービスを提供できるとすれば，市場競争に敗れ去る危険性は十分ある。上記のような動きは，企業に実利的な誘引を与えることにより，倫理的な企業と繁栄する企業を結び付けていこうとするものである。一方で，倫理的問題を実利的問題に転化することにより，規範的としての性格を失うという危険性を伴っている。また，目にみえない倫理性の高さをいかに評価するかは大きな問題である。しかし，倫理的行動の実現性を高めるという点で意義はあると考えることができよう。

第4節　企業倫理の複雑さ

企業倫理をめぐる問題は，価値問題特有の難しさをもっている。価値をめぐる問題は，主観性が高く，多くの場合，利害を反映しているため，相違する価値の間での合意の形成が難しい。

（1）　利害関係の衝突

倫理上の価値は，抽象的レベルで同意がなされていても，これを現実の行動に移そうとした際には，解釈をめぐりはるかに困難なものとなることがある。たとえば，「人権」という規範については，抽象的なレベルでは，相当に高い合意が得られるであろう。しかし，この言葉に何を盛り込むのかという具体的次元に立ち入ると，合意は必ずしも容易ではない。

また，企業を取り巻く関係性が複雑な状況においては，ひとつの行為がステークホルダー間で利害や価値の衝突が発生するかもしれない。たとえば，大規模な工場を閉鎖するという問題を考えてみよう。工場閉鎖は，資本提供者にとっては，利益を増進することにつながる。また，閉鎖が移転を前提にしているのであれば，経済的に低位な地域に新規雇用機会を提供するかもしれない。しかし，現時点で立地している地域社会とすれば，雇用が失われ，場合によっては，地域社会そのものが崩壊しかねない状態になるかもしれない。

別の例として，化石燃料に代わって，植物から得られるバイオエタノールを使用するケースを考えよう。これは，地球温暖化の原因として問題視されている二酸化炭素の排出を抑制することができるとされている。植物は生育プロセスで二酸化炭素を取り入れ，酸素を排出するからである。しかしながら，原料としてとうもろこしをはじめとする穀物を使用した場合，穀物価格が高騰し，特に経済的に低位にある国の人たちの生活に大きな影響を与えると考えられる。この場合，企業がバイオエタノールを使うことは倫理的なことなのであろうか。逆に，使わないことは倫理的なことであろうか。

（2） 価値観の国際的相違

文化が異なれば，価値観も異なる。そのような時に企業はどのように振る舞うべきであろうか。一方の極として現れてくるのは，現地の規範に従うことである。しかし，たとえば，賄賂が認められているケースで現地の規範に従って賄賂を渡すべきであろうか。もう一方の極として現れてくるのは，本国における規範を一方的に適用することである。大きな経済力をもつ企業が，特定の価値観を押し付けることは現地の文化，さらには社会を破壊することにならないか。

こうした問題は，それぞれの国が互いに関係性をもたず，独立している時には，あまり大きな問題とはならない。ところが，相互関係を形成し互いに場を共有する場合には，何らかの共通な規範が必要とされるであろう。グローバル化は，場の共有性をかつてない水準にまで広げている。しかし，規範の共通化は果たして可能なのであろうか。少なくともこの問いに答えることは容易ではない。

規範の共通化に向けた試みとして，国際機関等により設定された行動規準があげられる。これらが，特定の国もしくはステークホルダーの利害が規範の形式をとって提示している危険性はないわけではない。しかし，少なくとも「暫定的」な規範として，参照する意義はあると考えることができよう。

第5節　おわりに

以上，みてきたように企業倫理は，今日において避けて通ることができないきわめて重要な領域である。企業倫理として提示される諸問題には，基本的に相当高いコンセンサスがある問題から，価値が錯綜しきわめて複雑な問題まで広い幅をもっている。また，実践面と結びついた企業倫理は，規範的な側面と実利的な側面が微妙に交差するものである。注意せねばならない点は，この複雑さは，企業倫理について考えても無駄だということを意味するわけではない。むしろ，それだからこそ企業倫理を学ぶ重要性があるのだ。

また，企業倫理は，企業にかかわる社会問題をすべて解決する万能薬でもない。むしろ，企業の意思決定領域に含めず，政府等他の社会制度に委ねる方がよい問題もあろう。

価値や利害が錯綜する複雑な状況においては，必ずしも既定の解答があるわけではない。望ましい解答は意思決定者自らが発見していかねばならない。「倫理」の名を借りた独善に陥らないように留意しつつ，少しでも望ましい方向へと変えていく創造的な意思決定を行うことが企業倫理を学ぶ根本的な意義だと考える。

注）

1）　典型的な議論は，経済学者フリードマンによる有名な論考である。Friedman, M., “The Social Responsibility of Business Is to Increase Its Profits” in Madsen, P & J. M. Shafitz, ed., *Essentials of Business Ethics*, 1990 pp. 273-282.（本論文は1970年にThe New York Times Magazineに掲載されたものである）

2）　日本経営倫理学会監修，水谷雅一編著『経営倫理』同文舘出版，2003年，p. 4

3）　高巖・Donaldson, T.『ビジネス・エシックス―企業の社会的責任と倫理法令

遵守マネジメント・システム―〔新版〕』文眞堂，2003年，p. 303
4) 同上書，pp. 305-308
5) 同上書，pp. 309-316
6) 鈴木辰治・角田信夫編著『企業倫理の経営学』ミネルヴァ書房，2000年，pp. 30-31
7) 日本経営倫理学会，前掲書，p. 7
8) 代表的なものは，経済団体連合会（現・日本経済団体連合会）の『経団連企業行動憲章』である。これは，その後3次にわたり改定されている。日本経済団体連合会のホームページで参照できる。http://www.keidanren.or.jp/indexj.html
9) 高・Donaldson，前掲書，p. 302
10) 出見世信之『企業倫理入門』同文舘出版，2004年，pp. 67-68
11) 企業倫理研究グループ『日本の企業倫理―企業倫理の研究と実践―』白桃書房，2007年，pp. 8-9

参考文献

Stewart, D., *Business Ethics*, McGraw-Hill, 1996.（企業倫理研究グループ訳『企業倫理』白桃書房，2001年）
日本経営倫理学会監修，水谷雅一編著『経営倫理』同文舘出版，2003年
高巖・Donaldson, T.『ビジネス・エシックス―企業の社会的責任と倫理法令遵守マネジメント・システム―〔新版〕』文眞堂，2003年
出見世信之『企業倫理入門』同文舘出版，2004年
企業倫理研究グループ『日本の企業倫理―企業倫理の研究と実践―』白桃書房，2007年

第7章 テイラーの経営管理論

第1節 テイラーと科学的管理法

(1) 近代経営学の出発点

テイラーは近代経営学の基礎をなす重要な提言を多く残している。生産現場について論じられているものの，その内容はオフィスワーカーにも応用できる示唆に富んだものである。近年，生産現場だけではなく，オフィスワーカーにおける仕事の「見える化」という動きも，元はテイラーの科学的管理法の基本概念にたどり着く。テイラーの管理論が，憶測ではなく科学的に決定された標準時間や単位時間によって仕事を構成しているからである。

テイラーの管理論の基礎となるのが科学的管理法（scientific management）である。テイラーによる科学的管理法が提唱される以前の生産現場では，1人の監督者が作業全般を管理していたため，作業時間の設定や賃率といった経営活動に影響を与えやすい要素についても，監督者の意向によって決定されていた。経営者側は生産現場の生産性を正しく把握することができないため，賃率決定も現場の説明によって行わざるをえない状況にあった。テイラーの科学的管理法は，こうした状況を解決するために考えられた管理論の基礎をなす概念であり，後述のような体系によって生産現場で円滑な活動が展開されるとしている。

(2) 科学的管理法のねらい

テイラーが著した『科学的管理の諸原理』（*The Principles of Scientific Man-*

agement）では，管理の目的は経営者の最大繁栄（maximum prosperity）とあわせて，労働者の最大繁栄をもたらすことにあると論じられている。ここでいう最大繁栄とは，単に企業や経営者に対する配当を行うことではなく，事業そのものを発展させて繁栄を永続させることを重要視している。テイラーが科学的管理法を導入しようとしたのは，良好な労使関係をめざそうとしたからであり，従来のように労使が対立し，企業の繁栄を阻害する状況を打破するという強い信念に支えられている。つまり，科学的管理法とは，経営者側のめざす「低労務費」と労働者側が求める「高賃金」の両立を実現するための概念である。

（3） 組織的怠業の克服に向けて

当時，労働者の賃金の決定には出来高払制（piece-rate plan）が採用されることが多く，経営者はその賃率を決めるのが難しい問題であった。なぜならば，賃率を決定するためには，労働者が必要とする賃金総額と予想出来高を必要とするからである。賃率は賃金総額を予想出来高で割った数字で表される。

$$\text{賃率}=\frac{\text{賃金総額}}{\text{予想出来高}}$$

問題なのは，経営者がだいたいこれぐらいでよいだろうという憶測によって賃率を決定していたことである。予想出来高についても，一時的に現場作業を観察して決めたり，各作業のなかで最も速いものを採択したり，似た作業に要する数値に想像で時間を加減して決定するというやり方をとっていた。テイラーはこれらを伝習的方法（rule-of-thumb method）としている。このやり方だと，実際に生産活動にあたるまで誰もどれぐらいの生産量になるのかはわからない状況にあるという問題を孕んでいる。

さて，出来高払制のもとで，労働者が賃金を多く得ようとして出来高を増やそうとしたとしよう。すると経営者は，労働者が効率的な生産活動をしていることを確認した後，賃率の引き下げ（rate cutting）を実施しようとするのは自然である。労働者がさらに効率を上げたとしても同様であり，労働者側では自己防衛するための方策を取るようになる。

これが組織的怠業（systematic soldiering）である。経営者側の賃率引き下げに対抗するため，労働者たちは意図的に作業速度を緩慢にする一方で，見た目は急いで作業をしているように見せかけるようになったのである。労働者たちは新人が入ってくると，1人でも出来高が増えると全体の賃率が引き下げられ，現場全体に影響を与えるという「新人教育」を実施し，組織的に生産性が上昇しないようにしていたのである。

組織的怠業の要因として，賃率引き下げの他に失業への不安もあった。当時は南北戦争後で，アメリカが急速な工業化を推進し企業規模が拡大する中で，管理の目が工場の細部に行き届かなくなっていた。また，除隊兵などが求職のために都市部へ押し寄せたために，未熟練労働者が多く存在し生産現場は混乱した状態にあった。労働者たちが作業効率を向上させると自分たちの仕事がなくなるという思いも，組織的怠業を行わせていたのである。

第2節　課業管理の体系

（1）管理の4原則

テイラーは，管理の第1目標である低労務費と高賃金が実現し，労使そして消費者も利益を享受するためには，次の原則を実行すれば目標は最も簡単に達成できるとした。

① 大いなる1日の課業（a large daily task）

② 標準条件（standard conditions）

③ 成功に対する高賃金（high pay for success）

④ 失敗に対する損失（loss in case of failure）

①の原則は，企業の人びとは皆その地位の上下にかかわらず，毎日なすべき課業を明確にしておかなければならないことである。この課業は絶対に漠然と

したものであってはならず，その内容は明確で，容易に達成できるものであってはならない。②の原則は，労働者に与える課業は1日分としてふさわしいもので，同時に標準化した条件と用具を与えて確実に課業が達成できるようにすることが求められる。③の原則は，各労働者が課業を達成した場合は多くの賃金を払う必要があることである。④の原則は，労働者が失敗すればそれだけの損失を受けなければならないことである。

ただ，テイラーは，企業の組織が十分に発展したのであれば，次の原則を追加するのがよいとしている。それは，⑤ 課業は一流の労働者（a first-class man）でなければできないくらいむ難しいものにする，という原則である。

（2） 課業管理

1） 熟練移転の必要性

4つの原則が的確に機能するためには，作業を科学的に考察して，仕事を具体的に把握するための時間研究や作業内容の標準化をめざす動作研究が必要とされる。これらの作業の標準化に伴う動きは，現場監督者から経営者側へ作業現場の決定権が移譲することを意味する。

科学的管理法が導入される以前の作業現場では，作業方法や作業道具については現場に任されていた。テイラーによると，500人から1,000人の労働者を雇っている製造工場においては，少なくとも20から30の異なる職があるのが普通であり，これらの職に就いている労働者たちは以前からの口伝えによって，生産活動に関する知識を得てきた。その時代における最も器用な労働者の作業方法が伝承されるかたちで適者生存してきたのである。管理者といえども作業現場の知識や熟練は労働者のそれには及ばず，経験に長けた管理者は初めから仕事の仕方や一番良い経済的な方法はむしろ労働者にまかせてきたという。一見すると現場からの知恵が出される好ましい現象であるが，同じ作業にいろいろな作業方法があり，それを放置していることはやはり問題であろう。

以上のような現場まかせの管理法では，管理者の役割は労働者を激励して，いかにうまく知識と熟練を発揮させるかにかかってくる。しかし，労働者の努力を促進させることは容易ではない。特別に奨励するために昇進や昇給，工賃の引き上げなどの方策があげられるが，テイラーによるとこうした管理法は本質的なものではないという。テイラーの考える科学的管理法では，管理者の役割は労働者が伝承している知識や熟練を体系としてとらえ，これらを分類集計して規則，法則，方式として示し，これによって労働者の日々の仕事を支援していくことにあるという。これによって，労働者は仕事に対して好意をもって積極的に取り組むようになるとしている。これらを実現するためには作業を標準化する必要がある。

2)　作業標準の決定

作業を標準化するために，管理者には次のような職務が求められる。

①　労働者の仕事は目分量ではなく科学的に決定すること。

②　労働者を科学的に選択し，教育，訓練すること。

③　科学的な仕事の遂行のために管理者と労働者は協調的であること。

④　管理者と労働者との間で仕事と責任とが均等に区分されること。

従来の現場まかせの管理に比べて科学的管理法では，上記のように，管理者は仕事内容から労働者の教育訓練，労使関係，仕事の分担まで多くの職務を担当することになる。また，それが労働者の動機づけを促進する働きをもつ。管理者は労働者自らが決定していた仕事の手順や工具について決定し，それによって労働者の努力を促進させなければならないのである。

仕事を標準化するためには，仕事がどのような作業から構成され，どれだけの時間を費やしているのか，といった各要素を具体的に把握して賃率を決定することが必要である。この点について，森俊治（1998）は要素的賃率決定として次のように議論している。要素的賃率決定とは，工場現場の多くの作業について要素分析を行い，これをストップウオッチで測定し，ファイル等に分類しておく。そして，ある特定の作業について賃率を定める時にその作業を要素に分析し，最も合理的な作業動作の系列を造り上げ，各要素作業の標準とすべき時間を記録の中から求め，これを集計して当該特定作業の標準時間を算出，公正な賃率を決定する基礎をなすものである。

テイラーによると，作業だけでなく工具についても現場ごとに形や型の違うものが多くみられ，科学的管理法では，こうした問題について目分量でできたさまざまな工具を詳細に調査し，その工具によって費やす時間研究を行い，それらの中からいい点だけを抜き出して，ひとつの標準工具を選定する。この工具は次なる動作および時間研究によって，よりよい工具が生み出されるまで使用されるのである。

明確な仕事内容の決定によって，労働者は1日の仕事の量を的確に把握することができるようになった。次に考えなくてはならないのは，労働者が1日の仕事を遂行した場合にどのように報いるのかという点であり，その代表が賃金である。当時は出来高払制という支払形態が採用されることが多かった生産現場において，テイラーはより経済的刺激を生み出す賃金制度として差別的出来高払制を取り入れることになる。

(3) 差別出来高払制

差別出来高払制とは，作業標準で決定した一定量を達成した場合と未達成の場合とで賃率を分け，労働者が一定量を設定された標準をクリアしようと作業能率を高めることをねらった刺激的賃金制度である。労働者が仕事を最短時間内に遂行し，なおかつ不良品もないということになれば，その仕事に対して高賃率を支払い，時間超過や不良品があった場合には低賃率で支払うことになる。テイラーはこの制度について，労働者側と管理者側の正当な要求を両方とも満足させるものは，この制度をおいて他にはないとしている。

テイラーの説明によると，具体的には以下のように賃率が決められて賃金が算出される。ある仕事の1日にできる最大量が20個（または20単位）であるとする。ある労働者が1日20個を生産し，なおかつ不良品がない場合には，1個当たり15セントの賃率とする。この場合，その日の賃金は15×20＝3.00ドルとなる。一方，1日の生産量が20個に満たない場合は1個当たりの賃率は12セントとなる。そのため，たとえば1日19個しか生産できなかった場合の賃金は12×19＝2.28ドルとなるのである（図7—1）。

また，たとえ20個仕上げたとしても，その中に不良品があれば賃率は引き下げられ，1個当たり10セントや5セントといった低いものになり，1日3ドルのかわりに2ドルや1ドルといった賃金になってしまう。

テイラーはさらに差別出来高払制が通常のやり方と違うことを強調している。通常の出来高払制のもとで，ある労働者が毎日16個の製品をつくっていると仮定していたとする。この場合，1個当たり15セントとすれば1日の賃金は15×16＝2.40ドルとなる。そして，この労働者がスキルを身に付けて1日の生産量を20個に増やした場合，15×20＝3.00ドルとなるはずである。

しかし，テイラーが指摘するのは，古い体質の経営者側の考え方は他の労働者が1日に2.50ドル前後の賃金を手にしているのに，一人だけ3.00ドルを受け取るのは不適切であると判断しがちであり，多くの場合に賃率を15セントから12セントに引き下げられて，結局は12×20＝2.40ドルという賃金に抑えられるということである。労働者にしてみれば，せっかく身に付けた熟練技術を発揮して生産効率を高めているにもかかわらず賃率を引き下げられるため，通常の出来高払制だと努力をしなくなると考えられていたのである。

テイラーが提唱した差別出来高払制は，作業の標準化によって科学的な標準

図表 7—1　テイラーの差別的出来高払制

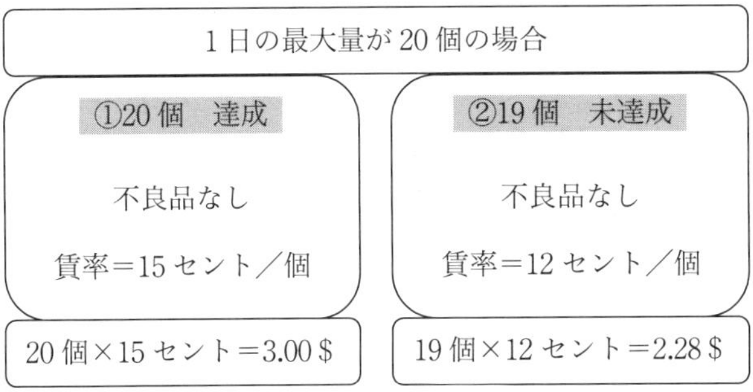

1日の最大量が20個の場合
①20個　達成
不良品なし
賃率＝15セント／個
20個×15セント＝3.00＄
②19個　未達成
不良品なし
賃率＝12セント／個
19個×12セント＝2.28＄

量によって規定された他，労働者の努力を阻害するこうした賃金制度の問題を克服する役割もあったのである。

第3節　機能式組織制度

（1）　軍隊的組織から機能式組織へ

テイラーの科学的管理法が普及する以前の工場管理では，軍隊式といわれる組織形態がとられ，職長が工場全体を完全に運営する責任をもっていた。職長の役割には，工場全体の仕事の割り振り，機械作業に当たる労働者数の確認，作業の監督，規律の維持，賃金の見直し，出来高払の賃率決定，時間記録の監督など，さまざまな職務内容が必要とされていた。そのため種々の職務に精通する職長の育成には長期間を要し，現実的にすべての職務を完全に遂行することがきわめて困難な状況にあったのである。

テイラーはこうした問題点を解決するために，軍隊式から機能式へ組織形態を変える必要性を提唱した。軍隊式組織における職長のように，たくさんの管理業務を１人の管理者が中途半端にやるよりは，職務ごとに職長をもうけてそれぞれに仕事を分担させることが提案された。それに伴い，労働者はもちろん職長にもできるだけ計画的な仕事をさせないよう，多少でも事務的な仕事は工場現場から取り去り，計画部といわれる部門へ移管した。現場へは，前もって計画部で決定された内容に基づき，指導票を通じて仕事内容を伝えることの効率性を主張したのである。

（2）　機能式職長の分類

テイラーは機能別職長として次のような役割を提示している。まず，計画を実行に移行させるための４つの機能についてあげたい。

①　着手係（gang boss）：機械に取り付けられるまでの仕事について担当する。受け持ちの労働者に対して，次になすべき仕事の提示や，道具の準備

をする。

② 速度（指導）係（speed boss）：各仕事に対して適切な道具の使用や速度に関して担当する。たとえば切削の仕事であれば，仕掛品が旋盤に取り付けられてから切削加工が終わるまでが範疇となる。

③ 検査係（inspector）：仕事の品質について担当する。労働者や速度（指導）係は検査係が納得する仕事をしなければならない。

④ 修繕係（repair boss）：機械のメンテナンス（機械に破損はないか），フロアの清掃を担当する。

次に，テイラーは計画部を代表する職長の機能として次の4つをあげる。

① 順序および手順係（order of work and route clerk）：各工程の最適手順の計画を担当する。

② 指導票係（instruction card clerk）：仕事のやり方を指導票として表わすことを担当する。

③ 時間および原価係（time and cost clerk）：時間と原価を「時間票」にする仕事を担当する。

④ 工場監督係（shop disciplinarian）：怠業，遅刻，欠勤した労働者への対応を担当する。

以上のように，機能式職長制度は，従来の軍隊式組織では1人の職長が行っていた複数の職務を8人に分担させるものである。テイラーはこれらの職長の分担として，手順係，指導票係，時間および原価係の3者は計画部で計画を立てて命令を出す。そして，着手係，速度（指導）係，検査係，修繕係の職長は指導票通りに実行する方法を労働者へ教え，仕事が適切な速度で行われるように監督する。最後に，工場監督係は工場全体の規律の維持にあたるとしている（図7—2）。

機能式職長制度の導入による影響で最もいちじるしかったのは，職長の養成が短期間で可能になったことであったという。職長に対する要求が少なくなったことから，短期間で職長に要求される役割について修得できるようになるか

図表 7—2　機能式職長の体系

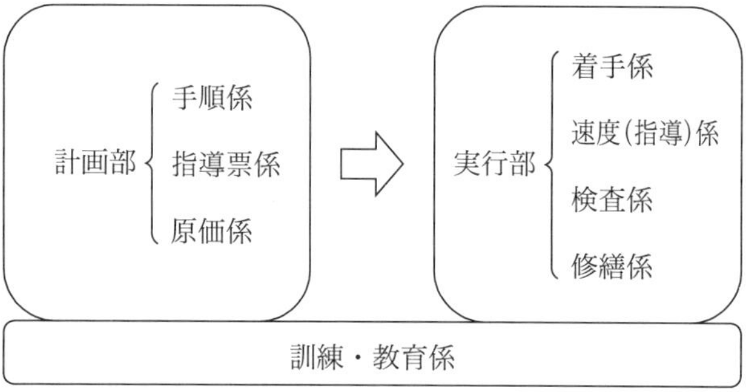

らである。テイラーによると，半年から8ヵ月程度の教育で機能式職長に仕立てることができるため，大規模化している工場管理においても役割遂行が確実な職長は貴重な存在だったのである。

（3） 計画部の機能

計画部は，工場内の複雑な計画や事務的な職務を分離させ，これらを計画部が集中的に管理することで，現場の職長や労働者が仕事の実行に専念できるようにするものである。これは，工場や製造部門は経営者や工場長，職長などが管理すべきではなく，計画部によって管理されるべきとの考えに基づいている。計画部はそれゆえに工場に近く，現場との情報交換を密に実施して，労働者に対して文書による仕事の命令を行ったり，報告を受け取ったりしながら常に現場を円滑に機能させるための処置を施す専門能力が求められる。

テイラーが指摘した計画部の主な機能は，工場全体における手作業や段取りに費やす時間研究の徹底，原材料の在庫量や生産高の把握，労働者の賃金管理，制度または工場の改善等々と多岐にわたる。工場管理全般にわたる管理業務という業務をすべて計画部へ移管してしまっているのである。

計画部の設置によって，現場から一切の決定権が奪取されたような感は否めないものの，計画部は部門や工場といった一部分ではなく，より大きな視点から諸々の要因を決定することができるという効果があるのは事実であろう。計画部の設置も，大規模化した企業の製造部門としてひとつの方向へ導いていく経営活動において必要だったのである。

第4節　テイラー批判に関して

（1）　機械人・経済人モデルの限界

テイラーの科学的管理法は，それまでに管理という存在がない時代に誕生したはじめての概念であり，それゆえに現代の経営学での管理と比べるといろいろな問題がある。まず問題としたいのは，テイラーが人間を「機械人モデル」ととらえている点である。特に，生産現場について，計画部によって提出された指導票に基づいて仕事を遂行するだけの存在のようにとらえていることは，一種の人間性を排除しているように考えてもおかしくはない。仕事はそれぞれに分業が強化され，使用する工具も限定され，新しい提案も管理者を通じて採用されるという状態であるので，ある意味で仕方のないことである。

また，労働者を経済的な欲望に動機づけられた「経済人モデル」ととらえていることも指摘しておきたい。差別的出来高払制の導入はその際たる例である。労働者の動機づけを経済的な要因だけではなく，その他の人間関係や社会的要素にもとめることを軽視していたのは事実である。科学的管理法の内容に基づくと，労働者は確かに作業に専念でき，それなりの賃率を獲得して相応の賃金を手にすることができる。だが，本当に職場において経済的要因だけを拠り所に動機づけられているとは考えられがたく，それ以外の要因を軽視することは労務管理が不十分であると考えざるをえない。

とはいうものの，科学的管理法が生成した時代背景を考えると，経済的な発展がいちじるしく生産活動は拡大志向であるとともに，労働者不足によって未熟練労働者が工場にあふれているような時代である。大規模化する生産活動をいかに管理するのかは重要課題であり，従来から現場によって管理されてきた工場管理活動を管理者側で実施するような体制へ移行することだけでも大変だったと推測される。そうした時代において，「機械人モデル」や「経済人モデル」という概念で工場管理に一定の方向づけをもたせたことの貢献は小さくないだろう。

(2) 全社的な視点の欠如

次にテイラーへの批判として，管理概念が工場に限定したもので，経営活動全般にわたるものではないという問題がある。テイラーのとらえる経営管理は工場管理であって，現代の経営学がとらえるような全社的な経営管理には至っていない。現在では，経営活動はあらゆる部門が総合的に関連しあって全体的な企業活動を展開していくため，部分最適というよりは全体最適を意識した経営管理をする必要がある。テイラーの管理論では，こうした点についてはほとんど指摘されることもなく，たとえば，販売部門から製造部門について客観的に考えるという視点に乏しかったといえる。

とはいえ，当時の時代背景を考えると，製品がこれからアメリカ全土に普及していくという時代ゆえに，作れば売れる状況にあったことから，全社的に考えなくても良かったという事情もあったし，現代のような経営環境の激しい変化もなかったことから，もっぱら製造現場の効率化に取り組むことが要請されていた時代であったことを忘れてはならない。

第5節 近代経営学への貢献

テイラーは科学的管理法の本質として，科学的な仕事量の決定，労使の協調関係，工場全体の効率からの視点，工場全体としての生産量の視点，労働者全体の高度な技能の必要性をあげている。これらは当時においても大発明といった類の項目ではなく，古い知識を収集して分析し，分類して，その中から一定の法則を析出してひとつの科学として体系をつくりあげるために必要であったことだといえる。

これらの本質が機能するためにはまた，テイラーは労使ともに精神革命が必要であることを説いている。科学的管理法が導入されるまでの生産現場は，労働者の組織的怠業や経営者側に対する不信感が存在し，とても労使協調という状態ではなかったが，科学的管理法の導入にあたって，労使ともに協調という精神的態度をもって，仕事にあたるように唱えたのである。

その根底にあるのは，本章の最初で述べた「経営者と労働者の最大繁栄をもたらす」ことが管理の目的であるという考えである。低労務費と高賃金の実現には科学的管理法が必要であり，そのためには労使における協調関係が必要というのである。また，企業側のこうした動きがより低価格の商品提供を実現させるため，消費者もその恩恵を受けることができることを指摘している。テイラーの科学的管理法は，このように精神面までも含めた提言を行っており，こうしたとらえ方は近代経営学において重要な基礎をなすものである。

近代経営学に対するテイラーの貢献で最も顕著なのは，やはり作業標準の科学的決定による課業管理を実現したことであろう。標準時間の設定によって生産現場の組織的な管理が実現したことは，今日の生産現場で当然に実施されている管理方法の基礎である。そしてまた，テイラーの標準時間の概念は，現代においてはオフィスワーカーやサービス現場に対しても応用されているものであり，その貢献の範囲は決して工場管理だけに終始するものではない。

現代の企業経営においても，ある程度の規模の企業であれば仕事内容が詳細に記載されたマニュアルが存在するだろう。たとえアルバイトであっても，その作業時間や手順が厳密に規定されて，それを遵守するように教育訓練される。たとえばテイラーが取り上げる生産現場とは随分とイメージが異なるハンバーガーチェーン店でも当然のことである。テイラーの管理概念は，重大な問題点が存在するものの，このように現代の経営管理の基盤をなす重要な役割を担っているのである。

参考文献

Taylor, F. W., "Scientific Management Comprising Shop Management, The Principle of Scientific Management, Testimony Before the Special House Committee", Thompson, K Edited *THE EARLY SOCIOLOGY OF MANAGEMENT AND ORGANIZATIONS*, 2003.

Nelson, D., *A Mental Revolution Scientific Management since Taylor*, Ohio State University Press, 1922.（アメリカ労務管理史研究会訳『科学的管理の展開』税務経理協会，1992 年）

森俊治『アメリカ経営学の再吟味』税務経理協会，1998 年

上野陽一訳編『科学的管理法〈新版〉』産業能率大学出版部，初版 1969 年，第 23 版 2000 年

三戸公・小林康助監訳『科学的管理』文眞堂，2000 年

第8章
アンリ・ファヨールの管理論

第1節　はじめに

「経営学の父」とよばれる論者は，少なくとも2人いる。1人は，アメリカのテイラー（Taylor, F. W.）であり，もう1人は，ここで論じるフランスのファヨール（Fayol, H.）[1]である。

ファヨールは，1841年トルコのコンスタンチノーブル（現イスタンブール）で生まれ，1925年にパリで没した。1860年に鉱山学校を卒業後，炭鉱技師としてコマンボール社に入社し，1888年から30年間社長を務めた[2]。社長就任時において同社は，経営上多くの難題を抱えていたが，ファヨールは事業売却・買収や管理技法を駆使して，立て直しに成功した。社長退任後は，「管理研究所」を設立し，自らの経営理論を広めた。ファヨールが展開した経営理論は，石炭・鉄鋼業を基盤にした豊富な実務経験の中での観察・試行を通じて生み出されてきたものである。

ファヨールは，技師としての諸論文も発表しているが，経営に関する著作としては，主著『産業ならびに一般の管理』[3]（1916年〔書籍版は1917年[4]〕）の他に，『公共心の覚醒』（1917年〔書籍版は1918年〕），『国家の産業的無能力』（1921年）がある。ここでは，主に『産業ならびに一般の管理』（以下，便宜上『一般管理』と略称する）をとりあげ，ファヨールの管理論の特徴を説明していきたい。

ここでは，あまり触れることができないが，管理教育の重要性の主張や公企業に対する批判および改善への提案は，ファヨールについて語るにあたって重要な側面をなしている。前者については，管理教育をすべての学校に導入することを薦めている。『一般管理』が第一部「管理教育の必要性と可能性」から始まっていることからもうかがえるように，きわめて重要な課題であった。後者については，私企業において認められた管理方法を公益事業にも適用すること（「国家の産業化」とよぶ）を主張している。『公共心の覚醒』と『国家の産業的無能力』は，主にこのテーマを扱っている。

第2節　管理とは

ファヨールが中心的な関心を寄せたのは，「管理」である。それでは，ここにいう管理とはどのようなことを指すのであろうか。

ファヨールによれば，企業が行う活動は，次の6つに分けることができる。

① 技術的職能，② 商業的職能，③ 財務的職能，④ 保全的職能，⑤ 会計的職能，⑥ 管理的職能。

これら職能は，複雑さや規模の大小にかかわらず，すべての企業がもつものである。また，それぞれの職能間には相互依存関係がある。

技術的職能は，生産，製造，加工である。商業的職能は，購買，販売，交換を意味する。財務的職能は，資本の調達と管理である。保全的活動は，財産と従業員の保護であり，社会的秩序への障害を取り除く，警察や軍隊のような役割を担う活動である。会計的職能は，財産目録，貸借対照表，原価，統計，等々を意味し，企業がどこに進んでいるかを知るための情報提供の役割を担う。

ファヨールによれば，管理的職能は，以上の5職能と区別された職能である。すなわち，企業活動全体の計画を作成し，組織を構成し，努力を調整し，活動を調和させる活動とされている。より根本的には，他の職能が，広い意味での物的要素（材料や機械）を対象とするのに対し，管理職能は，人（従業員）を対象にする職能である。

ファヨールは，管理職能を「経営」職能と区別している。「経営」は，上述の 6 職能の遂行を確かなものにして，企業目的へ導くことを指している。

ところで，管理職能は，企業の責任者や指導者のみが遂行するのではなく，構成員間で分担されるものである。しかしながら，管理の重要性は，経営階層において上位にいくほど高くなる。また，規模が大きい企業ほど管理の重要性は高くなる。結果として，上位管理者（とりわけ大規模企業の上位管理者）にとっては，管理職能がとりわけ重要な意義をもち，これに対応した管理能力が，求められる主要な能力ということになるのである。

既述のようにファヨールは，社長を引き受けた後，短期間で企業業績を劇的に回復させた。ファヨールによれば，回復をもたらした唯一の源泉は管理だとされる。すなわち，管理は，企業の良し悪しを決める際の決定的な要素なのである。

にもかかわらず，管理の重要性の社会的認識は，不十分なものであった。この事実が，管理教育の重要性の指摘の主張へとつながるのである。

第 3 節　管理の構成要素

『一般管理』では，管理とは何かについて論じた後，「管理の原則」へと論が展開されているが，ここでは，先に「管理の構成要素」について概観しておきたい。この構成要素は，管理職能の定義のところですでに語られているものである。ファヨールがあげている 5 つの要素は次のとおりである。

① 予測すること，② 組織すること，③ 命令すること，④ 調整すること，⑤ 統制すること。

「予測すること」とは，将来について検討をし，活動計画を作成することである。具体的には，活動計画に結びつく。活動計画の準備は，最も重要かつ困難な活動のひとつである。計画があることで困難に直面した場合でも，脅威に対して注意を集中することができる。優れた活動計画は一般的特徴として，一元性，継続性，柔軟性，正確性を備えている。活動計画を作成するためには，

1．人を扱う技術，2．多くの活動力，3．一定の道徳的な勇気，4．十二分の安定性，5．企業の職業的な専門性に関する一定の能力，6．事業についての一定の一般的な経験，を指導者がもつことが必要である。

「組織すること」とは，企業活動に必要なもの（原料・設備・資本・従業員等）すべてを備えることとされる。大きく分けて物的組織と社会的組織がこれにあたる。ファヨールは特に社会的組織を取り上げる。ここにおいては，組織図，採用，養成等が論じられる。組織図は，ファヨールが繰り返しその有効性を主張しているものである。組織図により，組織の全体像や部門の分け方，階層組織の段階的地位が一目でわかり，問題を発見できる。

「命令すること」とは，従業員に職務を行わせることである。いわば，従業員から最大の利益を引き出すことであり，この職能の巧拙により，従業員の素質が良い方向にも悪い方向にも向く。この要素も指導者に独占されるわけではなく，各責任者の間で分担される。命令する技術は，一定の個人的資質と管理の一般原則についての知識を基盤としている。命令をする責任者に必要とされるのは，従業員について深い知識をもつこと，無能力者を排除すること，良き模範を示すこと等である。

「調整すること」は，成功を容易にするために，すべての活動・努力を結びつけ，調和させることである。活動が企業のすべての職能に引き起こす義務・結果を考慮に入れる。すなわち，企業の中の物的要素や行為に適当な大きさを与え，手段を目的に適応させる。ここでは，部門指導者の週例会議の重要性等が論じられる。ファヨールは自らの経験から，この調整会議の有用性を強く主張している。

「統制すること」は，すべてのことが計画や命令，あるいは原則に従って行われているかどうかを確かめることである。統制は，すべてのことについて適用される。この職能の目的は，過失や誤りを償い，その繰り返しを回避することができるように知らせることである。効果的統制のためには，タイミングと賞罰を伴うことが必要とされる。

管理を上記の構成要素により分解的に把握することは，まさに革新的な把握であり，その後の経営学の発展においてきわめて重要な分析枠組みを提供したこととなる。

第 4 節　管理の一般的原則

管理を有効に行っていくためには，どのような条件が必要なのであろうか。ファヨールは，自身の経験を踏まえ，次の 14 の原則を引き出す。

① 分業，② 権限一責任，③ 規律，④ 命令の一元性，⑤ 指揮の一元性，⑥ 個人的利益の全体的利益への従属，⑦ 従業員の報酬，⑧ 権限の集中，⑨ 階層組織，⑩ 秩序，⑪ 公正，⑫ 従業員の安定，⑬ 創意（イニシアティブ），⑭ 従業員の団結。

それぞれについて簡単にみてみよう。

分業は，「自然の秩序」であり，努力を一定としたときに，より良い成果を生み出すことを目的とするものである。各人が扱う問題を簡便化することが可能になるからである。とはいえ，やみくもに分業を進めていけばよいというものではない。分業は，結果として職能専門化および権限分化をもたらす。

権限とは，命令する権利，服従させる力である。権限は，必然的に責任を発生させる。権限に基づく賞罰は，管理に欠かせない条件を構成する。権限の濫用や責任者の人間的弱さを防止するのは，責任者の高度な道徳的価値である。

規律は服従，精励，活動，態度である。規律の確立・維持にあたっては，すぐれた責任者，明瞭かつ公正な約定，正しく適用される処罰が最も有効とされる。

命令の一元性は，特定の担当者は 1 人の責任者からしか命令を受け取ってはならないということである。ファヨールは，この原則を他の原則を派生させるものとして，とりわけ重視している。この原則が守られないと，権限の侵害や規律の危険にさらされ，命令が混乱し，安定性が脅かされる。この原則に反する命令二元性は，往々にして重大な紛争の永久的な一源泉であると主張している。

指揮の一元性は，同一目的の活動全体について唯一の責任者と計画が存在することを意味している。これは，活動との統一化や諸力の調整，努力の集中のための必要条件をなす。これは，「命令の一元性」と混同されやすいが，従業員が実態としてどう動いているかが問題である前者に対し，こちらは組織の作り方の問題である。

個人的利益の全体的利益への従属は，一担当者なり一集団の利益を企業全体の利益に優先させないことである。要するに手段と目的が転倒している状態を回避することを意味する。この原則を実現させるためには，責任者が強い精神をもち優れた模範となること，公正な約定をつくること，注意深い監督をすることが必要である。

従業員の報酬は，組織への貢献に対する対価である。報酬は，公正であるとともに，従業員と企業，使用者と従業員双方を可能な限り同時に満足させるものでなければならない。一般に求められる賃金形態は，公正な報酬を保証し，熱意を奨励し，過度の報酬を生み出さないものである。基本的に労働者に対して用いられる賃金形態には，日給，請負給，出来高給の3つがある。これら形態にはそれぞれ長短があり，状況と責任者の力により効力に相違がある。3つの形態の組み合わせに，割増・利潤分配・現物補給・名誉心の満足等を取り入れることでバリエーションが作られる。責任者は，報酬形態について常に関心を払っていなければならない。

権限の集中とは，分業と同様に「自然の秩序」である。動物の場合，感覚が脳に集中し，脳からの命令で動いていくように，組織体においては，指導部が感覚および命令の源泉となる。ただし，権限を集中させるか，分権化するかは程度の問題であり，状況依存的である。要は，全従業員の能力を可能な限り最大限に活用するために，どうすることが有効かが求められるべきである。

階層組織は，上位にある権限者から下位の担当者に至る責任者の系列を意味する。階層的経路は，この上下の伝達が進む道筋である。この経路は，確実な伝達と命令一元性の確保という２つの条件を満たす必要がある。ところで，大企業や国家においては，伝達の遅れが発生する危険性がある。伝達の遅れは，しばしば大きな問題を引き起こす。したがって，階層的経路を尊重しつつ，迅速な伝達を可能にする方策を考えねばならない。ここで，ファヨールは，上司の一定の権限委譲を前提に，部門間を結びつける「架橋」を用いることを提唱している。

秩序とは，適所適材・適材適所という公式を意味する。これは，物的な秩序と社会的な秩序からなる。物的な秩序は，物体が特定の場所にあり，適切に調整されているだけではなく，全ての活動を容易にするような場所にあることが求められる。社会的秩序は，適した場所に適した担当者がいる状態である。組織図は，社会的秩序に基づく統制を容易にするツールである。

公正とは，好意と正義の結びつきから生まれる。ここにいう正義とは，確立された約定の実現である。好意は，従業員の熱意を引き出すために必要な要素である。公正の実現のためには，良識・経験・寛大さが必要である。

従業員の安定とは，文字通りのことである。担当者が職務に精通し，よく遂行するには時間がかかる。したがって，頻繁な配置転換が繰り返されるならば，職務遂行は良くはならない。それゆえ安定性が必要となるのである。ただし，これも他の原則同様，程度問題である。

経営者の不安定性は，企業経営がうまくいかない原因であると同時に，結果でもある。経営者の永続性，持続性，安定性は経営者の能力のしるしであり，保証であり，方法である。

創意（イニシアティブ）とは，計画立案し実行する可能性である。創意ゆえに担当者の熱意と活動が増大される。したがって，従業員に創意を与えることを知っている管理者の方が，知らない管理者より優れている。

従業員の団結については，次のように論じられている。企業にとって大きな力は，従業員間の調和・団結である。また，文書での連絡の濫用を戒めている。

以上，ファヨールがあげた管理原則を概観してきた。ここで注意すべき点は，ファヨールのいう「原則」とは，普遍的な「法則」を意味するものではないことに注意をする必要がある。「原則」についてのファヨールの主張のポイントは次のとおりである。

原則は，組織の成功や利益を充足させるための手段的なものである。絶対的なものではなく，程度の問題である。実践上は，多様かつ変化がしやすい状況の中で活動をするものだから，原則もこれに応じて順応性に富み，あらゆる要求に適合できるものである。原則の適用にあたっては，原則を一人歩きさせるのではなく，知性・経験・決断力・節度が必要である。また，管理原則の数は限られているわけではなく，状況の変化に伴い変更を求められることがある。ある原則が原則であり続けるか否かは，実践にあたって価値があるか否かによる。

また，ファヨールは，管理原則を「燈台」にたとえ，「港への道を知っている者だけに役に立つことができる」としている[5]。

「管理の原則」という考え方は，後に「管理過程学派」と称される一連の研究者に引き継がれたが，こうした考え方を強く批判したのは，サイモン（Simon, H. A.）である。サイモンは，管理原則を格言（proverbs）のようだとしている[6]。すなわち，管理原則の中には，相互に矛盾した原則が並存し，そのいずれかを採用するのが適切であるかを指摘する論拠が全く存在しないというのである。ファヨールは，観察と実験による実証的方法と自らの方法を主張しているが，それは，サイモンが考えるような意味での科学性ではない。実務的経験から引き出されたファヨールの原則は，既述のように本来的に柔軟であると同時に状況依存的なものである。この原則論を意味があるものと考えるかどうかは，経営学を厳密な科学としてとらえるか，実践に即した技法的性格を強く含むものなのかという問題につながってくると考えられる。

第5節　テイラーとファヨール

ファヨールの管理論の特徴を理解するに際して，もう１人の「経営学の父」テイラーの管理論との比較を念頭に説明を進めていくことが有効であろう。

両者の違いをみていくと，概括的に論ずれば，作業現場における合理的な管理を中心課題においたテイラーに対し，ファヨールは，より包括的で全般的な管理に関心を置いた。

こうした視点の相違を生み出した要因のひとつとして，実務家としての２人の経歴の相違に関連があるとの指摘がなされている[7)]。ファヨールは，技術者として職業経歴をスタートさせ，トップ・マネジメントの地位に長く留まった。それに対し，テイラーは，労働者としてスタートし，生産現場を中心に経歴を積んでいった。この経歴の差が視点の相違に結びつくと考えるのである。この見解については，否定的な意見もみられるが，人間の関心が継続的経験に依存する傾向をもつことを考えれば，それぞれの管理論の特質を説明するにあたって，自然な見方であるように思われる。

より具体的な問題として，両者にみられる相違は，「命令一元性」をめぐる問題であろう。テイラーは専門性を重視した機能式組織を提唱したが，これは，命令の多元化を伴う。ファヨールは，『一般管理』でもテイラーについての節を独立してとりあげ論じている。ファヨールが命令一元性をとりわけ重視している旨はすでに述べた。ファヨールによれば，人間の組織を命令二元性に合わせていくことは，いかなる場合でもできないのであって，そのようなことをすれば，重大な紛争を引き起こすことになるのである。要するに，命令一元性に反しては工場運営がうまくいくはずがないと考えるのである。

しかし，こうした２人の考えが相違する面を過度に強調するのは，適切ではない。むしろ両者には態度・方法においても共有されている面の方がはるかに多い。第１に強調されるべき点は，経営が「学」として成立するにあたって最も根本的な要素は，経営実態を把握するにあたっての客観的あるいは合理的態度である。いずれも，「成り行き」的な従来型の管理手法の問題性についての認識を共有している。

ファヨール自身も，『一般管理』においては，一部の点を除けば「感服」している旨を述べている。また，時間研究についても言及している。

両者には，関心やアプローチの相違に基づく差異があることは確かだが，今日的観点からすれば，相互に排他的関係にあるとは考えがたく，それぞれのアプローチとして，それぞれに重要性があると考えることができよう。

第6節　おわりに―ファヨールの経営学上の意義

およそ論者の関心およびそれに対する回答は，当人の置かれた時代性・地域性を反映する。ファヨールの管理論が基本的には，当時のフランスのしかも鉱山・鉄鋼会社の特質を色濃く反映しているのは，当然といえよう。その意味で，ファヨール理論を「状況」の産物として把握していくことは可能である。この視点に立って，ファヨール理論の限界を指摘することは容易である。また，管理原則として示した内容についても，今日の視点からすれば多くの問題点を指摘することができよう。

しかし，視点を変えれば，ファヨールの理論には，今日でも生き続けるに足る「一般性」をもつと考えることができる。

ファヨールの貢献として，何よりも大きいのは，今日「管理」といわれる現象について，その意義を明瞭に示した点であろう。しかも，個別機能的な管理にとどまらない「総合的」な管理の視点は，ファヨールの業績があってはじめて明確にされたものと考えることができる。

その意味で，ファヨールの経営学への貢献は，単に重要であるというにとどまらず，決定的でさえある。このことは，経営学説史の専門家の次の言葉に集約されるであろう。「今日のマネジメントの文献の多くはあまりにもファヨールの考えと用語法に基づいて組み立てられているので，彼の洞察の独自性を理解することがむしろ困難になっている[8]」。

ファヨールの『一般管理』は，1930年と1949年に英訳された。この英訳版が世界的な普及の大きな契機となった。アメリカにおけるファヨール学説は，「管理過程学派」へと展開していった。管理過程学派は，次の2つの特徴をもっている[9]。第1に，管理をいくつかの構成要素（過程）に分解して把握すること。第2に，管理をしていくにあたり役に立つ原則を提示すること。この特徴をみれば，この学派が，いかにファヨールの影響を受けたかは，明らかであろう。この立場は，管理のひとつのスタンダードとして展開し，クーンツとオドンネルをはじめとする管理の教科書を通じて大きな影響を与えた。管理過程論は，もはや，主流の理論ではなくなったが，ファヨールの視点は，今日においても生き続けている。

注）

1）佐々木によれば，正確にはファヨールはジュール・アンリ・ファヨール Jules Henri Fayol である（佐々木恒男『アンリ・ファヨール―その人と戦略，そして経営の理論―』文眞堂，1984年，p. 24）。したがって，表記は，Fayol, J. H. ということになろう。しかし，著作が，Fayol, H. で発表されていることもあり，教科書としての本書の性格からすれば，このような表記の方が適切と考える。

2）コマンボールは，コマントリ・フルジャンボー・ドゥカズヴィルの通称である。より厳密にいえば，ファヨールが就職当時は，ボワグ・ランブール合資会社であり，社長に就任した1888年当時は，株式会社コマントリ・フルジャンボーである。退任時には，コマントリ・フルジャンボー・ドゥカズヴィルであった（佐々木，同上書，第3章参照）。

3）『産業ならびに一般の管理』（*Administration Industrielle et Générale*）の邦訳については，次の3点がある。① 都築栄訳『産業並に一般の管理』風間書房，1958年，② 佐々木恒男訳『産業ならびに一般の管理』未来社，1972年，③ 山本安次郎訳『産業ならびに一般の管理』ダイヤモンド社，1985年。本章での論述は，②の佐々木版を基盤に論じていく。なお，『産業ならびに一般の管理』は，本来，4部よりなると書かれているが，ファヨールが出版したのは，最初の2部のみである。なお，3部とされる原稿は後に発見され，次の本に所収されており，邦訳も出されている。Peaucelle, J-L. et al., *Henri Fayol*

Inventeur des outils de gestion, textes originaux et recherches actuelle, Editions Economica, 2003.（佐々木恒男監訳『アンリ・ファヨールの世界』文眞堂，2005 年）

4）本書の発行年については，佐々木によれば，次のとおりである。1916 年末に『工業協会誌』に発表したが，書物としての出版は 1917 年とされる。発行年として後者が表記されている場合もある。『公共心の覚醒』も同様の状態である。佐々木，前掲書，p. 244

5）Fayol（佐々木訳），前掲訳書，pp. 75-76

6）Simon, H. A., *Administrative Behavior 3rd ed*. The Free Press, 1976, p. 20.

7）典型的には，Wren, D. A., *The Evolution of Management Thought 4th ed*. John Wiley & Sons, 1994.（佐々木恒男監訳『マネジメント思想の進化〔第 4 版〕』文眞堂，2003 年，p. 202）

8）同上訳書，p. 207

9）経営学史学会編『経営学史事典』文眞堂，2002 年，pp. 182-183

参考文献

ファヨールの著作

ファヨールの主要著作の翻訳は次のとおりである。いずれも書店での入手は困難であるので，図書館等で参照することが望まれる。

Fayol, H., *Administration Industrielle et Générale*, 1916.
都築栄訳『産業並に一般の管理』風間書房，1958 年
佐々木恒男訳『産業ならびに一般の管理』未来社，1972 年
山本安次郎訳『産業ならびに一般の管理』ダイヤモンド社，1985 年

Fayol, H., *L'Éveil de L'Esprit Public*, 1917.
佐々木恒男訳『公共心の覚醒―ファヨール経営管理論集』未来社，1970 年

Fayol, H., *L'Incapacité de L'Etat ; P. T. T.*, 1921.
佐々木恒男訳『経営改革論』文眞堂，1989 年

解説書

Wren, D. A., *The Evolution of Management Thought 4th ed*., John Wiley & Sons, 1994.（佐々木恒男監訳『マネジメント思想の進化〔第 4 版〕』文眞堂，2003 年）

Peaucelle, J-L. et al, *Henri Fayol Inventeur des outils de gestion, textes originaux et recherches actuelle*, Editions Economica, 2003.（佐々木恒男監訳『アンリ・ファヨールの世界』文眞堂，2005 年）

山本安次郎『フェイヨル管理論研究』有斐閣，1955 年

佐々木恒男『アンリ・ファヨール―その人と戦略，そして経営の理論―』文眞堂，1984 年

第9章 バーナードの組織論

第1節 はじめに

アメリカの大企業であるニュージャージー・ベル電話会社経営者だったバーナード（Barnard, C. I.）はある公開講座での講演依頼を契機として「人間はなぜ協力して働くのか」という根本的な問いから考察をはじめ，企業を成功に導くための条件と組織および管理者の役割についてまとめた。彼の考察からは，現在でも経営学の根幹をなしている重要な概念がいくつも導き出された。彼の業績が「バーナード革命」としばしばよばれていることからも，その影響力の大きさがわかるであろう。本章ではそのバーナード理論のエッセンスをみていこう。

第2節 人間を理解するための2つの側面

人間はなぜ協力して働くのだろうか。そもそも協働とはどのような活動なのであろうか。そのことを考えるためには，まず人間とは何かについて理解していなければならない。ひとくちに人間といってもいろいろな理解の仕方が可能である。つまり人間は多様な側面をもった存在であり，その側面は大きく2つに分けることができる。第1に，それぞれの人間をさまざまな外部の要因（これらの要因の集合を環境とよぶ）から影響を受けている存在という側面である。ここで，「歩く」ということについて考えてみよう。まず人間は，重力の法則に従って地上に立っている。また，足を動かして歩けば前に進めるのは摩擦力が働いているからである。つまり，人間は物理法則に従うという意味で物的な要因をもち，環境から影響を受けている。次に，足の骨格や筋肉の組成などの特徴から人が歩くことのできる場所やスピードは限られている。また，歩き続ければ疲労がたまる。つまり，人間は生物的な要因をもち，環境から影響を受けている。さらに，人間は歩くときに靴を履いたり杖を使ったりしているかもしれない。もしくは道について事前に他の人から教えられているかもしれない。この歩くための道具は他の誰かの手によって産みだされたものであり，他の人から得た情報は誰かの経験から導き出されたものである。つまり，人間は社会的な要因をもち，環境から影響を受けている存在である。

第２の側面は，人間とはさまざまな要因に働きかけて影響を与えている存在という側面である。ここでも「歩く」ということについて考えてみよう。人間は「歩く」という活動をする。しかも，何も考えずに「歩く」ことをしているのではない。何らかの理由をもって「歩く」ことをしている。それでは「歩く」理由はどこから来るのであろうか。まず，人間は常にさまざまなことを心の中に思い描いて考えている。今から何をしようかとか，ちょっと日差しが強くなってきたなとか，腹が減ったなとかいろいろなことが心に浮かんでは消えていく。人間は心理的な要因をもっているのである。しかし，人間は心に浮かんだことをすべて活動に移すわけではない。心の中で考えているさまざまなことを整理していって，行うべきことの候補を次第に絞り込んでいく。たとえば，日差しが強くなってきて，日差しを避けるためには日陰がよいなどと考えるようになるかもしれない。すなわち，限られた範囲ではあるがさまざまなことの中からすべきことを選択力の行使によって絞り込んでいるのである。そしてその選択の結果として，「日差しを避けて日陰に移動する」という目的をもつようになる。その結果，「歩く」という活動が生まれることになる。

これら２つの側面はそれぞれが切り離された別個のものではない。むしろ，他の側面を相互に補う形で絡み合っている。たとえば，日差しを避けて日陰に移動するという目的は，明らかに日差しや日陰という物理的な現象がなければ

図表 9—1　人間の2つの側面

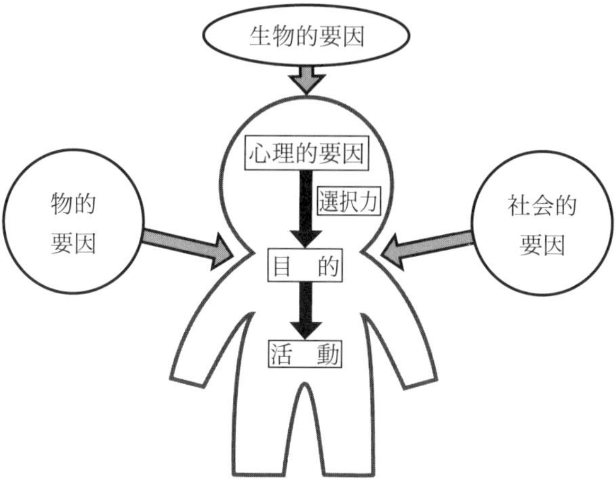

生じない。また，日差しを「避ける」必要を感じることは肌の感覚や体温などの生物的な要因があってこそ生じてくるといえよう。逆に，人間が何らかの目的をもつことによってはじめて気づく環境の要因もある。たとえば，自分のいる場所から日陰の場所の間までに大きな溝があるとしよう。この溝は物的な要因であるが，それ自体が人間にすぐに影響を与えるわけではない。溝の向こうにある日陰に行くという目的をもつことではじめて，その溝が人間に影響を与える要因として表れてくるのである。また同時に，その溝の大きさは飛び越せるかどうか微妙なときに，その人の跳躍力という生物的な要因に目を向けさせることになるかもしれない。このように，何らかの目的をもつことで環境の中のある要因が目的達成を妨げているものとして認識されるとき，それらの要因は制約とよばれる。このように，人間は環境からさまざまな影響を受けると同時に，環境に影響を与えて制約を解消することを通じて目的を達成しようとする存在なのである。

第3節　制約の転化による協働の成立

人間は自らの環境に現れる何らかの制約を克服しようとする。ある制約がどの程度克服が困難なものであるかは，達成しようとする目的に応じて現れる物的・生物的・社会的要因がどのようなものかに依存する。まず一般的に，物的要因が制約として認識される。たとえば，ある場所へと移動するときに，その道の真ん中に大きな岩がころがっていたとしよう。そしてその岩の向こうに行くことを目的としていたとしよう。そのときには，まず岩がどれほどの大きさのものであるか，どのように道をふさいでいるのかといったことが制約としてクローズアップされる。次に，それらの物的な制約を個人の能力で克服できるかどうかが問題となるであろう。その岩の向こう側に行く目的を達成するために，その岩を動かす力をもっているか，狭い隙間があったとしたならばその隙間を通ることができる体格であるかどうかなどが問題となるであろう。すなわち，その人間の生物的要因が制約としてクローズアップされてくるのである。もし，独力で目的を達成することができないとなれば，他の人と協力してその岩をどうにかできるかどうかが問題となる。その場合には，他の人が周りにいるか，その人が協力してくれるかどうか，その人が目的達成のために必要な能力をもっているかなどが問題となる。つまり，社会的要因が制約としてクローズアップされるようになるのである。

社会的要因へと制約が移り変わったのち，その社会的な制約は多くの場合，人びとがその活動を組み合わせたものである組織を作ることによって解消されることになる。組織によって社会的な制約（協力者がいない）が変化・解消されれば，再び他の要因および制約の状態も変化することになる。先ほどの道をふさぐ岩の例でいえば，他の人の協力をとりつけて岩の前で肩車をしてもらって岩をよじ登ることは，社会的な制約（協力者がいない）が組織によって解消されることによって，生物的な制約（手の届く範囲の限界）に再度問題がうつることになる。肩車をすればその生物的な制約が解消されることになる。また，

図表 9―2　人間・組織・環境の関係と協働

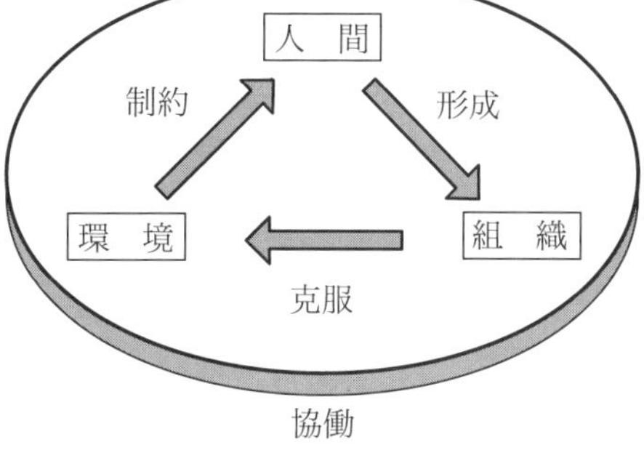

他の人と力を合わせて岩を動かしてしまうならば，組織によって生物的な制約（発揮できる力の限界）が解消されると同時に物的な制約（岩の場所）も解消されることになる。そして当初の岩の向こう側に行くという目的が達成されることになる。

このように協働は人間と組織と環境とそれらの関係から成り立っている。このことは「誰が」「何に対して」「どのように」という 3 つの視点との対応関係をみるとより理解しやすくなるだろう。「誰が」は「人間が」であり，「何に対して」は「環境に対して」ということになる。そして「どのように」に当てはまるのが「組織をつくることによって」となる。ここで注意すべきことは，組織とは具体的な物や存在ではないということである。組織は人間の「活動」であり，人間や環境の中の要因に働きかけている「力」である。そのため，バーナード理論において組織は「意識的に調整された人間の活動や諸力の体系」と定義されているのである。

第 4 節　達成困難な目的を掲げる協働

比較的単純で容易に達成可能な目的であれば組織が作りやすく，協働も行われやすい。それでは，どのようにして達成したらよいのかわからない目的，達成困難な目的，非常に手間がかかる目的などの場合にはどうなるのであろうか。たとえば，「海の向こうに新大陸を発見しに行く」という目的の場合，他の人びとに声をかけても簡単に協力してはくれないだろう。ほとんどの人にとってそういった目的のために協力することはあまりにも時間と労力がかかりすぎることであろう。また，その目的を達成するためには，長期間の航海ができるだけの道具や乗り物を開発しなければならない。さらに人びとがそれらの道具や乗り物の扱いに習熟しなければならない。目的の難易度が高くなればなるほど，人びとが継続的に訓練を積み，経験を重ね，お互いに得られた工夫を交換するような努力と態度が保たれなければならないのである。他の人びとからの協力，道具や訓練，知識などの不足は社会的な制約であり，こうした社会的な制約の解消が非常に難しい。そのため，ほとんどの人は目的そのものをあきらめてしまう。しかしその一方で，達成が難しい目的であったとしても組織がつくられ，存続していく場合もある。それはどのような条件のもとで起こるのだろうか。

組織が存続しつづける条件のひとつは，目的が達成不可能であると人びとに思われないことである。ある制約を克服し目的を達成しようという心理的要因すなわち動機がある人から消えてしまえば，組織も必要でなくなる。したがって，目的の達成が困難な組織においては，その目的の達成に順調に近づいていること，そのために作られた組織が役に立っていることがわかることが大切である。これを組織の有効性という。つまり，組織の有効性が低いままでいると組織は消滅するということができる。また，その目的を達成してしまったときにも目的を追いかける必要がなくなって，組織の存在意義が失われることがある。その場合にも組織は消滅する。

組織が存続しつづけるもう１つの条件は，他の人びとを常に組織の活動に貢献させ続けることである。協働に他の人を貢献させようとするならば，まず同じ目的をもつ人をみつけだせばよい。ただし，先ほども指摘したように目的が達成困難なものになればなるほど多くの人の協力が必要となるため，その目的に賛同して協力してくれる人は見つけにくくなるであろう。したがってこの方法は，その目的を達成したいという強い願望や執念をもっており，あきらめずに同志を探すという行動力があるような人でなければなかなかなしえないであろう。そこで，他の人びとが別の目的をもっていても，その協働に貢献すれば結果的に彼らの目的も満されるようにするという方法がよく使われる。つまり，協働によって得られたもの，もしくは協働のために用意されたものの一部を他の人に配分して貢献させるのである。実際に貢献を引き出すものはいろいろと考えられるが，それらは総じて誘因とよばれる。目的が人びとの誘因となるならば問題はないが，そうはならない他の人びとに対しても十分な誘因が提供されている状態であることが大切である。これを組織の能率という。もし，十分な誘因を人びとに対して提供できないのであれば組織は消滅する。このように，達成困難な目的であっても組織が成立し維持されるためには，組織の有効性と能率が保たれていなければならないのである。

第5節　協働の発展と性質の変化

達成困難な目的を掲げる協働についてさらに考えてみよう。目的が達成困難であれば，それだけ長期にわたって協働が続けられねばならないだろう。そうなると，協働の本来の目的が達成されているかどうかとは関係なしに，他の参加者の中には協働に参加することによって分配を受け続けたいと考える人もでてくる。より大きな規模での協働になればなるほど，その協働の目的を達成することに関心のない人の割合が増えてくる。彼らは協働に参加はするものの，その目的の達成よりも協働の維持によって組織からの分配をもらい続けようとする。

「海の向こうに新大陸を発見しに行く」という目的を掲げる船団の乗組員であっても，その航海が終わったあとの生活を不安に思い，新大陸が発見されないことを願うことは決して不思議なことではない。また，後に述べるように協働が長い期間続くと，その目的が変更されることがしばしばある。そうなると，それまで協働の目的を達成したいと強く思っていた人たちの関心が，組織からの分配をもらうことへと移ってしまう可能性もでてくる。こうして，協働が長期にわたって続くと，協働の維持が多くの人にとっての最大の関心事となっていくのである。

また，より困難な目的を達成しようとすれば協働の促進も必要になる。たとえば，先ほど考えた「海の向こうに新大陸を発見しに行く」という目的の場合には，一人で使うには大きすぎる船をつくることが必要となる。そして長い航海が順調に進むように，その船には羅針盤などの道具や船員のための休憩室・食堂・娯楽室などをはじめとするさまざまな設備が組み込まれるだろう。さらに，船の操作のための訓練も事前に行われるだろう。このように，より高度な協働のために新たな制約が生じ，その解消のために協働が連鎖的に生じることになる。こうした協働の連鎖のなかで人びとの注意は目の前の協働のみに向きやすい。そのことは，その協働の最終的な目的を意識から遠ざけてしまうかもしれない。

加えて，協働を促進させようと新しい制約をひとつ克服しても，そのことが最終的な目的の達成へと近づくとは限らない。協働の結果，新しい制約があらわれてくる結果に終わることがある。たとえば，大きな船を作ることで経費がかさんでしまい，当初準備しておいた資金では不足してしまうかもしれない。資金不足という新しい制約は，出資者を募ってまわるというさらなる別の協働を要求するかもしれない。こうした新たな制約の出現は環境の変化ともいうことができる。環境の変化にはさまざまなタイプが考えられるが，とりわけ人間自身がほかの人との相互作用よって生じる変化は，協働を行っていく以上避けられないことである。継続的な相互作用によって，協働における人間関係は時間とともに変化を見せはじめる。協働のなかにおいて，ある他の人をより好ましく思うようになったり，逆に疎ましく思うようになったりする。そのような変化はときに協働の助けになるだろうし，また，ときには協働の新たな制約となるだろう。

最後に，より困難な目的を達成しようとすれば，協働の規模も大きくなりやすい。そうした場合には，組織はひとつの組織（これを単位組織とよぶ）から小さな単位組織が結合して構成される複合組織へと変わっていくことが多い。ほとんどの場合，複合組織となるのは，人びとの間で保たなければならない関係の数が増え，意思の疎通を保つことができなくなるからである。たとえば，50人からなる協働の場合に50人でひとつの単位組織となっているよりは，10人ずつ5つの単位組織となっているほうが，1人が保たなければいけない関係の数が少なくなる分だけ，意思の疎通を保ちやすいであろう。また，高度に専門的であったり，言葉に表現しにくかったりする知識や目的を協働において扱うときには，一つひとつのことを伝えることに時間がかかる。このときにも同様に小さい単位組織からなる複合組織となりやすいだろう。この他に，協働にかかわる人びとがお互いに時間的・空間的に離れている場合には，組織は複合組織とならざるを得なくなる（後掲の図表9—3を参照のこと）。

第6節　公式組織の構築

協働の規模が大きくなると，協働はそれ自体の維持や促進へ向かいやすくなる。また，環境の変化も起こりやすくなることも加わって，協働の本来の目的からそれていってしまう。そこで環境の変化に対応し，協働の目的を達成するように人びとの力を結集できる組織が必要となるのである。そのような組織は公式組織とよばれる。それと同時にこの公式組織を構築する人と公式組織が崩壊しないようにする役割が欠かせない。その責任を負う者は管理者とよばれる。

（1）共通の目的を設定する

組織は3つの条件によって公式組織になる。第1の条件は共通の目的を設定することである。共通の目的を設定することによって，協働の維持や促進，環境の変化などによって人びとが本来の目的を見失うことを避けることができる。

このときに管理者が意識しておかねばならないことは，協働に関わる一人ひとりからみた目的と協働全体の観点からみた目的とは必ずしも一致しないということである。管理者は人びとが共通の目的を簡単には受け入れないことを強く意識し，それを人びとが受け入れるように手を尽くさねばならない。共通の目的を受け入れれば，次第に人びとは組織人格をもつようになる。組織人格をもつ人びとは協働の安定化に寄与するであろう。

また，管理者は協働の促進に伴い，共通の目的の設定に関連して，目的の細分化，つまり専門化を進めなければならない。また，管理者は専門化のために目的の分析を行わねばならない。目的の分析は，環境において目的の達成を妨げているさまざまな制約の一覧を作り，それらを克服する順番を明らかにすることである。管理者はそれらの一覧化された制約を細分化された目的として人びとに受け入れさせなければならない。もちろん，細分化された目的だけでなく協働全体の目的も人びとに受け入れさせることが確かに望ましいが，むしろ，管理者が力を注ぐべきは，人びとにその目的を達成しなければならないという信念を植え付けることである。

（2） 貢献意欲を確保する

公式組織を作り出す第2の条件は貢献意欲が高まっている状態を作ることである。そのために，人びとに組織に対して自己の自由を放棄させることはしばしば避けられないこととなる。なぜなら，多くの場合において個人の目的と協働全体の目的とは必ずしも一致しないからである。さらに，人びとの意欲は，一定ではなくて断続的で変動的である。これらのことから協働のなかに貢献意欲を引き出す仕組みが作られていなければならないことと，誰かが引き出す努力をしなければならないといえる。

貢献意欲は誘因の提供によって引き出される。誘因には，個人に対して個別に提供される特殊的誘因と，提供するときに特定の個人を想定していない一般的誘因がある。特殊的誘因としては，賃金や食料，作業条件などの物的なものから名誉や地位，誇りなどの非物質的なものまでさまざまなものがある。物質的な誘因は人びとが生きていくために不足しているときには効果が高い。しかし，その人がすでに物的に満たされているときには効果が低くなる傾向にある。そこで賃金などの物的なものに地位や名誉などの非物質的な要素を組み合わせて提供することが重要となる。この非物質的な誘因を提供するために，共通の目的の観点から不必要であっても，協働の規模を拡大せざるを得なくなる場合もある。

次に，一般的誘因としては，他の人びととの連帯感や仲間意識を感じること，慣れている状況にその身をおいていたいという気持ちを求めることなどがある。一般的誘因は，組織への貢献を引き出すと同時に協働の維持への傾向を生み出したり，人びとが公式組織以外の組織である非公式組織を自発的に作り出す原因となったりする。非公式組織はその存在自体が誘因となって協働にプラスの効果を与えることもあれば，人びとの間の不和や公式組織への抵抗を生み出して協働にマイナスの効果を与えることもある。

管理者としては，十分な誘因を用意して人びとからの貢献を引き出したいところであろう。しかし，人はそれぞれ違った誘因を求める傾向にあるし，時とともに欲する誘因を変える。加えて，管理者が不安定に変化する人びとの欲求に対して十分な誘因を用意できる場合はめったにない。そこで管理者は説得によって人びとの心理的要因に働きかけ，人びとの欲求や態度を変えていかねばならない。説得の方法には，強制的状態を作り出したり，何が魅力的な誘因であるかを合理的に説明したり，教育や暗示などを通じてある誘因に人びとの気持ちを誘導することなどがある。説得が成功しなかった場合には，経済的でないと分かっていても貢献を得るためにその人が望む誘因を与えるか，その人を協働から排除して他の人を探すことになる。管理者は，ときには協働のために人びとの追放や解雇なども考えなければならないのである。

（3） コミュニケーションを確立する

公式組織を作り出す第3の条件はコミュニケーションが確実に行われるようにすることである。すでにみてきたように，共通の目的を人びとに信じ込ませ，貢献意欲を確保するためにも，管理者の意図が命令という形で人びとに伝わる必要がある。管理者の命令に従って人びとが活動する場合，管理者は権威を得ているということができる。逆に管理者の命令を人びとが拒否したり，無視したりする場合には権威は確立されていないということができる。つまり，ある管理者に権威があるかどうかは彼の命令を受容する側が判断することなのである。

それでは，どのようなときに管理者の命令は受容されるのだろうか。命令が受容されるには4つの条件がある。ひとつには，命令の内容が理解できることである。人間は理解できないことには従いようがない。2つめには，命令の内容が組織の目的と矛盾していないと信じることである。組織の目的と一致していなければ命令を受け取った側は本当にそれを実行してよいのか判断に苦しむからである。3つめには，命令の内容を実行することで自分自身が損害を受けないと信じることである。自分が協働に貢献しようという気持ちにさせる誘因が命令内容を実行することで失われてしまうのならば，人びとは抵抗したり組織から離脱したりするだろう。4つめに命令の内容に精神的にも肉体的にも従うことができることである。その人の能力の限界を超えていることは受け入れられず，実行に移すこともできない。

管理者が上記の4条件に従った命令を発していれば，原則としてその命令は受け入れられる。しかし，管理者は上記の4条件に合致していなくとも命令を受け入れさせたい状況におかれることもある。そのような状況において権威を保つためには管理者は人びとの心のなかの無関心圏に目を向けなければならない。ある命令が無関心圏の内側にあれば人びとは，意識的に従うべきかどうかを考えることなくその命令を受け入れる。この無関心圏の範囲は，その人のなかで誘因と貢献のバランスがどのような状態であるかによって変化する。得られている誘因が貢献することによる負担を大きく上回っていれば無関心圏は大きく広がる傾向にあり，かろうじて組織に貢献する気になる程度の状態であるときには，無関心圏は非常に狭くなっているといえよう。

このように権威が存在するかどうかは基本的に受容する側によって決められるものである。しかしながら，実際には協働内において上位の地位にいる者に権威があるという仮構が人びとによって作られることになりやすい。組織から誘因を受け続けたい，何らかの集団に属していたいと願う人びとにとって，誰かが命令を拒否することは組織の活動を停止させてしまう可能性がある。そのため，上位者に権威があるとすることでそのような拒否が起こらないようにしむけるのである。さらに，命令を拒否する側にとっても，命令の拒否はその命令が間違っているという判断の正しさに関する責任を引き受けることも意味する。そのため，そうした責任を引き受けたくないとの気持ちからますます上位の地位に権威を認めようとする傾向に拍車がかかるのである。

コミュニケーションにおいて発せられる命令に権威を保つとともに重要なことが，コミュニケーションのラインを整備することである。小規模の協働であれば，人びとの間で自然とコミュニケーションが展開されるけれども，大規模な協働となると，組織も複合組織となるため，管理者は単位組織相互の連関をしっかりと保たねばならない。特に，誰が誰に何を伝えるかについての経路が明確にされ，かつ公式に認められていることと，その経路ができるだけ直接的で短く，かつ上位の地位から下位にまですべての段階を通過するようにされて

図表 9—3　単位組織・複合組織・管理組織

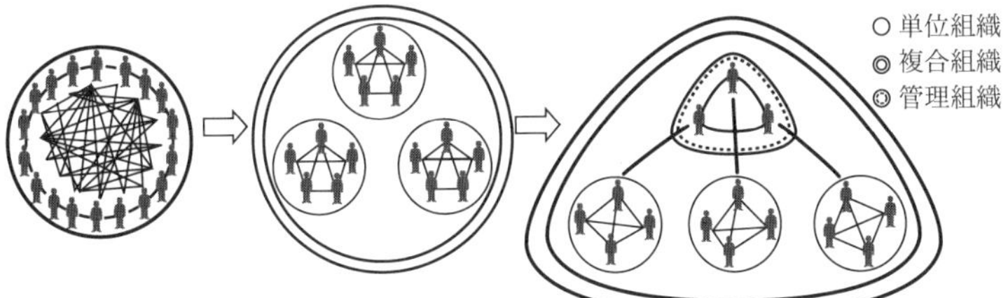

いることが重要となる。また，コミュニケーションが責任もって行われるように，それぞれの単位組織は管理者を通じて他の単位組織とむすばれることもしばしば使われる方法である。管理者相互のつながりがより重要になれば，管理者たちは一団となって管理組織を形成することになる。協働にかかわる人の数が多くなればなるほどコミュニケーションの量的・質的な制約が生じるため，複数の管理組織が必要となる。複数の管理組織が作られることになれば各々の管理組織の代表者によってさらに上位の「管理組織の管理組織」が形成される。このようにして非常に多くの人びとがかかわる協働において，公式組織のコミュニケーションのラインはピラミッド型になっていくのである。

第7節　管理者の資質

目的の達成が難しい協働を成功させるためには，管理者が中心となって公式組織をつくり維持させなければならない。しかし，何をすべきかがわかっていても実際にそれを実行できるとは限らない。その意味で「自我意識を持たず，自尊心に欠け，自分のなすことを考えることが重要でないと信じ，なにごとにも創意をもたない人間[1]」は，協働に適しない人である。しかしながら，より大きな規模で展開する必要のある協働では，協働に適しない人であっても協働に参加させていかねばならない。そのような人びとを率いて目的を達成するためには，誘因等を用いて彼らを組織にひきつけ，コミュニケーションを用いて共通の目的を教えるだけでは不十分である。彼らが困難な環境に直面しても，仕事を投げ出さずに与えられた職務をやりきる責任をもたせなければならない。

人びとに責任をもたせるためには，管理者がリーダーシップを発揮する必要がある。リーダーシップには主に2つの側面がある。ひとつめは体力，技能，知識，記憶，想像力などといった技術的な側面である。この側面は，目的の分析など，自らがどのような環境に置かれていて，どの制約を克服すべきかを正しく決定するために必要な能力であり，教育，訓練などによって育成されうるものである。もうひとつの側面は，決断力，不屈の精神，耐久力，勇気などといった道徳的な側面である。この側面は教育，訓練などによってはなかなか身につけることができないものである。この道徳的なリーダーシップの発揮によって，管理者は人びとから信頼や尊敬を得ることができる。そして，そのような管理者だけが，協働に適さない人に対しても何をすべきで何をすべきでないかについての信念である道徳と，その道徳を守りぬく責任をあたえることができるのである。

注）

1）C. I. バーナード著　山本安次郎・田杉競・飯野春樹訳『新訳　経営者の役割』ダイヤモンド社，1968 年，p. 14

参考文献

Barnard, C. I., *The Functions of the Executive*, Harvard University Press, 1938.（山本安次郎・田杉競・飯野春樹訳『新訳　経営者の役割』ダイヤモンド社，1968 年）

第10章 サイモンの組織論 ——意思決定的組織論

第1節 はじめに

サイモン（Simon, H. A.）は，1978年度のノーベル経済学賞の受賞者である。それは，彼の組織における意思決定プロセスのさまざまな研究に対して贈られたものであった。サイモンの研究は，経済学・経営学にとどまらず，社会学・政治学・コンピュータ科学・心理学・認知心理学など多岐にわたり，どの分野でも大きな功績を残している。本章では，サイモンの主著のひとつである『経営行動（*Administrative Behavior*）』を中心に，サイモンの意思決定プロセスと組織に関する理論のエッセンスをみていこう。

第2節 意思決定能力を高めるための経営

サイモンは経営を，「あることを成し遂げるための技術」として定義する。その経営のなかでも人びとの意思決定がその中核となる活動であると主張している。そして，人びとが意思決定をするという観点から，組織のあり方，管理のあり方をみるべきだと考えた。それまでの管理の考え方においても，何かの行動のまえに何らかの決定があるということは想定されていた。ただし，その意思決定は主に管理者の仕事であった。そこには，管理者が他の人びとが何をすべきかを決めて，他の人びとは決められたことを実行するといった分担が暗黙の前提となっていたのである。この前提に従って考えるならば，管理者が適切な経営の政策を立てることができるかどうかが経営において最も重要な課題であるということができる。そして管理者が適切な政策を立てるための技術や知識を高めることができれば，経営の成果もより一層高まるということになる。適切な政策を立てても成果があがらない場合には，その原因が従業員が政策にきちんと従っていないことにあるということになる。したがって，その場合には管理者は命令を従業員に遵守させるための監視や監督の方法を確立することが経営の中心的な課題となる。

しかし実際には，いくら優秀な能力をもった管理者がすばらしい経営の政策を立てたとしても，それが経営の成功には直結しないとサイモンは考える。なぜなら，管理者が想定している従業員の環境と実際の従業員の環境との間には，必ず異なる部分が生じてくるからである。従業員たちは管理者が意思決定した命令をもとに，改めて自分の置かれている環境に合わせて何らかの意思決定をしなければならないのである。管理者がいくら適切な意思決定をしたとしても，その命令を受けた従業員が意思決定を間違ってしまえば，結果として間違った行動が起こされることになる。意思決定は能力ある管理者だけの仕事ではなく，組織にかかわるすべての人に共通の仕事である。このような理由からサイモンは，経営の中心的な課題とは，従業員たちに決定すべき事項を配分し彼ら従業員たちに影響を与えて適切な意思決定ができるように導いてやることであると考えたのである。

第 3 節 意思決定のプロセス

経営においてどうすれば適切な意思決定が行われるようになるのかという問題を考えていく前に，経営における意思決定はどのようなものであるかについて知らなければならないだろう。さて，意思決定とはどのようなものであろうか。われわれは，いかなる瞬間においても数多くの行動の可能性をもっている。今この文章を読んでいる人はそのままこの章を読み続けてもよいし，ここで本を閉じてやめてもよい。そしてこの文を読んでいる人は，意識的であれ無意識的であれ「読む」という行動を選択している。選択の種類にはさまざまなものがあるが，そのなかでもわれわれの社会生活にとって重要な選択の一種が意思決定である。

意思決定は人びとが合理的に，意識的に，熟考して行おうとする選択である。まず，「合理的」ということは，意思決定が何らかの目的の達成に向けて行われる選択であるということを意味する。たとえば，ある行動をとったとしても何の目的もなければ，そのことが合理的かどうか判断できない。また，合理的であるということには，得られる結果の最大化という意味も含まれている。「意識的」であるということは，無意識的な選択は意思決定とはいえないということである。人間の行動には習慣化していたり，何も考えずに選択したりしているものもかなりの程度存在するが，それらは意思決定とはいえない。「熟考」しているということは，どのような選択肢があるか列挙したり，選択肢を比べたりすることが意思決定のプロセスにおいて行われることを意味している。

それでは「熟考」の中身，つまり意思決定はどのような要素から構成されているのであろうか。まず意思決定を大きく次の2つの選択にわけることができる。まず（A）目標や満たすべき条件の選択がある。これは価値判断とよばれる。価値判断は何をしたいのか・すべきかについての決定である。たとえば「ある人にあるものを届けよう」と決めることは価値判断に当たる。また，加えてその情報を「早く届けよう」ということも決めたのであれば，それも価値判断である。また，価値判断とは別に（B）目標や条件を最もよく満たす行動の決定がある。これは事実判断とよばれる。事実判断は，さらに以下の3つの段階に区切ることができる。① 行動のための選択肢をすべて列挙する，② それぞれの行動をしたときに生じる結果について予測する，③ それぞれの選択肢の結果を比較して結果を最大化する選択肢を選ぶ，の3つである。たとえば，ある人は「ある人にあるものを早く届ける」ために，「宅配便で届ける」「郵便小包で届ける」「自ら直接届けに行く」などの選択肢をあげるかもしれない。

さらに，それぞれの方法で届けるまでにどれほどの時間がかかるか調べ，最も早くそれを届ける方法を選ぶことになる。

上記の意思決定のプロセスは「あることを成し遂げるための技術」である経営とどのような関係にあるのであろうか。サイモンは，ひとつひとつの意思決定が相互に連結されて経営を形成していると指摘した。たとえば，「火災による損失を少なくすること」を目的とし，そのために「火災が起きないように予防する」ことと「火災が起きたときに素早く消火する」という手段をとることを意思決定したとしよう。しかしながら，これらの手段をとるといっても具体性が低い。そこで火災の予防と火災の消火を目的として何をするのかについて意思決定が行われる必要がある。たとえば予防のために自警団を，消火のために消防団などを結成するといったことが挙げられるだろう。さらに，自警団の結成と運営，消防団の結成と運営を目的として，団員の募集や消火設備の整備，施設の設置などといった手段をとるという意思決定が行われる。このようにして経営では，ある目的から手段が導き出され，その手段を新たに目的として置いてその手段を考えるといったように，目的と手段のハイアラーキー（階層）が形成されていくのである。ある経営形態に含まれる目的群の中でより包括的な目的は上位目的とよばれ，上位目的に含まれるより細かい目的は下位目的とよばれる。このように，経営は目的と手段のハイアラーキーを中心に構成されており，上位目的から意思決定を重ねていくことで目的と手段のハイアラー

図表 10―1　目的と手段のハイアラーキー

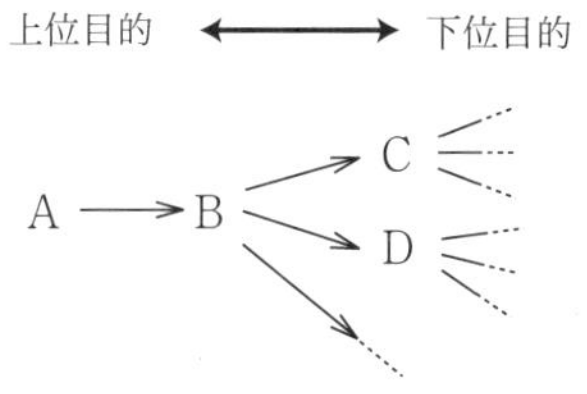

※　Aという目的にとってBは手段である。
Bという目的にとってC，Dは手段である。
C，Dというそれぞれの目的にとって…という形で以下続くように意思決定を行う。
例）A：街を清潔にする
B：清掃を行う
C：清掃員を雇う
D：清掃用具を用意する…

キーを作りだすことができる。目的と手段のハイアラーキーを作り出す意思決定はまさに経営の中核に位置づけられるのである。

第4節　限定された合理性

経営においては，より完成された目的と手段のハイアラーキーを形成するために，人びとの合理的な意思決定が期待されることになる。しかし，人びとが意思決定を合理的に行おうとしても限界があることをサイモンは指摘する。なぜ，われわれには合理的な意思決定ができないのであろうか。

まず，価値判断においては，目的を選ぶときにしばしば比較のための基準をみつけることができない。たとえば，ある人にとって「よい社会の実現」という上位目的の達成のために「火災を少なくすること」を選択すべきとする客観的な基準はどこにあるのだろうか。また，「よい社会の実現」のために「犯罪率を低下させる」という選択肢も考えられるだろう。その場合には，いったいどちらを選択すれば合理的であるといえるだろうか。このように価値判断において合理性を確保することはかなり難しい問題なのである。さらに目的と手段のハイアラーキーを作り出すときにおいては，上位目的になればなるほど価値判断は難しさを増す。なぜなら，それらの価値判断による経営全体への影響は大きく広範囲に及び，それらの影響を受ける人びとからさまざまな価値を考慮するように求められるからである。さまざまな人びとの声を聞かざるをえない政府や公的機関はもちろんのこと，企業においても同様に上位目的の意思決定は困難を極める。企業に対して，顧客，従業員とその労働組合，株主，NGO，地域住民，政府機関などが，それぞれの立場から，さまざまな価値を考慮に入れることを，あるときには明確に，あるときには暗黙のうちに求めてくるのである。上位目的の価値判断にできるだけ多くの価値を取り込もうとすればするほどその意思決定のための選択肢は漠然とした表現になり，判断の基準も客観的に設定しにくくなる。

事実判断では，価値判断のときのような判断基準のあいまいさは少ないことが多い。しかし，事実判断においても別のことが原因となって人間は完全に合理的な判断をすることはできない。事実判断の 3 つの段階にあわせていうならば，人間は，（i）すべての選択肢をあげることはできず，（ii）それぞれの選択肢によって生じるすべての結果を知ることはできない。したがって，(iii) すべての選択肢を比較することはできないのである。まず，あらゆる選択肢について考慮する時間やエネルギー，能力を人間は持ち合わせていない。人びとは最高の結果を出す選択肢をみつけることができないために，一定以上の結果をだす選択肢がみつかった時点で満足し，それ以上の選択肢を探すことやめてしまう。人びとが選択肢の探索を取りやめる結果の水準は満足水準とよばれる。そして人間は選択肢をある程度探索しても満足水準に達する結果を出す選択肢がみつからなかったときには，満足水準そのものを下げていくのである。さらに，さまざまな研究の成果をみていくと，目的をはっきりと意識しているときでさえ，人間は必ずしも熟慮の上で選択しているわけではない。むしろ，習慣化された行動を繰り返すだけであったり，そのときに注意を引かれた刺激に直感的に反応するだけであったりすることが多い。

だからといって，人間の意思決定がでたらめで非合理的に必ずなるというわけでもない。人間は，自らが考慮する範囲を限定することによって，その範囲内での合理性を確保することができる。科学や技術，実用的な方法は多かれ少なかれこのような考慮する範囲の限定をたくみに行うことで成果をあげてきたのである。たとえば，数学は利用する記号とその意味を限定しており，料理の技術も食材と道具と調理方法を中心にして考えられている。そうであるからこそ，数学や料理の技術を使う人はその目的を達成するためにある程度合理的な意思決定を行うことができるのである。このように，人間は完全な合理性はもてないが，限定された合理性ならばもつことはできるのである。

第5節　意思決定の合理性を高める組織

人びとは限定された範囲内であるが合理的な意思決定をすることができる。経営が成功するかどうかは，必要に応じて人びとの合理性が限定される範囲を広げることができるかどうかにかかっている。われわれは自身の合理性が限定される範囲を小さくするためにお互いに協力することができる。その協力の仕組みが組織なのである。優れた組織をつくることができれば，人びとはより一層合理的な意思決定をすることができる。

（1） 意思決定の配分

合理性を高める組織づくりの第一歩は，人びとの間での意思決定の配分をすることである。意思決定の配分は水平的専門化または垂直的専門化によって進められる。水平的専門化は，基本的にその経営の目的と手段のハイアラーキーによって示された下位目的に沿って進められ，さまざまな部門が設置される。ただし下位目的が異なっても，それぞれの下位目的のために行う意思決定がお互いに強い影響を与え合う場合には部門を別にすることは得策ではない。たとえば，ある雑誌に載せる広告の文章を考える業務と，その広告に使用する写真を準備する業務は別の部門とすべきではない。また，意思決定のために必要な知識が何であるのか，そしてそれらの知識がお互いにどれだけ交換しやすいのかということによっても部門の分け方は変わってくる。たとえば，チェーン店を展開をしているスーパーにとって，顧客の好みが地域ごとにどう異なるかということが意思決定のための重要な知識であるならば，取り扱う商品を基準として部門分けをするよりも各店舗もしくは地域を専門化の基準としたほうがよい。

垂直的専門化は主に3つの観点から管理者を設置することによって進められる。まず第1に，下位目的を割り当てられた人びとの間で意思決定を調整するという観点である。広告宣伝部が行った新製品のCM内容の意思決定は，その製品を売る側である営業部が考えている方針と食い違うことになるかもしれない。そのような事態に備えて，人びとの間で生じる問題を調整する役割として管理者を設置する。第2に，人びとの意思決定を連結するという観点である。経営においては別個の下位目的をもった人びとによる意思決定をより大きな意思決定へとまとめあげることが必要な場合がでてくる。たとえば，ある新製品にある技術を利用すべきかどうかという意思決定は，知的財産関係の法律の専門家による意思決定とその技術に詳しいエンジニアによる意思決定を加えることによって行われなければならないかもしれない。このような事態に備えて，より上位の目的に関する意思決定を行うために管理者を設置するのである。第3に，意思決定の責任の所在を明らかにするという観点である。特に株式会社に対する株主や行政府に対する立法府にとっては，経営の外部から一定の統制力をもち続ける必要がある。そこで管理者を設置することで，問題が生じたときに経営の責任を問うことができるようにしておくのである。

（2） 情報や知識のコミュニケーション

意思決定の配分をしたとしても，人びとが意思決定のための情報や知識を十分に得ていなければ，彼らの意思決定の合理性は高まらない。そこで，ある意思決定に必要な情報や知識をもっている人が，その意思決定を担当するようにしておく必要がある。たとえば，法律に詳しい人は法務部へ配置し，製造機械に関する知識が豊富な人は製造部に配置すればよい。そのような状態を作り上げるためには，採用と訓練，そして情報や知識の記録と貯蔵の仕組みを考慮しなければならない。諸事情によって意思決定に必要な情報や知識をその人が十分にもてない場合には，その意思決定に関連する情報や知識が誰から誰に伝えられるかについての諸々の取り決め，すなわちコミュニケーション・チャネル（伝達の経路）を公式的に構築しておかねばならない。このチャネルに沿って，ときには口頭で，ときにはメモや書類，報告書，マニュアルなどを通じて人びとは情報や知識を伝えあう。また，こうしたチャネルは公式に確立されたものだけではない。うわさ話をするためだけの仲間から，派閥（クリーク）とよばれる組織内での権力の獲得をめざすために形成されるネットワークまで，非公式なコミュニケーション・チャネルが人びとの間には自然と発生する。これらの非公式なチャネルは，公式的なチャネルをしばしば補って人びとに情報や知識を伝える。ただし複数の派閥の発生は，人びとの間に敵意を生み出すように作用し，しばしば他の非公式なチャネルの発生を妨げることになることもある。

（3） オーソリティーの確保

いくら意思決定の専門化を進め，コミュニケーション・チャネルを整備したとしても，ある部門における情報や知識が他の部門に受け入れられなければ，それらの利点は発揮されない。また，各部門がひとつの問題に対してお互いに矛盾した意思決定をする可能性もある。そのような場合には，管理者によってある情報や知識を意思決定の前提として受け入れるように示唆や説得が行われることになる。しかし，示唆や説得においては，ある情報を意思決定の前提とするかどうかの最終的な判断は情報を受け入れる側にある。人びとが管理者による示唆や説得に従わずに合理性の低い決定をしてしまいそうなときにはどうしたらよいのだろうか。そのような場合のために，経営のための組織においては，ある情報を決定の前提として無批判に受け入れさせる力であるオーソリティー（構成）を管理者もしくは特定の部門にもたせるようにするのである。

人びとはさまざまな制裁を意識するときにオーソリティーへ従うようになりやすい。制裁によってオーソリティーに従う範囲である命令の受容圏が変化するのである。経営においては多かれ少なかれ，オーソリティーの確保のために制裁の仕組みが公式的に整備されている。たとえば，ある人がオーソリティーに従わない場合には，その人を職位から外したり，今後の昇進においてそのことが考慮されるようにしたり，その人の給与を減らしたりすることなどが決められる。また，こうした公式的な制裁もさることながら，非公式的な制裁も大きな影響力をもつ。協調的な意思決定をしないことで従業員仲間から非難を浴びるということは，しばしば人びとにとって強い制裁となる。また，他の部門や管理者に従わないことで経営の目的が達成できないと感じさせることも，その目的が意義あるものであるとその人が信じる限りにおいてしばしば有効な制裁となる。または，意思決定の責任を負わなければならないということが制裁となるときもある。人びとはなさねばならない意思決定が自身の経験や能力の範囲を超えていると感じるとき，オーソリティーに従いやすい。もちろん，こうした制裁をどれだけ強く意識するかは，人びとのパーソナリティーのタイプによって多かれ少なかれ変わってくる。

人びとをオーソリティーに従わせることと同様に，適切なオーソリティーの配分も意思決定の合理性を高めるために欠かせない。オーソリティーは，意思決定の配分と同じように水平的・垂直的に振り分けられる。水平的なオーソリティーの配分は，人びとが割り当てられた下位目的を達成することの助けとなるように配分される。たとえば，生産部門はその活動のために，物流部門に対していつまでにどの資材をどれほど工場に運ばなければならないかについて決定するオーソリティーを与えられるかもしれない。水平的なオーソリティーの分配によって部門間での意思決定の食い違いや争いをある程度までは減らすこ

図表 10—2　組織の基本的構造

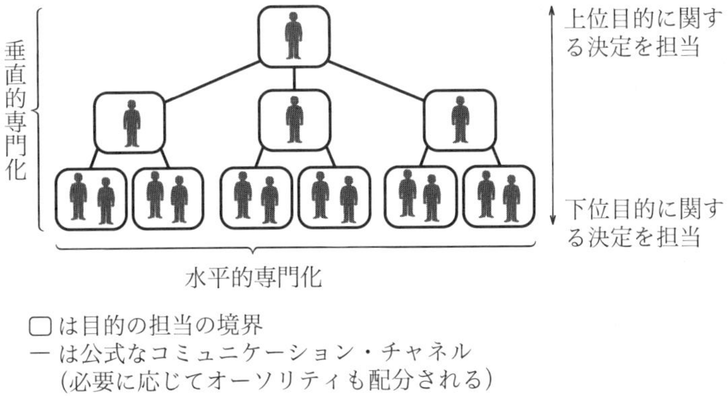

とができる。

オーソリティーの水平的な配分を積極的に進めたとしても，すべての問題を事前に考慮することはできない。したがって，意思決定の振り分けについてはあいまいな部分がどうしても残されることになる。そのような場合に備えて，両部門間の調整をする管理者にもオーソリティーが与えられるだろう。そうはいっても，管理者は自らがオーソリティーを行使することには慎重になるべきである。なぜなら，部門間の争いはそれぞれの部門の人びとの考え方や性格を知る貴重な機会であり，目的と手段のハイアラーキーを見直すよい機会であるからである。同時に，管理者はオーソリティーを行使することによって，部門間の対立がより深まったり，管理者への不信や敵意へと発展したりすることのないように十分に注意する必要がある。

第6節　組織への一体化と能率の基準

オーソリティーには，経営の合理性を高めるための情報や知識を人びとに無批判に受け入れさせる効果があった。しかしながら，人びとをオーソリティーに従わせるには制裁を用意し，彼らが常に制裁を意識する状態をつくりあげ，彼らに従うべき意思決定の前提を伝えておかねばならない。つまりオーソリティーの確保と行使にはかなりのコスト（費用）がかかるのである。そのように考えたとき，そのたびにオーソリティーを行使するよりも，人びとの心に経営にとって望ましい価値や目的，態度，習慣などを植え付けて組織に一体化させ，自発的に組織のための意思決定をするようになってもらうことはより魅力的であろう。また，人びとが組織へと一体化すれば彼らの行動はその組織の目的に対して従順になるとともに予測しやすいものとなる。その分だけ，他の人びととの調整は容易になるであろう。

組織への一体化はいくつかの要因が重なって引き起こされると考えられている。ひとつには，経営が成功することによって得られる結果への期待に基づいている。たとえば，ある人が彼の属する企業が大きくなることによって給与が上がったり，昇進のチャンスが巡ってきやすくなったりすることを強く望むのであれば，彼は常に企業の成功という観点から意思決定を行うようになり一体化が進むであろう。次に考えることができる要因として，経営における意思決定はその経営を遂行する組織の利益の観点から行われて当然であるという社会的通念の存在があげられる。そのような通念が存在する社会であれば，人びとは組織へと一体化しやすいだろう。最後に，人びとが合理的であろうとするということがある。すでに述べたように，あらゆる選択肢について考慮する時間やエネルギー，能力を人間は持ち合わせていない。人びとが限られた能力のなかで合理的であろうとすれば，自然と与えられた目的に関連する事柄だけに注意を集めるようになり，その目的に関連する知識や経験を得るようになる。一方，その目的に関係のない知識や情報からは注意が遠ざかるようになり，それらについては学習しない。こうして人びとは組織の目的に関する事により経験を重ねて学習し，組織へと一体化していくのである。

管理者が給与の上昇や地位の昇進がありえないと人びとに明言したり，企業のためになる意思決定はすべきでないという通念がある社会であったり，非合理的に振る舞うことを奨励する組織でない限りは，人々びとを組織に一体化させることはそれほど難しいことではない。むしろ，管理者は組織への一体化によって生じる問題へと目を向けるべきである。その問題とは，人びとがある組織へと一体化することで，他の組織や社会全体の観点からみて重要な価値を考慮しなくなるという問題である。たとえば，ある人が自らの属する生産部門へと強く一体化していれば，その人は生産部門にとって良い結果をもたらすように意思決定をするだろう。しかし，その人は物流部門の事情を考慮するとは限らない。また，人事部門に強く一体化している人は新たに社員の解雇を行わなければならないときには，自らの企業の経営にとって最適な社員の数について考えるだろう。だが，彼は社会全体の失業率を減らすという価値を考慮することはほとんどないだろう。何らかの組織に一体化している人びとにとって，優先すべき価値は自らの一体化する組織の目的が含む価値である。一体化によって人々の思考から他の組織や社会の観点が失われ，他の組織や社会との衝突を引き起こすような意思決定がなされる可能性があるのである。

組織への一体化による問題は，主に2つの方法によって解決されるだろう。ひとつには，狭い範囲で少数の価値を満たすような目的ではなく，より広範な範囲で多くの価値を満たすような目的を組織が掲げるようにすることである。より多くの価値を含む目的へと人びとが一体化しているのであれば，他の組織や社会と衝突するような意思決定は減るであろう。ただし，より多くの価値を含むような目的を立てることは芸術的かつ創造的な意思決定であり，容易なことではない。

もうひとつの方法は，人びとが能率の基準に従うことである。能率とは一定の資源の使用から最大の結果を生むように意思決定を行うことである。能率の基準に従うと，使われる資源の量を共通にして結果の大きさを並べることになるため，さまざまな選択肢を客観的に比較できるようになる。さらに重要なこととして，能率の基準にしたがって意思決定することは間接的に他の価値を守ることにもつながるということがある。なぜなら，ある価値を満たすための活動を限られた一定の資源ですませてしまえば，使わなかった残りの資源を別の価値を満たすための活動へと投入することができるからである。しかし，組織に一体化した人びとは，能率の基準に従って意思決定をすることよりは，自らの組織の予算やスタッフなどの資源の増強のほうに関心を向けやすい。組織に一体化した人びとは，まず確実に自らの属する組織が存続してほしいと願う傾向にある。つまり組織への一体化は人びとから能率の基準を失わせてしまう。管理者は人びとから能率の基準が失われないようにしなければならないのである。

第7節　管理者の役割

これまでの議論によれば，管理とは人びとの代わりに意思決定を行い，その実行を命令することではない。管理とは，自らも含め人びとにより合理的な意思決定をさせることであるといえる。そのための意思決定は管理的意思決定とよばれる。管理的意思決定によって，① 意思決定の配分がなされ，② コミュニケーション・チャネルが整備され，必要とする決定前提が人びとにいきわたるようになるとともに，人びとの間で意思決定が円滑になされるように，③ それぞれにオーソリティーが付与されなければならない。また，人びとの気持ちを，④ 組織へと一体化させるとともに，そのことによって問題が生じぬように，⑤ 能率の基準が守られるようにすることも管理的意思決定に含まれる。

組織のあらゆる立場の管理者は，多かれ少なかれ管理的意思決定を行わなければならないが，とりわけ上位の階層に位置する管理者になればなるほど，その管理的意思決定は難しくなるといえよう。なぜなら，人びとに意思決定の配分や決定前提がいきわたる仕組みを考えるときには，それぞれの人びとがなさねばならない意思決定について十分に知っておかねばならないからである。また，組織は人びとの心理へと働きかける仕組みであることから，管理者は人間の心理についてもよく理解していなければならない。管理者はその経営に関する知識はもちろんのこと，社会科学を中心として深い教養を身につけることができるように常に自己を研鑽しつづけていかねばならない。

また，管理的意思決定とは別に，管理者自身が業務としてなさねばならない意思決定もある。垂直的専門化における上位管理者の意思決定においては，事実判断以上に，さまざまな組織や社会の価値を含めるような価値判断が求められることが多い。すべての価値を統合した意思決定ができるためには社会全体を見渡す能力，そして相当な芸術的かつ創造的な意思決定能力が必要となる。だが管理者がそのような高い合理性のある意思決定をする能力に恵まれていなくとも，能率の基準に従うことで他の価値のための活動に資源を割くことならばできる。管理者は率先して能率の基準に従うようにするとともに，より能率的な意思決定ができるように徹底的に自らを鍛えなければならないといえよう。

参考文献

Simon, H. A., *Administrative Behavior : A Study of Decision-Making Processes in Administrative Organization*, 4th Edition, Free Press, 1997.（松田武彦・高柳暁・二村敏子訳『経営行動　経営組織における意思決定プロセス』ダイヤモンド社，1989 年）（邦訳は 3 rd Edition のもの）

Simon, H. A., *The Sciences of Artificial*, 3rd Edition, MIT Press, 1996.（稲葉元吉・吉原英樹訳『システムの科学　第 3 版』パーソナルメディア，1999 年）

第 11 章
経営組織の基本形態

第1節 ライン組織

ライン組織（line organization）は軍隊組織（military organization）ともよばれ，最も古くから存在する組織形態である。ライン組織は「命令一元化の原則（unity of command）」および，「監督の範囲の原則（span of control）」という 2 つの組織原則に基づいて組織が形成されている。「命令一元化の原則」は，組織の構成員はただ 1 人の上司から命令を受け取らなければならないという原則である。また，「監督の範囲の原則」は，1 人の管理者が同時に監督できる部下の数には一定の限界があるという原則である。

1 人の管理者が同時に監督できる作業者は 15 人くらいが限度であるといわれている（作業者監督の範囲）ため，たとえば 1,500 人の作業者を有する工場においては，これらの作業者を監督するには 100 人の管理者が必要である。1,500 人の作業者は 100 人の管理者の下で仕事をすることになるが，この 100 グループの仕事は組織の統一的な目標の下に調整されなければならないから，この 100 人の管理者（管理者 A 1～A 100 とする）はさらに上位の管理者によって監督される必要がある。管理者の仕事は作業者の仕事より複雑であるため，管理者を監督する範囲は作業者監督の範囲より狭く，3～4 人であるといわれる。管理者監督の範囲を 3 人以内とすれば，管理者 A 1～A 100 を監督するためには管理者が少なくとも 34 人（B 1～B 34）必要ということになる。これらの管理者はさらに上位の管理者（C 1～C 12）から監督を受ける必要があり，このようにして組織に階層が形成されることになる。それぞれの階層は「命令一

図表 11―1　ライン組織

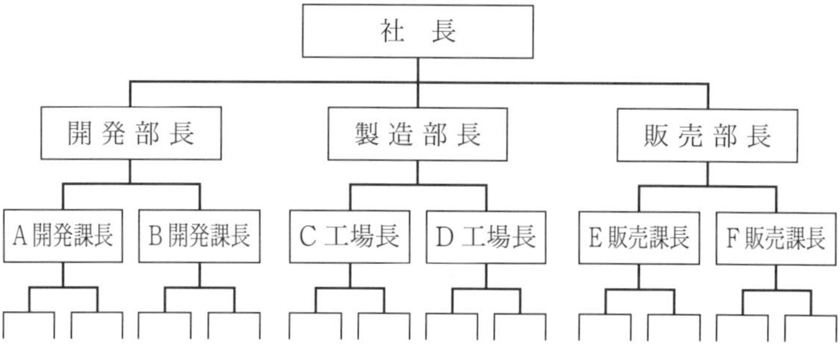

元化の原則」にしたがって，上司と部下の関係で統合される。それぞれの職位には権限と責任が明確に規定されており，企業組織の場合には研究開発，製造，販売というような機能ごとに組織が分けられているのが一般的である。

ライン組織の長所は権限と責任がきわめて明確であることである。また，命令系統が明確であるため，命令が迅速に伝達される。したがって，組織の規律を維持しやすい。

この組織の短所は，組織の規模が大きくなると，上位の管理者の責任が重くなり，責任を果たすことができなくなってくることである。また大規模な組織においては，組織の階層数が増え，いわゆる腰高の組織（tall organization）となるため，上から下への情報伝達にはそれほど問題はないものの，下から上への情報伝達にはさまざまな問題が生じることになる。すなわち，下から上への情報伝達は時間がかかるだけでなく，たとえば現場における事故やクレームの発生などにおいては，管理者は自らの責任を回避しようとして上位者に報告する傾向があることから，情報が歪曲化される恐れも生じる。このような情報が管理者の階層を何段階も上っていくうちに事実と大きく異なる情報がトップに伝わる可能性も出てくる。さらに，横の組織単位間でのコミュニケーションは，情報がまず上位者に伝達され共通の上位者を介して情報が伝えられることから，時間的なロスが大きくなる。組織管理の観点からすると組織階層の低い組織（flat organization）の方が効率的であるが，企業規模の拡大とともに組織階層は多くならざるを得ない。

第 2 節　ファンクショナル組織

ライン組織の管理者は包括的な権限と責任が与えられるため，上位の管理者の負担が重くなりすぎる欠点があった。ファンクショナル組織（functional organization）はこの管理者の負担を軽減しようとする組織形態である。すなわち，1 人の管理者がいくつかの職能（function）を遂行している場合には，職能の数だけ管理者を置き 1 人の管理者がひとつの職能を担当することによって管理者の負担を大幅に軽減しようとすることをめざしている。従業員は職能ごとに異なった管理者から指示・命令を受ける。

テイラーの提唱した職能的職長制（functional foremanship）が職能組織の代表的な例である。彼は職長の仕事を執行職能と計画職能の 2 つに分け，それぞれに 4 人の職長を配置した，執行職能は，① 着手係，② 指導係，③ 検査係，④ 修繕係の 4 人の職長が担当し，計画職能は，⑤ 仕事の順序および手順係，⑥ 指導票係，⑦ 時間および原価係，⑧ 工場監督係の 4 人の職長が担当した。

図表 11—2　テイラー式職能組織

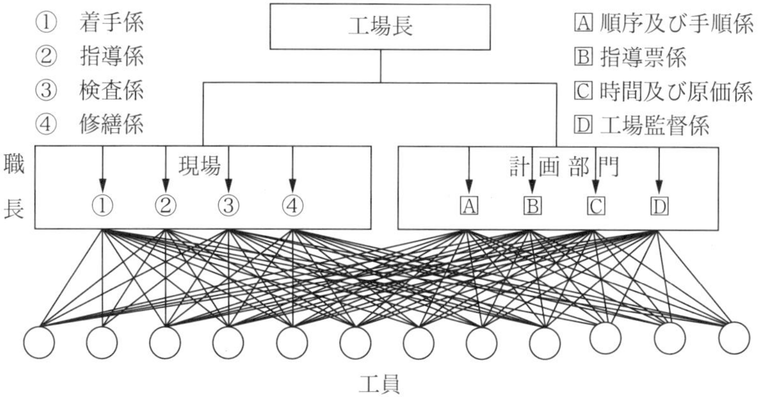

出所）藻利重隆『経営管理総論』千倉書房，1968 年，p. 465

図表 11—3　直系・職能組織

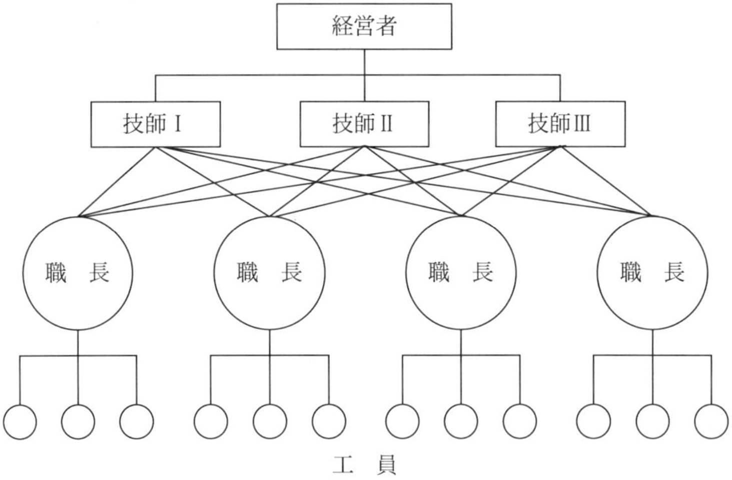

出所）藻利重隆『経営管理総論』千倉書房，1968 年，p. 480

職能組織の長所は，職能ごとに専門の管理者を置くことになるため，管理者の負担が大幅に軽減されること，およびそのために管理者の養成が容易になることである。

これに対して，職能組織の短所は「命令一元化の原則」に反するため組織に混乱が起こることである。同時に複数の上司から命令を受けた従業員はどの命令を優先して仕事をすればよいのか，また矛盾する命令を受け取った場合にどちらの命令に従えばよいのか判断ができない。テイラーの提唱した職能的職長制はこのような理由から現実の企業組織に積極的に導入され，発展することはなかったが，その原理は今日も重視されている。ファンクショナル組織をライン組織の一部に導入する組織形態もかつて提唱された（図表 11—3）。

第3節　ライン・アンド・スタッフ組織

ライン組織は組織の秩序や規律が維持しやすいという長所があったが，上位の管理者の負担が重くなりすぎるという短所があった。ライン組織の長所を生かしながら，短所を補おうとしたのがライン・アンド・スタッフ組織（line and staff organization）である。

企業経営が高度化・複雑化すると経営管理にはさまざまな領域に及ぶ高度な専門知識が必要になるが，経営者がこれを自ら獲得することは不可能である。その際に企業は法律，会計，技術，情報などの専門領域に関するスタッフ部門を設け，経営者や管理者に対して助言することによってその職務の遂行を助けることになる。このように，ライン組織にスタッフ部門を付け加えた組織がライン・アンド・スタッフ組織である。

スタッフの起源は 1860 年代にプロシャ陸軍が採用した参謀本部（general staff）制度に求めることができる[1)]。プロシャの将軍フォン・モルトケ（von Moltke）は，首相ビスマルクの下で陸軍の組織改革を行った。それは新たに陸軍に参謀本部を設置し，軍事計画のすべてをここに集中するとともに軍事上の必要事項を各方面の専門家に研究させるというものであった。プロシャ陸軍の参謀本部制はきわめて大きな成果をあげることになったが，後に経営学者エマーソン（Emerson, H.）によってこの参謀本部制の組織形態が企業組織に採用された。

図表 11—4　ライン・アンド・スタッフ組織

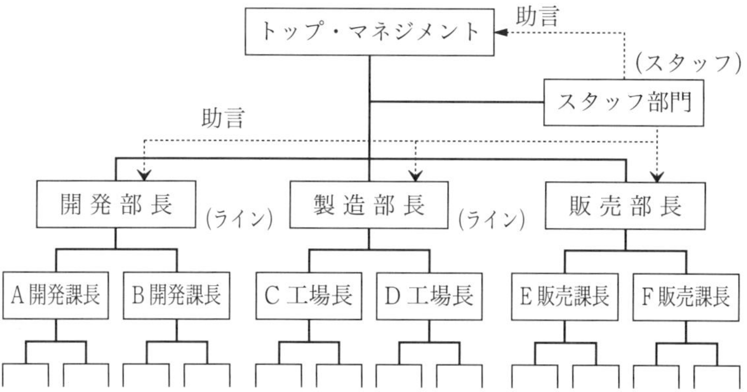

ライン・アンド・スタッフ組織の長所は，「命令の一元化の原則」に従いながら専門家の助言によって上位の管理者の負担を軽減することができることである。

今日，ほとんどの企業がこのライン・アンド・スタッフ組織を採用しているが，問題点がないわけではない。スタッフが助言的立場を超えて行動したり，助言を受ける管理者がこれを命令と受け取るような場合には，命令一元化の原則に反する事態になり，組織に混乱がもたらされる。逆にスタッフの助言が管理者に聞き入れられない場合には，スタッフ部門を配置している意味がなくなってしまう。

第4節　事業部制組織

事業部制組織は1920年代に，デュポン，GM，シアーズ，GEなどのアメリカ企業に初めて採用された。今日，多くの企業が事業部制組織形態を採用しているものの，それが本格的に普及したのは第2次世界大戦後のことであった。

事業部制組織は多角化戦略と密接な関連をもっている。換言すれば，事業部制組織は製品を多角化した企業の管理に適した組織形態である。したがって，今日，事業部制組織は多くの企業で採用されているが，素材産業のような多角化になじまない企業では事業部制組織形態が採用されていないところもある。

企業が製品多角化政策をとると生産・販売すべき製品が増加する[2)]。これは製品によって生産技術や生産方法，必要な労働の質が異なることを意味する。また製品によって市場も異なってくる。このような場合には，多種多様な製品を生産とか販売というような機能別に管理することが難しくなる。多数の製品をもつ企業においては，機能別に組織を編成するのではなく，製品別に組織を編成したほうが合理的である。事業部制組織は製品を基準として部門編成をした組織形態であるが，その他にも機能別組織形態にはあまりみられなかったいくつかの特徴をもつ[3)]。

まず第 1 の特徴は，各製品部門が自立的であるということである。すなわち，事業部制組織の各製品部門（事業部）は，① それが独自の製品と市場をもち，② 生産と販売を合理的に行うのに必要な権限を一切与えられており，③ 独自の管理者層をもっている。

第 2 の特徴は，トップ・マネジメントが，事業部長以下に大幅に権限を委譲する一方で，① 企業全体の予算配分の決定権と，② 事業部長らの人事権を握っているということである。事業部制組織は分権的組織の典型として知られており，トップ・マネジメントは大幅な権限委譲を行っている。その結果，トップ・マネジメントは部門管理の仕事から解放され，全社的見地から各部門を調整する，いわゆる全社最適をめざすことができるようになる。また，トップ・マネジメントは大幅な権限委譲を行うけれども，事業部長の業績を評価し，この評価に基づいて人事異動を行う強い権限をもっている。

第 3 の特徴は，独立採算制がとられていることである。各事業部がプロフィット・センター（profit center；利益計算の単位）とされ，事業部ごとに損益が算出される。その結果，各事業部は利益の獲得に熱心になり，事業部間で競争も行われる。大規模な企業の場合，同じ企業の中の事業部間で原材料や部品の取引が行われるのが普通であるが，ある事業部が，他の事業部から仕入れる部品や原材料が，一般市場から仕入れた場合に比べ価格や品質の点で劣る場合，その事業部は他の事業部からの仕入れの拒否を宣言することができる。すなわち，各事業部は内部取引において忌避権（right of nullification）をもつことが認められている。

第 4 の特徴は，各事業部内は機能別（職能別）に組織が編成されているということである。すなわち，第 1 次的な部門編成は製品別に行われるが，事業部内は機能別に組織編制が行われている。

事業部制組織は多くの長所があり，それゆえ今日，大半の企業が何らかの形で事業部制組織を採用している。その長所は[4)]，まず第 1 に，トップ・マネジメントは現業的な執行上の仕事から解放されるため，彼らの本来の仕事である全社的な意思決定に専念することができる。企業を取り巻く環境変化が激しい今日，長期的な市場の動向やライバル企業の行動を予測しながら戦略を立案することは，企業の生死を決するほど重要な仕事になっている。事業部制組織を採用することによって，トップ・マネジメントは現業的な仕事を部下に委譲することができ，これによって初めてトップ・マネジメントは日常的業務から解放され，本格的に経営戦略の策定に携わることができるようになったと考えられている。

第2に，事業部制組織はトップ・マネジメントの後継者を育成する点で大きな効果をあげることができる。事業部長は，あたかもひとつの企業の社長のような大きな権限を与えられ，一般の経営者が直面する問題を経験するため，現実の仕事を通して経営者の教育と訓練をすることができる。

第3に，事業部制組織は分権的組織であり，比較的下位の者にも自立的な職務と権限が与えられることになるため，① モラールの向上に役立つだけでなく，② 彼らの能力を現実の活動の中で検証することができる。

事業部制組織は利点の多い組織形態であるため，今日多くの企業によって採用されている。しかし実際に運用してみるとさまざまな問題点も出てくる。マトリックス組織やSBU組織は，事業部制組織をベースとしながらこれらの問題点を克服しようとして考案された組織形態ということができる。これは事業

図表 11—5　事業部制組織

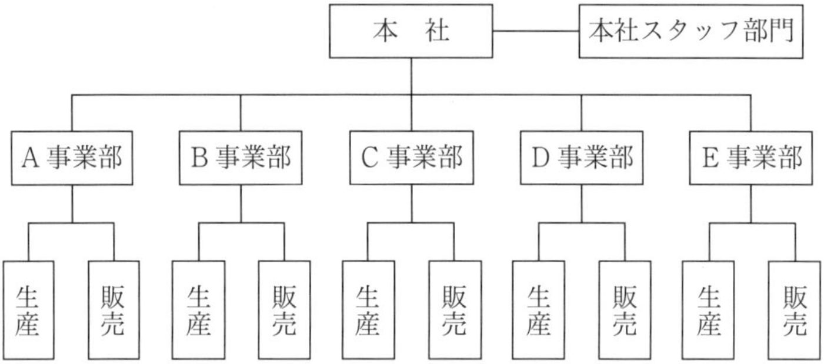

部制組織の適応能力の高さを意味するものと考えることができる。

事業部制組織の問題点[5)]は，第 1 に，事業部門に賃金格差を設けることができないことである。独立採算制を徹底させるためには，高い業績をあげた事業部の従業員には高い賃金を，低い業績に終わった事業部の従業員には低い賃金を支給する必要がある。しかし，労働組合が全社的に構成されているなどの理由により，事業部門に賃金格差を設けることは現実には，困難である。事業部制組織のこの問題点を改善し，独立採算制を徹底するために，カンパニー制，さらには分社化などの組織改革が実施されることになる。

事業部制組織の第 2 の問題点は，各事業部が過度に競争意識を働かせた場合にはセクショナリズムに陥る危険があるということである。他の事業部を犠牲にして自分の事業部の利益だけを追求しようとするような場合には，全社的にはマイナスの効果をもたらすことになる。

第 3 の問題点は，長期的な視点からの経営が損なわれやすいということである。特に事業部長がひんぱんに交代するような場合には，事業部長が自分の在任期間中の成績だけをあげようとして長期的な視野が欠けてくることになる。そうなると，長期的，全社的な発展の阻害要因となる。

第 4 の問題は，重複投資が行われやすく，全社的な観点からは資源配分にムダが生じやすいということである。事業部長に大きな権限が与えられるため，同じ新規事業にいくつもの事業部が参入しようとするような場合には，同一企業内の複数の事業部で同じような製品開発が行われることになる。

第 5 節　マトリックス組織

ライン組織と製品別事業部組織は長所とともに短所ももつ組織であった。マトリックス組織（matrix organization）は両組織の長所を生かす組織として考案された組織である。マトリックス組織は 2 人の上司から命令を受ける管理者（two boss manager）をもつ組織である。これがマトリックス組織の基本的な

図表 11—6 マトリックス組織

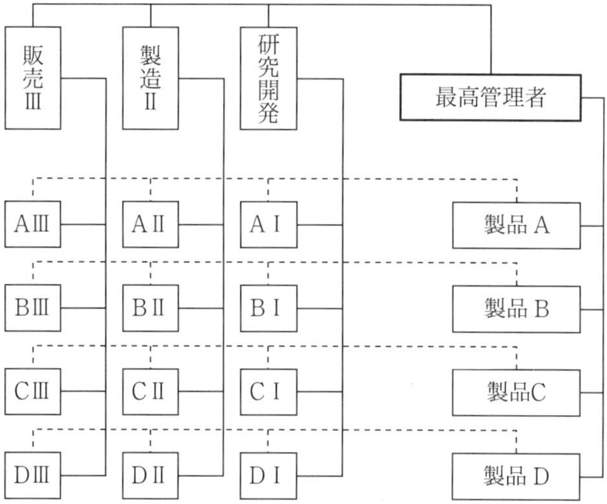

特質である。

マトリックス組織には機能別組織と製品別事業部制組織の両方が並存しており，たとえば，図表11−6において，管理者AⅡは製造部長と製品Aの責任者の両者から命令を受け取ることになる。

マトリックス組織の研究者として知られるデイビスとローレンスは，マトリックス組織がいくつかの段階をへて発展してきたことをわかりやすく説明している。[6)] 彼らはマトリックス組織発展の第1段階として機能別組織，いわゆるライン組織を取り上げているが，この組織は一般にはマトリックス組織とはよばれないので，ここでは彼らが次に取り上げた，「マトリックス組織の初期的形態」をマトリックス組織発展の第1段階と考えることにしよう。

(1) マトリックス組織の初期的形態

マトリックス組織発展の第1段階（デイビスとローレンスでは第2段階）はいわゆる「プロジェクトチーム」の組織である。デイビスとローレンスによれば，この組織はアメリカの建設会社，映画スタジオ，宇宙防衛産業などのプロジェ

図表 11—7　短期的なマトリックス

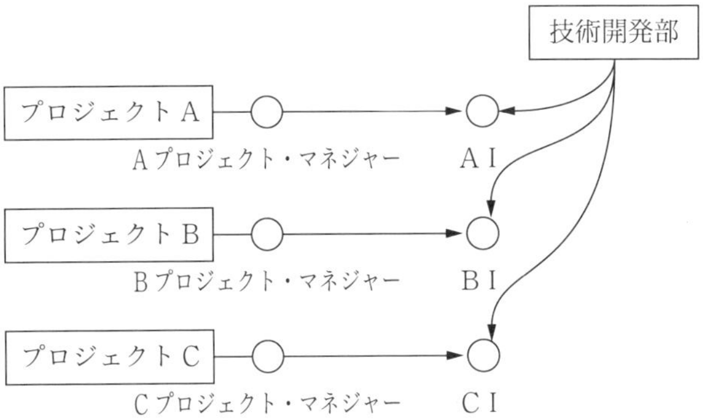

クト単位の仕事をもつ産業で発展した。

たとえばアメリカの航空宇宙産業では，かつて深刻な技術者不足に悩んでいたが，これを解決するために各プロジェクトが技術開発部から必要とする技術者を派遣してもらう体制をとった。技術開発部から各プロジェクトに派遣された専門技術者は，プロジェクト・マネジャーと技術開発部長の 2 人の上司をもつことになる（図表 11－7）。

この組織においては，プロジェクトの目標が達成されると同時にプロジェクト自体が解散されたことから，デイビスとローレンスはこの「マトリックス組織の初期的形態」を「短期的なマトリックス」ともよんでいる。

（2）　恒久的な複合組織

マトリックス組織の第 2 段階は，ブランド・マネジャーが配置された組織である。ブランド・マネジャーは製品あるいはブランドを担当する製品管理スタッフであり，特定の製品やブランドに関して製品開発から製造，販売までを一貫して責任をもつ管理者である。この組織において，たとえば管理者 B II はブランド・マネジャーB と製造部長の 2 人の上司から監督を受けることになる。それぞれのブランド・マネジャーは，ある製品について，製品の開発，製造，販売促進のすべてにかかわり，自分の担当する製品に対する市場の評価を

図表 11—8　恒久的な複合組織

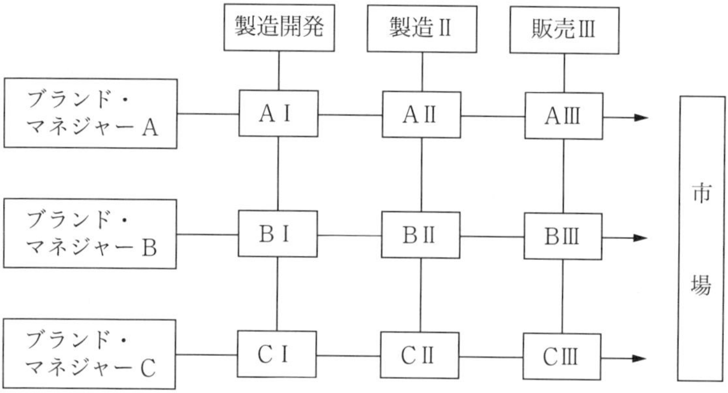

見極めた上でこれを次の製品開発にフィード・バックしていく。同じような機能をもった製品が豊富に供給されるため，市場の重要性がますます高まる「豊かな社会」に対応した組織ということができる。

この組織は，組織の目的が達成されると組織が解消されるプロジェクトチームと異なり，長期的に維持されるので，デイビスとローレンスはこれを「恒久的な複合組織」とよんでいる。

（3） 成熟したマトリックス

第2段階までは機能別の軸と製品別の軸の一方が強い権限をもつ主軸，他方が弱い権限をもつ補完軸であった。これに対して，第3段階の「成熟したマトリックス」は2つの軸が同等の権限をもつ。また，機能，製品のほかに地域や時間の軸を加えたマトリックス組織も採用されるようになった。3つの軸をもつマトリックス組織は3次元マトリックス，4つの軸をもつマトリックス組織は4次元マトリックスとよばれる。

文化・習慣・嗜好が大きく異なる地域を同時に管理しなければならないグローバル企業には，機能と製品のほかに地域の軸を設けることが必要となる。こうした企業の管理には，これらの3つの軸をもつ3次元マトリックス組織

図表 11—9　機能・製品・地域を軸とする 3 次元マトリックス

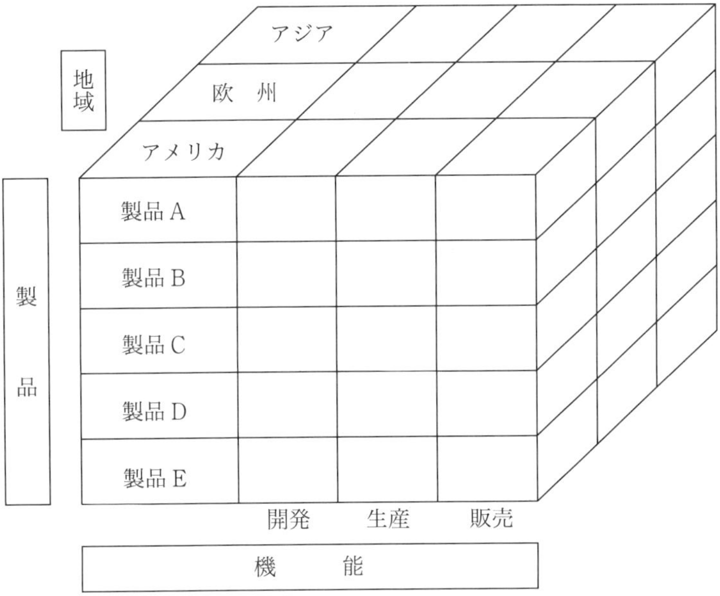

(図表 11−9) が適している。

マトリックス組織の利点は，第 1 に，人員や資源の配置において重複を回避し，ムダを省くことができること，第 2 に，環境の変化に応じて組織構造を柔軟に変化させうること，第 3 に，複数の報告関係が公式に存在するため，組織のコミュニケーションが促進されることなどである。これに対して，マトリックス組織の問題点は，第 1 に，複数の命令系統の存在によって責任の帰属が不明確になったり権限争いが生じたりすること，第 2 に，複数の命令系統の間に摩擦が生じ，それを解消するための調整に要する時間的損失がきわめて大きいこと，などである。

注）

1)　藻利重隆『経営管理総論』千倉書房，1968 年，pp. 468-469

2）桜井信行編『現代経営学入門』有斐閣，1954 年，pp. 153-160
3）岡本康夫「分権制と事業部制」桜井信行編『現代経営学入門』有斐閣，1954 年，pp. 155-156
4）同上稿，pp. 156-7
5）日本経済新聞社編『経営の知識』日本経済新聞社，1973 年，pp. 111-113
6）Davis, S. M. & P. R., Lawrence, *Matrix*, 1977.（津田達男・梅津祐良訳『マトリックス経営』ダイヤモンド社，1980 年）

参考文献

森本三男編著『経営組織』中央経済社，1985 年
稲葉襄『企業経営学要論』中央経済社，1991 年
高橋正泰・山口善昭・磯山優・文智彦『経営組織論の基礎』中央経済社，1998 年
角野信夫『経営組織』新世社，2001 年
Chandler, A. D. Jr., *Strategy and Structure*, 1962.（三菱経済研究所訳『経営戦略と組織』実業之日本社，1967 年）

第 12 章 経営の国際化と多国籍企業

第 1 節 企業活動の国際展開

(1) 直接投資と多国籍企業

今日の経済，社会にみられる多くの現象は，グローバリゼーションと密接にかかわっている。グローバリゼーションとは，ヒト，モノ，カネ，情報が世界中をボーダレスに行き交い，地球規模で社会が依存関係を深めてゆくことである。そして，このグローバリゼーションを牽引しているのが，国境を越える企業活動である。企業活動の国際展開は，経営参加を目的として行われる「海外直接投資」という形で実現される。

企業が資源や市場を求めて，国際的に活動することは，近年にはじまったことではない。世界最初の株式会社である東インド会社でさえ，国境を越えて活動していた。では，今日のグローバリゼーションを生み出すような国際展開はいつごろはじまったのかといえば，1980 年前後からと考えられる。第二次世界大戦後，アメリカは武力と米ドルに裏打ちされた強大な力を誇っていた。多くの産業分野においても，アメリカ企業は主導的地位につき，世界各国への投資が行われた。そして，1980 年には世界の海外直接投資残高は 5,000 億ドルに達し，その 4 割がアメリカ企業によるものであった。このころ，複数の国々で事業を展開し，国際的に発展を求める企業を指して「多国籍企業」という言葉も使われるようになったのである。

現在，世界の多国籍企業の生産高は約 8 兆ドルを超え，世界の GNP の 5 分の 1 以上を占めるとみられている。たとえば，GM やウォルマートの年間売り上げは，タイ1国のGDPよりも大きく，国家をも超える経済主体となっている。また，多国籍企業は，20万社をこえる海外子会社をコントロールし，世界中で7,300万人以上の雇用を実現しているといわれている。ウォルマート1社でも，世界で実に18万人を雇用している。世界の製造部門の生産量の40%は多国籍企業によって占められており，自動車では85%，清涼飲料の65%，コンピューターの75%は，多国籍企業によって作られている。このように，多国籍企業は，世界経済に圧倒的なプレゼンスをもっているのである。

ここで，「多国籍」企業といっても，企業の国籍が複数なのではないことに注目したい。多国籍企業の企業体としての国籍は単一であり，それは本国本社の支配的株主の国籍と同一である。国連貿易開発会議（UNCTAD）によれば，2003年時点で，世界の多国籍企業数は6万4,000社，海外子会社の数は87万社以上ある。そして，この多国籍企業のうち先進諸国を母国とするものがおよそ9割なのである。

（2） 国際展開の目的

企業はなぜ海外直接投資を行うのか。最もプリミティブな理由としては，① 天然資源をもとめて，② 市場をもとめて，③ 安価な労働力をもとめて，の3つがあげられるだろう。日本企業にとっては，④ 貿易摩擦の回避も大きな進出要因であった。その他の要因として，Dunnig（1993）は，⑤ 戦略的資源追求をあげている。これは，優れた研究開発能力，技術力，マーケティングスキルなどの獲得を目的に先進国に対して行われるものである。また，⑥ リード顧客のいる市場に対して，より安定的な顧客サービスを提供することを目的とした，支援サービス型の進出も指摘している。伊丹・加護野（1993）は，⑦ 市場を通さず企業内取引を行うことによる内部化の利益の確保，⑧ 国際政治システムとの調和，⑨ 国際経済システムとの調和，⑩ より低い実効税率の国への移転などをあげている。

そして，以上のような理由から企業の国際化が進むと，⑪ 事業活動をより効率的に管理するために，さらなる国際化が展開されることがある。製品の輸出を行っていた企業が，市場のニーズにあった製品を，タイムリーに供給するために，現地生産を開始するといったケースである。さらに，現地生産が本格化すれば，開発部門の移転も検討される。生産と開発が近ければ，製造ラインを見ながら開発をすすめ，調整を繰り返すことができるからである。

また，たとえば，ある自動車メーカーが海外生産を開始する際に，部品メーカー各社も，輸送にかかるコストと時間を節約するために，共に海外工場を立ち上げることがある。これによって，いわゆる「アジアン・カー」のように，東南アジア内で完全生産し，それを地域内で販売するということも可能になった。このように，成長を求めて行われた国際化が，次の段階の国際化の理由を用意することになり，さらなる海外展開が行われることがある。「国際化は国際化を呼ぶ」といわれるのは，このためである。日本の中規模，中堅企業のなかには，⑫ 取引先の大手メーカーの海外進出にともない，部品供給のためそれについて出て行くお供進出や，⑬ 国内の人件費ではどうしても海外企業対抗できない，あるいは，良質な若者人材が見つからないというような理由で，やむをえず海外に活路を求める企業もある。

(3) 国内経営と国際経営のちがい

企業の中には，事業活動を国際展開する企業もあれば，そうでない企業もある。海外への進出にはさまざまな効果，効用があるにもかかわらず，すべての企業が国際化できるわけではない。国際経営を行うには，国内での地域的拡大とはまったく異なるマネジメントスキルが必要になる。ひとたび，活動が国境をこえると，企業をとりまく環境要因は，国内での地域的拡大では起こり得ないレベルで大きく変化する。国際経営に特有の問題は，この大きな環境要因の変化によって生じる。

① 地理的な隔たりがもたらす環境変化

本社と海外子会社，生産と販売などの地理的な隔たり（遠隔性）は，自然環

図表 12—1 企業をとりまく環境

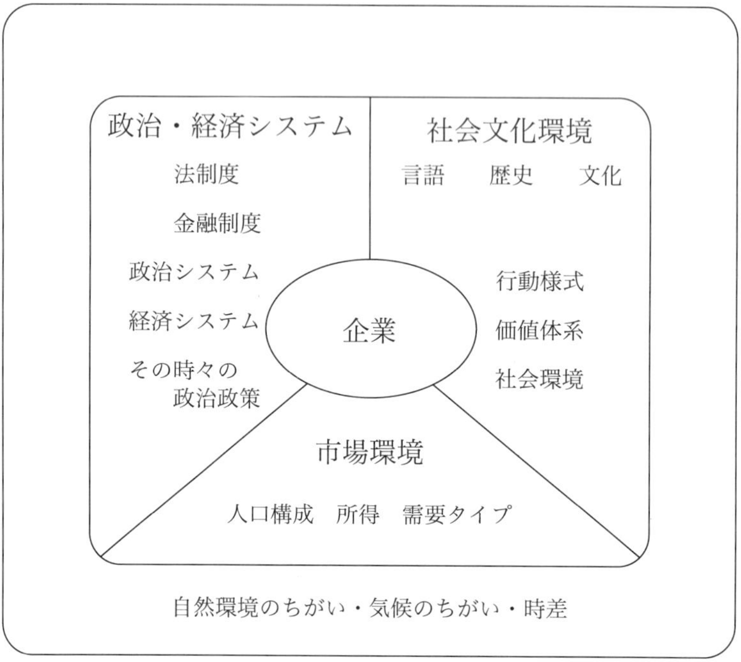

境の違い，気候の違い，時差などをもたらす。このことが，企業の本国と進出先との間に感性のズレ，コミュニケーションの隔たりを生む。単純であるが，無視できない変化である。

② 市場環境の変化

人口構成，所得（貧富の差），需要タイプなど，市場の基礎環境は国によって異なっている。また，取引慣行，市場構造，労働力の供給構造なども，国内とは異なった環境で活動しなければならない。

③ 政治・経済システムのちがい

国内経営とは異なり，企業が国際的に事業活動を行う場合には，進出先，現地国それぞれの，法制度，金融制度，政治システム，経済システムに対応しなければならない。たとえば，外貨優遇政策や，投資奨励策，その反対の保護主義的な政策など，その時の政治的状況によって変化するものもある。さらに，進出現地国の外交政策，国家の安全保障の問題なども，企業活動に影響を与えるものである。

④ 社会文化環境の変化

社会文化環境の変化は，企業の外部環境としてだけでなく，企業の内部，つまり組織マネジメントにも非常におおきな影響をあたえる。社会文化環境の内包する意味は幅広く，たとえば，言語，歴史，文化，価値体系，行動様式，社会環境などが含まれる。社会環境については，発展途上国では，貧富の差，エリートと大衆の差，都市部と農村部の格差が大きい国が多い。活動拠点周辺の交通事情，通信事情，住宅事情など，従業員のおかれている社会環境のちがいも組織を管理する上では，無視できない要因である。

さらに，多様な宗教，人種，部族の人びとが混在していたり，いまだに出身階層による区別が根強く残る社会もある。このような多文化社会に対応することは，日本企業にとっては最も注意が必要な，難しい課題である。

国際経営は，財務，人的資源管理，マーケティングといった経営の各機能を国際的に行うことにすぎないとの見方もある。しかし，実際には上記のような外部環境の変化に随時適応しながら，複雑な組織を運営し，さらには国際拠点間の調整，国際的なネットワーク効率の追求といった，国内経営とは異なる経営課題に取り組まなければならない。マネージャーは，異文化の理解につとめなければならないし，各国政府の規制，介入といった圧力の下で意思決定を行わなければならない。このように，国際経営には卓説したマネジメントスキルが必要なのである。

第 2 節　国際経営戦略

(1)　国際経営における集権と分権

多国籍企業は，常に相反する 2 つの経営課題の間にある。すなわち，本国本社と海外子会社との間の「支配-自律」,「本国主導-現地化」,「集権-分権」,「グローバル統合-ローカル適応」に関する意思決定である。一般的に，海外子会社はより大きな権限委譲を求めるが，本社は戦略的意思決定に関る事項を分権化しようとはしない。とくに，海外進出/撤退の決定，参入と所有の形態，トップの人事権，財務，研究開発，情報システムの統制権などは，集権的に管理される。

一方，分権がすすんでいるのは，管理的意思決定と業務的意思決定のレベルにある事項，トップ以外の主要ポストの人事権，マーケティング活動，品質管理，現地企業との連携などである。

本社が海外子会社に対して，どのような経営志向をもつのかを示す類型には，有名なパールミュッター（Perlmutter, H. V.）による「EPRG プロファイル」があるので触れておこう。すなわち，① 何事も本社を至上とする「本国志向型（Ethnocentric）」。この場合，多国籍企業内の集権化の度合いは非常に強くなり，たとえば，海外子会社の主要ポストも本社派遣者によって占められるようになる。② 現地のマネジメントは，現地にまかせる「現地志向型（Polycentric）」。この場合，財務や研究開発といった重要な事項を除き，通常のオペレーションに関する事項は分権化がすすみ，主要ポストにも現地スタッフが登用される。③ 活動展開を，一国ではなく地域規模でとらえ，国際効率を求める「地域志向型（Regiocentric）」。いくつかの展開国ごとに置かれた地域本部に意思決定権が委譲され，財務的にも独立採算制がとられる。④ グローバルベースで事業活動を考え，本社と海外子会社がネットワークの参加者として協調する「世界志向型（Geocentric）」。たとえば，ポストに対しては世界中から最も適した人材を登用し，意思決定にあたっては，本社も海外子会社も対等に意見交換を行う。多くの多国籍企業は，E → R → P → G の順で段階的に発展するとされている。しかし，すべての企業が，必ずしもこの順をたどるものではないので，企業活動の国際展開の状態を示すひとつの基準と考えるのが妥当である。

(2)　国際展開における場の選択

企業が進出相手国を決定するにあたっては，以下のような点が検討される。

① その国の発展性，② 社会，政治の安定度（カントリーリスク），③ 投資政策，税恩典制度，④ 市場環境（市場の規模，人口構成，所得水準，GNP など），⑤ 労働力の質，賃金，確保のしやすさ（労働人口，定着率），⑥ インフラの整備状況，⑦ その国での自社製品の競争力，⑧ その国での事業活動がもたらす波及効果，⑨ その他，比較優位の源泉となる資源が存在するかどうか，などである。

また，企業は国際化の過程で，しばしば進出先を増やし，マルチ・ナショナル（複数の国に活動拠点をもっている）な状態になる。それからさらに発展すれば，たとえば，東南アジアに生産拠点を，アメリカに販売拠点を，ヨーロッパに開発拠点を，といったように，それぞれの国で最適な活動を行い，それらを連携することで，グローバル戦略を形成していく。この場合，分担する機能別に進出先を検討するだけでなく，拠点間の連携にあたっての効率性も考えなければならない。個々の国を検討するだけでなく，地域的な検討も行われる。なぜなら，広範囲での活動展開では，国際政治的，国際経済的なリスクも高まるので，よりマクロな視点での考慮が必要になるからである。

(3)　進出と所有の形態

「国際化は国際化を呼ぶ」といわれるように，海外事業展開は，通常，段階的に発展していく。製造業における典型的な順序としては，以下の①から⑧に向かっての発展があげられる。すなわち，① 完成品の輸出，② 独自販売拠点の構築，③ 工場の立ち上げ，生産工程の移植，④ 原材料の現地調達率の引き上げ，生産工程の拡大，⑤ 全面一貫生産（特に中核部品の生産），⑥ 設計，企画の現地化，⑦ 研究開発の現地化，⑧ 経営の現地化である。

この中で，①と②は，進出の初期段階といえる。この次の段階にある③では，新しい工場を「完全所有子会社」として立ち上げて，生産工程を移植する方法と,「ライセンス契約」という形態がある。これは,自社製品が,進出先で順調に市場を獲得していった場合,現地の企業とライセンス契約を結び,現地生産をまかせるものである。たとえば,コカコーラ社は,世界中で「コーク」を販売するために,各国企業とライセンス契約を結び,自社製品を生産させている。ライセンス契約の場合,製品生産に必要な技術上のノウハウは伝えられるが,企業経営にかかわるノウハウや,資本,設備,人員などは移転されない。

③から④の第二段階では,しばしば「合弁会社」という形態がとられる。現地国の企業とともに会社を新設して,共同で事業をはじめるのである。合弁会社では,共同出資により現地企業とリスクを分割することができる。税や法的な面でも,現地企業を組むことで,クリアできる問題が数多くある。そして,現地パートナー企業のもつ,さまざまなネットワークを利用することもできるという利点がある。

しかし,パートナーあっての合弁会社では,進出する企業の意思が完全に反映されるとは限らない。たとえば,東南アジアの場合,パートナーが華人系企業であれば,短期的な収益を重視するので,日本的な「物づくり」の考え方が理解されないといった問題もおこる。特に,日本の中小企業には社長の個性などによって,企業の良さが保たれている場合が多々ある。進出先で,独自性が発揮できずに,「らしさ」が失われれば,期待した成果はあがらない。

それに対して,「完全所有子会社」(出資比率が進出企業の100%所有に近い)であれば,自社の意思で経営を行うことができる。経営理念,方針といったものから,技術上のノウハウまで,すべてを移転することができる。やがて,技術移転の度合いも深まり,現地人材の育成,登用がすすむことで,経営の現地化が行われていくのである。完全所有子会社は,新設だけでなく,現地企業をM&Aすることでも可能である。

⑤から⑧のような,国際化の発展した段階においては,この完全所有子会社という形態が多いと考えられる。しかし,国内でどれほど成功していても,外部環境が大きく異なる海外で子会社(支社)を経営することには,相当のリス

クがともなう。

以上のように，国際化は段階的に発展し，企業形態にも選択肢がある。したがって，自社の国際化の段階にあわせて，次段階への移行を見据えた国際経営の基本方針を定めることが国際化戦略なのだといえる。

第 3 節　グローバリズムと多国籍企業

（1）グローバル・ビレッジ下で求められるもの

多国籍企業を中心に企業の経済活動が地理的に拡大することによって，世界経済はますますボーダレス化している。グローバル経済は共通の市場競争ルールによって支配され，ヒト・モノ・カネ・情報が，ボーダレスに動き回っている。多国籍企業は経営資源（資金，技術，人材，知識）を世界規模で相互補完し，グローバルな効率を求める戦略をとり，そして，世界を舞台にはげしい競争（メガ・コンペティション）を行っている。多国籍企業によるグローバルな生産，流通，販売の結果，消費者の趣向やニーズも世界的に均一化しはじめ，世界があたかもひとつの舞台，ひとつの村であるかのような「グローバル・ビレッジ」と呼ばれる状態を生み出した。

サローは，『資本主義の未来』（1996）の中で，グローバル化をあらわして「地球上でもっともコストが安いところで，生産などの事業活動を行ない，もっとも高い価格を設定でき，もっとも大きな利益をあげられるところで，製品やサービスを販売できることを意味する。コストを最小限に抑え，売り上げを最大に伸ばして，利益を最大限に増やす。これこそが資本主義の革新だ。愛国心や感傷などで地球のどこかにしがみついている必要はない」と述べている。これは，今日の多国籍企業の行動原理をあらわすものである。

日々進展するグローバル化が経済成長の要因であり，人類に経済的繁栄をもたらすものだと考える人がいる一方で，ある人びとにとっては，それは「脅威」である。グローバリゼーションこそが，先進国企業による経済的搾取の源であり，グローバルスタンダードの名のもとにアングロサクソン的価値を押し付け，世界の文化的同一化を強要し，国民的アイデンティティを奪い，地球環境の破壊をもたらすものなのだと考える人びとが数多く存在する。それが，いわゆる「反グローバリズム」の動きとなって表面化しているのである。

世界を席捲する多国籍企業に抵抗する3つの動きがある。第1は，OECDや国連といった国際機関による多国籍企業の監視である。第2に，リージョナリズムの台頭。EU（ヨーロッパ連合），ASEAN（東南アジア諸国連合），MERCOSUR（メルコスール，南米共同市場），AMU（アラブ・マグレブ連合）に代表されるような地域統合が推進され，アメリカ主導のグローバリズムに対して，交渉力をもって対峙し，メガ・コンペティションの大波に対して，防波堤を築こうとしている。第3に，ローカルの再生である。世界各地で自治体やNPO団体などによる文化保護活動や，ローカル共同体の再生が草の根で広がっている。中東・イスラム社会の一部で起こっているイスラム原理主義の強化も，グローバリズムに対する，ローカルの抵抗と見ることもできる。

グローバリゼーションに対する強い反動は，貧困と格差，文化の破壊，天然資源の占有といった問題に対して，是正措置がとられるまで，今後も続いていくと思われる。多国籍企業に対しては，人権や環境を守る姿勢と，そのための具体的な方策が，なおいっそう求められるだろう。今後のグローバル・ビレッジが現在の形，つまり，アメリカン・スタンダードによる一極支配ではないことは確かである。価値観の多様性，文化の多様性を包みこむような，分散多極型の世界ネットワークの構築が求められているのである。

（2） 多国籍企業と環境問題

2007年のノーベル平和賞が，地球環境問題に取り組むアメリカのアル・ゴア元副大統領と，国連の気候変動に関する政府間パネル（IPCC）に授与されたことに象徴されるように，いまや地球環境問題は，人類の生存を左右する重要課題であると認識されている。このことは，今後の多国籍企業にも大きなインパクトを与えるだろう。

これまで，企業にもとめられる環境責任は，主に，排水，廃棄物，公害など企業活動の結果生じる汚染（ブラウンイシュー）に対するものであった。しかし，今日では，それらと地球環境問題（グリーンイシュー）との間に線を引くことは難しい。世界中のあらゆる地域で行われる，あらゆる企業の活動が，グリーンイシューに影響を及ぼすからである。そして，その災禍は，おおよそグローバル経済の恩恵とは程遠い所にある発展途上国の人びとの上に真っ先に降りかかる。その意味で，世界各地を拠点として，グローバル（地球規模）に活動する多国籍企業の責任は，地球環境問題を考える上で非常に重要である。

大石（1999）は多国籍企業の環境責任を 4 つあげている。① 地球環境に大きな影響を及ぼす規模の巨大性，② 地球環境保全を達成できる技術の先進性，③ 伝統的公害をもたらした過去への反省，④ トップランナーになることによる競争優位の獲得である。これに加えて，⑤ 世界（グローバル）効率の恩恵をうけているがゆえの，世界（地球）に対する責任があるのではないだろうか。

多国籍企業は，非常に大きな経済主体であり，天然資源の大量消費者であり，汚染物質の大きな排出源である。その一方で，多国籍企業は，ひとつの国家にも相当するほどの規模，経済力をもちながら，国家とはちがって，国境をらくらくと越えて活動することのできる存在である。したがって，たとえば，基本的な環境意識，エンド・オブ・パイプの対策技術，環境マネジメントシステムなど環境悪化を防ぐために必要最低限のものを，そのネットワークを通じて，地球上の隅々に届けることができるのだ。また，世界各地の環境情報，技術情報，取り組みの現状なども，そのネットワークを通じて収集することができる。つまり，多国籍企業は現在，世界規模の環境問題にグローバルに対峙できる，唯一の主体であるといえる。

しかし，現実をみれば，発展途上国を操業地としている多国籍企業のなかには，環境規制の甘さを逆手にとって環境対策コストを削減しようとしたり，先進国向けの輸出品にだけ環境性能の高い部品を用い，途上国国内向けの製品には，数段劣る環境負荷の大きいままの部品を用いるようなものも存在する。このような，多国籍企業の本国と操業地とのダブルスタンダード（二重規範）は，しばしば非難の対象となっている。

市場においては，「環境」が企業活動の評価軸として重要視されるようになっている。企業の社会的責任（CSR）として，環境問題に積極的に取り組むことが，あらゆるステークホルダーから期待・要請されている。特に，消費者の関心は高く，企業イメージにとどまらず，売上げそのものに直接的な影響を与えるに至っている。また，先進国を中心に，環境や社会問題に積極的に取り組む企業に投資しようという SRI（社会的責任投資）も定着してきている。したがって，経営戦略的判断からすれば，環境問題への取組みは企業業績にプラスの影響を与えるものである。今後は，環境問題を経営戦略に組み込む「環境経営」の実践が，多国籍企業の成否の鍵となるだろう。

（3） 日系多国籍企業の展望

グローバル競争が激しくなっている今日，では，日系多国籍企業はどこに活路を見出せばよいのであろうか。

日系多国籍企業の特徴をまとめると，① 製造業が中心であること，② 中規模，中堅企業が国際化していること（吉原（2002）はこれを「ミニ多国籍企業」とよんでいる），③ 主な展開地域がアジア，発展途上国であること，④ 日本人による管理が行われていること，⑤ 日本の親会社との結びつきが強いこと，などがあげられる。

日系多国籍企業の第一の課題は，現地化要請に応えることである。元タイ・トヨタの社長であった佐藤一郎氏は，タイ側が日本企業に期待するものとして，以下の 10 項目をあげている（図表 12－2）。

このようなローカルの声をくみとり，現地化をすすめることは，政治的な意味でも，文化的な意味でも摩擦を回避するために重要なことである。現地化とは，異文化の中で経営資源を現地化・同化して，現地社会に十分に根をおろし，

図表 12—2　タイ側が日本企業に期待するもの

①雇用増大	⑥技術ノウハウの移転と人材育成
②タイ国内資源の活用・材料・部品の調達	⑦工業高度化への貢献
③輸出振興 外貨獲得	⑧裾野産業中小企業の育成
④経営・資本の現地化	⑨地方開発・所得格差是正への貢献
⑤対日貿易赤字の改善	⑩環境問題に対する技術・経済協力

受入国の一員として共存共栄を実現していくこと，すなわち「ローカライゼーション」（localization）の意味である（小川 1992）。

国際的にみると，ホワイトカラーに対する日本的なマネジメントは，他の国々では受入れられ難い部分もあり，異文化摩擦を含めて問題が多いというのは事実である。しかし，日本的生産システムやブルーカラーのマネジメントに関しては，比較的好意的に受入れられている。

筆者が調査にあたったタイの工場でも，① 経営理念や経営情報を，トップから工場作業員まで全員で共有しようとする考え方，② OJT を重視し，現場での教育とスキルアップを積極的にすすめていること，③ 誰にでもわかるように表示したり，女性でも作業できるように生産を合理化していること，④ QC 活動によって意識の向上をはかったり，ISO 国際基準獲得にむけて日本人もタイ人もなくスタッフ全員が一致団結して努力する取り組み，などは現地から高く評価されていた。その他の企業でも，タイ人スタッフを毎年日本研修に招いたり，日本人技術者とタイ人技術者とが「寝食を共にする」形で，トレーニングを行うなど，人材育成に力を入れる姿勢がみられた。

このほかタイでは，多くの日系企業が理系・工学系人材に対してスカラシップを設けている。また，社会福祉の遅れをカバーするように，日系企業が中心となって，労働災害による器官欠損者に対する職業訓練センターを設立した。「モノづくりはヒトづくり」といわれるように，人間を大切にする「人本主義」と評されるこのスタンスは，多国籍企業を搾取的であるとする反グローバリズムの批判に対しても，ある種の回答を示すものではないだろうか。

参考文献

伊丹敬之・加護野忠男『ゼミナール経営学入門』，日本経済新聞社，1989 年
小川政道・橋本英明編『アジアにおける経営ローカライゼーション』中央経済社，1992 年
吉原英樹『国際経営論への招待』有斐閣，1992 年
Dunning, J., *Multinational enterprise and the Global Economy*. Wokingham, England, Addition Wesley, 1993.
レスター・サロー（Lester, Thurow）（岡本洋一・仁平和夫訳）『資本主義の未来』TBS ブリタニカ，1996 年
「GISPRI ニュースレター」地球産業文化研究所，1997 年 2 月号
大石芳裕「グリーンマーケティング」案室憲一編『地球環境時代の国際経営』白桃書房，1999 年
浅川和宏『マネジメント・テキスト　グローバル経営入門』日本経済新聞社，2003 年
竹田志郎『新・国際経営』文眞堂，2003 年
ジェフリー・ジョーンズ（Geoffrey Jones）（安室憲一・梅野巨利訳）『国際経営講義　多国籍企業とグローバル資本主義』有斐閣，2007 年

第13章 多国籍企業組織の発展

第1節 はじめに

多国籍企業組織の発展モデルを扱った理論は多々ある。本章では，多国籍企業の組織を扱った代表的かつ基礎的なモデルや理論の基礎を理解することを目的とする。主に，第2次世界大戦後数十年の米系多国籍企業を観察した研究であるため，現在の種々の多国籍企業の行動が必ずしもこれらのモデルに一致するとは限らないが，多国籍企業の特質を理解するうえでは重要な研究である。

第2節 パールミュッターのEPRGプロファイル

パールミュッター（Perlmutter, H. V.）は，多国籍企業の国際化の程度を示すひとつの重要な基準として，経営幹部の考え方や姿勢に注目した。経営幹部の姿勢というと，曖昧なものと感じられるかもしれない。しかし，パールミュッターは，経営者の姿勢を多国籍企業の意思決定や人事，組織構造に投影されるものであるととらえた。そして，多国籍企業の経営幹部の基本姿勢の発展段階を以下の4つに区分した[1)]。

① 本国志向（Ethnocentric）：国際化の最も初歩的な段階。意思決定権限は本国の親会社に集中する。海外子会社の重要ポストには親会社の人間を派遣する。海外子会社は重要な意思決定を親会社に仰ぐ。経営者も，本国人のほうが現地人よりも信頼できると考える傾向にある。しかし，これは外国人への偏見や差別からくるのではなく，本国の親会社の人々が外国人と

外国の環境をあまり知らず，また経験も少ないことから生じる。

② 現地志向（Polycentric）：「郷に入れば郷に従え」の姿勢で，進出先現地の文化や環境に適応する段階。本国の経営者は，現地事業が収益を上げている限り，介入すべきではないと考える。現地志向の組織では，海外子会社の主要ポストは現地人が多くを占め，現地の管理には海外子会社に権限が委譲される。親会社は本国人によって構成されたままである。

③ 地域志向（Regiocentric）：地理的に近く，文化も似通った地域ベースでマネジャーを採用・育成・評価・配置する段階。ここでの地域とは，ヨーロッパ，アジア，北米，南米，アフリカといった大きな地域区分のことである。意思決定権限は地域ごとに配置された地域統括親会社に集中する。また，地域子会社間のコミュニケーションが活発に行われる。

④ 世界志向（Geocentric）：世界的な視野で意思決定を行い，各地域を統合して管理する段階。親会社と子会社は，ともに自らを世界統一体の一部と考える。経営幹部は，世界ベースで資源配分の最適化を図るという姿勢に立って意思決定を行う。

多くの多国籍企業は，次第に世界志向の方向に向かっていき，またそれを望ましいものとしている。この発展モデルは，それぞれの頭文字をとってEPRGプロファイルとよばれている。しかし，あらゆる多国籍企業が必ず①～④の順に発展すると説明しているわけではない。多国籍企業の姿勢や方針は，経営者の交代で変わるものであり，また，労働運動，政府の政策や規制，そして景気変動などの企業外部の要因にも影響を受けるためである[2)]。

第3節 ストップフォードとウェルズによる多国籍企業組織の研究

ストップフォードとウェルズ（Stopford, J. M. & L. T. Jr. Wells）は米系多国籍企業の組織を，子会社と本国の親会社の関係からとらえた。彼らは，第2次世界大戦前後に用いられた事業部制組織が，多国籍企業の親会社と子会社の関係に大きな影響を与えていることを明らかにし，自立的子会社の設立→国際事業部の設立→グローバル構造，という 3 つの段階で多国籍企業の組織が発展すると説明している。

（1）国際化の初歩的な段階と自立的子会社

アメリカの製造企業は，当初はどちらかといえばハッキリとした計画なしに多国籍化の第一歩を踏んだ。現在の視点からみれば意外なこととさえ思えるが，当初は，大した構想や戦略などはなく，グローバルな規模に立つ成長戦略が生まれたのはずっと後のことであった[3)]。多くのアメリカ大企業は新製品開発と輸出によって獲得した海外市場を防衛するために，海外に自社の工場・事業所を設置するという選択を採用した。さらには，「流行を追う」といった全く非経済的な理由によって海外進出がなされることもあった。

海外子会社の自主性は，いくつかの要因が組み合わさった結果である[4)]。当初の海外投資は小規模で，企業全体の成否に決定的な影響がなかった。親会社の幹部にとって海外展開は，失敗してもさほど痛くない株式投機のようなものとみなされた。また，海外事業の管理経験のある経営者は少なく，さらに，海外で展開した事業の「あるべき成果」もハッキリとはわからず，海外子会社の統制もできなかった。そして，海外子会社のマネジャーは，（自身の権限を親会社によって制限されたくないので）親会社からの統制の導入をできるだけ遅らせようと行動した。ここでの「自立的」とか「自主性」といったものは，経営を現地化するといった現代的な問題とは異なる。

（2）国際事業部の形成と海外子会社への統制

海外子会社の自立性は過渡的なものであり，海外子会社が成長し，また，経営資源が蓄積されてくると，本国の親会社は海外子会社を統制しようと考える。複数の海外子会社を親会社が統制するために，国際事業部が設置される[5)]。

海外子会社に自立的に行動させた場合以上に，全体の業績を向上させるという目的の下，国際事業部は海外子会社の活動の調整を行う。具体的には，海外子会社間の製品・サービスの移転であったり，海外子会社の輸出などが調整の対象となる。さらに，海外子会社の資金調達も，海外子会社が現地の資本市場に依存するよりは，親会社がかかわったほうが効率的であることが多い。この種の調整が行われる場合は，海外子会社単独の利益が減少する場合がある（たとえば，すでに別の海外子会社が展開している国への輸出が制限されるなどの措置が採られると，全社的な最適化が図られるかもしれないが，輸出が制限された海外子会社の売り上げは減少する）ので，子会社に自立的に行動させているうちはこのような措置は採られにくい。全社的な業績を上げるために，海外子会社の自立性をなるべく制限し，国際事業部に意思決定権限を集中させようとする圧力が生まれてくる。ただし，販売などは各国の事情に合わせて子会社ごとに手直ししなければならず，国際事業部への集権化にも限度はある。

一般的に，国際事業部の設立は，国内事業で多角化を管理するための製品別事業部組織が用いられた後のことである。国際事業部は，海外生産される製品の製造技術や情報を国内の製品別事業部から供給してもらわないと，海外事業の競争力を維持できない（多くの場合，新製品を開発しているのは国際事業部でも海外子会社でもなく本国の製品別事業部なので）。

しかし，国内の事業部は技術やノウハウを教えたがらないのが普通であるし，海外事業の成功には関心がないので，国内の事業部と国際事業部の間に不調和が生まれるようになる。自分の出世を海外事業の成功に賭けるマネジャーが増えるにつれて，国際事業部により多くの経営資源を海外事業に振り向けてもらうために，親会社の幹部の尊敬や注目を集めて，発言力を増やそうとする。彼らの業績は事業部別に評価されるので，多国籍企業の全世界的な利益のために行動させることが難しくなってくる。

（3） グローバル構造と多国籍企業全体の国際化の段階

海外事業の規模が大きくなると本格的な組織改革が必要になり，企業全体が世界的視野をもつ段階に移行する。ストップフォードとウェルズはこれをグローバル構造と名づけた。[6)]

1960 年代初期にはアメリカ大企業において国際事業部は典型的なものだったが，1960 年代半ばには多くの企業が国際事業部を廃止する方向に向かっていた。戦略的計画と主要な政策決定を親会社で行い，これによって全社的利益と世界的視点を維持するという，全世界的な視野に立った生産の調整を実現する段階に至る。この段階では，海外子会社に対する計画と統制のメカニズムがより強化される。しかし，どのようにグローバル構造の組織を構築するかという問題に対して，統一した解決策があるわけではない。1960 年代には次の 3 つの主なグローバル構造が存在した。

A）　製品別事業部に全世界的責任をもたせる組織構造

B）　地域事業部に分割して地域ごとに責任をもたせる組織構造

C）　製品別・地域別割り振りを組み合わせて混合型組織をつくる構造

しかし，どの構造を採用するのが良いか，という選択は難しい。さらに，どの構造を採用するか決定できたとしても，新任務を果たす経営者の確保は難しい。グローバル構造を採用すると，国際ゼネラルマネジャーの数を増やす必要が出てくるためだ。地域別・製品別・混合型のいずれも満足できるものではない。マネジャーが命令一元化の原則に基づかずに，二元もしくはそれ以上の報告関係をもって活動する新組織や，製品事業部と地域事業部が海外子会社に対する統括権を分割して編成する組織が必要になる。これをストップフォードとウェルズは「グリッド構造」とよんだが，これは現在「マトリックス組織」といわれているものと同様のものである。

グリッド構造ないしマトリックス組織は多くの多国籍企業や研究者に一時もてはやされていたが，実現するとなると多くの問題を抱えていたため，いったんグリッド構造を採用できた企業も，大半はグリッド構造を解体してしまった。

グリッド構造の弱点は意外に早い段階で指摘されてもいた。ターナー（Turner, L.）はキャタピラーなどの多国籍企業を研究し，グリッド構造の独特の限界について，次のように指摘した。[7] キャタピラーでは地域別副社長と製品別副社長という2組の副社長グループが存在し（ここでの副社長は事業部長のことを指している），IBMでも同様の構造がみられた。このような多国籍企業では，特定地域での売り上げが落ちた場合には，全般的なマーケティング担当者と地域別担当者の両方で改善策を見つけなければならない。しかしながら，責任を割り当てるのが難しい，命令の統一性が保てない，プロフィット・センターがぐらつく（部門別の利益と損失の責任を誰が負えばよいのかが不明瞭になる），といった問題に遭遇する。さらに重大な問題は，非公式組織が損なわれやすいという点で，このためにトラブルに対応する反応速度が鈍る。これは，管理職同士が地理的に離れている多国籍企業では特に問題になりやすい。

第4節　ミシャレとドラピェールの多国籍企業の海外子会社の研究

多くの多国籍企業研究が，主に多国籍企業の本国側の視点から研究しているのに対し，ミシャレとドラピェール（Michalet, C. A. et M. Delapierre）は，多国籍企業の被進出国の視点から研究した。彼らは，海外大企業（フランス以外の欧州諸国やアメリカに本拠地を置く多国籍企業）がフランスに設立した子会社を主要な研究対象とした。

彼らは，多国籍企業の組織の発展段階を，従属・協調・統合の3段階に区分している。この点で，ストップフォードとウェルズの組織発展のモデルの影響を強く受けている。しかし，ミシャレとドラピェールは国際経済の不均衡な発展や国家・地域間の経済発展の格差といった企業外部の環境にも着目し，[8] また，海外子会社の側からみたマネジャー同士の個人的関係などの非公式組織による本国親会社と海外子会社のつながりも重要視したので，ストップフォードとウェルズの研究とはかなり異なった結論が出ている。

（1） 従属関係

初歩的な海外子会社を「自立的」とみなさない点でストップフォードとウェルズの研究と異なっている[9)]。ミシャレとドラピェールは従属関係にある海外子会社と親会社の関係を次のように述べている[10)]。

海外子会社の社長は，公式のスタッフ・グループ等を介さず，直接に多国籍企業の親会社の社長との報告関係をもつ。海外子会社はリスクが大きいので，本国の社長は詳細に監視を行う。この段階の海外子会社と本国の親会社は，予算や計画において完全に二分されており，親会社の社長以外の役員は海外子会社の計画に関わらない。親会社のトップの方針がそのまま子会社の方針を決定づける。子会社の経営者と重要ポスト（特に財務ポスト）には親会社のある国の国籍をもつ人間が配置され，管理方法はほとんど親会社から移入される。

海外事業を統制するためのハッキリとした計画や標準化された手段はないが，次のような方法で海外子会社は親会社に従属させられる。まず，海外子会社は親会社から送り込まれる商品・技術・経営幹部によって，親会社の戦略に従うほかない。さらに，親会社の社長は海外子会社に頻繁な報告を求め，始終監視しようとする。

当初の海外子会社は，輸出が増大したために設けられるので，親会社の販売網を受け継ぎ，現地市場に適応して勢力を伸ばし，親会社の製品を広めるために設置される。輸出の延長として，本国の親会社の商業活動の拡張のために設置されるこのような子会社をミシャレとドラピェールは「中継子会社」とよんだ[11)]。中継子会社も生産を行うが，一部の現地市場向けの製品を生産するのみである。

（2） 協　調

海外事業の重要性が大きくなると，従属段階にみられた親会社の責任者と海外子会社の経営者との個人的絆に代わって国際事業部が設置されるようになる。

国際事業部が設置されると，海外子会社への統制は組織化・計画化された厳格なものとなる[12]。海外子会社に対する予算や計画が念入りに作成され，計画が達成されたかどうか本国の親会社によって厳しくチェックされるようになる。海外子会社は現地市場に適合した製品を提供するようになるが，製品に加えられる修正は根本的なものではない（たとえば，製品の外観やパッケージが変わるといった程度）ので，依然，子会社は本国に技術を依存する。

子会社の各々の部門の管理者が，親会社の担当を同じくする同僚と絶えず連絡を取り合うようになり，個人的接触（非公式組織）によって管理者同士の国際的統合がなされるようになる。

海外子会社と親会社の関係はしっかりしたものになるが，海外子会社同士の取引はまだ発生しない。この段階において設置される海外子会社も，依然として本国の親会社の商業活動の海外拡張を担う「中継子会社」である。海外子会社は，現地市場での販売などの商業的活動については完全に主権をもっているが，他はすべて親会社に依存している。

（3） 統合戦略と工場子会社の出現

海外子会社の数が増大し，また海外拡大の重要性が増してくると，統合戦略が編み出され，多国籍企業の組織構造や海外子会社への統制方法も異なるものになる[13]。国際事業部は解体され，多国籍企業の経営管理や組織に国内・国外の区別がなくなり，全世界レベルでの管理が行われ，また，地域別の統括本部が置かれるようになる。

親会社は海外子会社の行動を強く拘束する。子会社が計画を練る前に親会社が目的を定めるようになる。戦略を国ごとに散らばった海外子会社単位ではなく，全社的水準で決定するようになる。この戦略は，子会社間に生産物の割り当てをするといった部分的なものではなく，多国籍企業の発展を組織づけていくものになる。さらに，海外子会社は，一国単位でなく，地域的規模（たとえば，ヨーロッパ）の市場を対象に活動を行うようになる。そして，各国の子会社間でバラバラであった製品の規格や会計の手順などが，標準化される。

親会社はグループの発展のために重要事項に介入し，親会社は海外子会社の新規投資を拒否する権限をもつ。これは，海外子会社を従わせるための重要な手段となる。海外子会社は，生産能力の拡大を認めてもらうため，また，新製品を割り当ててもらうために，親会社から評価してもらわなければならない。そのため，海外子会社マネジャー間の対抗心は激しくなる。具体的には，ストライキや社会的紛争の防止，生産性向上の努力などが海外子会社のマネジャーの評価に関わる重要な事柄となる。

この段階から，海外子会社同士の取引が出現するとともに，海外子会社の役割がより専門化されたものとなっていく。ミシャレらが「工場子会社」と名づけた，生産に特化した特殊な海外子会社がこの段階で初めて出現する。中継子会社が現地市場への拡張を目的として設置されるのに対し，工場子会社の役割は特定の製品や半製品・部品の生産に特化され，そのほとんどが別の国・地域に再輸出される。そのため，工場子会社の進出・配置の動機に，現地市場での販売はほとんど考慮されず，現地の賃金水準や生産コストが本国よりも低いことが進出条件となる。本国での生産コストが高い企業にとって国家間の経済発展の格差は魅力となる。実際，1970年代に工場子会社を設置した多国籍企業は，アメリカ・西ドイツ・日本など，所得水準と経済成長率が高い国に親会社を置く企業であった。

工場子会社の設置は多国籍企業の重要な転換点である。多国籍企業が単に販売網を海外に拡張していた段階から，国境を跨いだ分業が高度に発展した段階へと進むことになる。つまり，各々の海外子会社に特定の製品の生産を割り当てたり，特定の部品を特定の工場子会社に集中して作らせ，さらに別の海外子会社でその部品を組み立てるといったような，海外子会社間での役割分担と各子会社の専門化が進む。海外子会社は独自の経営方式をとることも，生産量を単独の海外子会社が勝手に調整することもできなくなる。また，工場子会社の製品や中間財の移転価格は，多国籍企業グループの親会社が計画に基づいて決定する。

第5節 バートレットとゴシャールの多国籍企業組織の研究

GE・花王・ITT といった世界の一流企業であっても，国際戦略で失敗を経験している。バートレットとゴシャール（Bartlett, C. A. & S. Ghoshal）は有力多国籍企業の失敗・成功の事実を調査し，公式組織の構造だけではなく，親会社と海外子会社間の権限・責任の比重や情報の集積などの側面から多国籍企業の分類を行った。

彼らは，経営資源や意思決定権限を，本国の親会社に集中させているのか，それとも，海外子会社に分散させているのか，といった尺度から多国籍企業を研究した。その結果，多国籍企業のタイプは，マルチナショナル企業，グローバル企業，インターナショナル企業の 3 つに分類できた（ここでの，マルチナショナル，グローバル，インターナショナルの用語の使い方は特殊なものなので，注意してほしい）。それぞれの特徴をまとめると以下のようになる。[14)]

（1） マルチナショナル企業

各国の海外子会社の集合を経営する方式で，国ごとに異なる環境に敏感に対応できるようになった多国籍企業のこと。

このタイプの多国籍企業では，各国市場の違いに対応するために，現地子会社に強い権限をもたせる。各国の子会社に，重要な経営資源・責任・意思決定権を分散させる。現地の経営方式に沿って，各国市場に対応させ，各国の重要な市場で事業を発展させることが戦略となる。マルチナショナル企業にとっては，世界的経営とは海外での独立した事業の集合体であるとみなされる。

戦前に海外拡張した在欧州の子会社に適合した方式であり，フィリップス，ユニリーバ，ITT などの企業があてはまる（1980 年代までの事実に基づいた分類。1990 年代にフィリップスは統合ネットワーク型組織というトランスナショナル企業の特徴を強くもつようになった）。

(2) グローバル企業

グローバルな効率のよさを求めて，国際経営を発展させ，戦略や経営の決定権を中央に集中させている企業。このタイプの企業では，民族国家や現地市場の嗜好ではなく，グローバルな経営環境や世界的な消費者の需要を重視して，製品や戦略をつくる。意思決定機能と権限は親会社に集中される。マーケティング戦略は親会社が集中して策定し，全世界で共通の製品を販売する。現地子会社の役割は専ら，製品の組み立てや販売・サービスに限られる。計画や方針は本国の親会社で策定され，海外子会社は親会社の計画を実行するために存在する。海外子会社には親会社の方針と異なる製品・サービスの開発・供給を行う自由は非常に少なく，情報源や指示を本国の親会社に頼る傾向が強い。

これは日系企業に多くみられたタイプである。日本企業の集団志向の経営体制や，個人が参加する複雑な決定方法（稟議など）をそのまま海外子会社に移転するのは難しい。そのため，日系企業では意思決定権限を親会社に集中させることが好都合であった。松下，NEC，花王などは親会社に強力な権限と機能を集中させてきた（あくまで 1980 年代までの事実に基づいた分類である）。

(3) インターナショナル企業

インターナショナル企業は，親会社はかなりの影響力と支配力をもつが，グローバル企業ほどではなく，かといって，マルチナショナル企業ほどには子会社の独立性・自治権はない。親会社の知識と能力を海外市場に移転させるための仕組みを重視したタイプである。インターナショナル企業は，第 2 次世界大戦後 10 年間の米系多国籍企業に優勢だったタイプだ。当時は，技術進歩の遅れた国に知識・技術を移転する存在が，米系の多国籍企業であったからだ。

海外子会社は親会社をミニチュア化したものが設置される。権限の委任をしながらも，洗練された経営体制と専門的な経営幹部によって管理される。子会社は独立し，自由に経営を行っているが，親会社の管理を受けたり，親会社からめざす方向を指導される点で完全に独立しているわけではない。親会社と子会社の間を調整するための公式的なシステムと管理体制が整備されており，親会社は海外事業を付属物とみなす。

上の3つの多国籍企業のタイプのどれかに明確な優劣があるというわけではない。マルチナショナル企業（適応性），グローバル企業（効率性），インターナショナル企業（学習力）にはそれぞれ長所があるが，どれかひとつを成し遂げるためには他の2つを犠牲にしなければならない。[15)]

バートレットとゴシャールは1980年代を境に，上記の3つに分類された多国籍企業の多くがトランスナショナル企業に変貌をとげつつあると主張した。[16)]トランスナショナル企業では状況にあわせて適切に意思決定を行う柔軟性とスピードが重視されるようになる。最重要の目的は，効率の達成でもなく，現地化でもなく，イノベーションでもなく，世界市場での競争力強化である。集中重視か，分散重視か，という構成ではなく，状況にあわせて親会社と海外子会社間の統合ネットワークを適合させるようになる。

1990年代中盤以降の企業経営においても，柔軟性やスピード，また，ネットワーク的な組織構造が重視されており，この点で彼らの主張は先見性のあるものといえるだろう。

第6節　おわりに

本章で扱った1960～1980年代の多国籍企業の組織の発展を研究したモデルや理論は，現在においてその重要性が低下したわけではなく，今でも多国籍企業研究の基礎的な領域として重視されている。ただし，これらの理論は主に20世紀後半の米系多国籍企業とその子会社を中心に研究したものであるので，必ずしも，現在存在するあらゆる多国籍企業にそのまま当てはまるとは限らない。

ちなみに，典型的な日系多国籍企業の発展段階をみると，輸出の増大→海

外販売拠点の設立 → 貿易摩擦回避のための現地生産 → 製造コスト圧縮のための海外生産 → 海外研究開発拠点の設立，といったようなプロセスを辿ってきた。これは日本の製造企業には輸出や海外販売の比重が高いものが多かったということと深く関連している。

本章では触れなかったが，1990年前後から，多国籍企業の研究は企業内の多国籍化や国際分業を研究するだけでなく，企業間の提携関係やアウトソーシングなど，多国籍企業同士の関係や多国籍企業と現地企業との関係に研究の重点が移っていった。また，経営戦略論の発展や多国籍企業間の競争の激化とともに，組織構造や海外子会社と親会社の関係だけでなく，多国籍企業の戦略的な側面が近年の研究ではより重視されるようになってきた。

注）

1) ヒーナン/パールミュッター著，江夏健一監訳『多国籍企業』文眞堂，1982年，pp. 21-24，および，佐久間信夫「多国籍企業の概念と多国籍企業発展モデル」佐久間信夫編『現代の多国籍企業論』学文社，2002年，pp. 3-5
2) 同上訳書，pp. 25-26
3) ストップフォード/ウェルズ著，山崎清訳『多国籍企業の組織と所有政策』ダイヤモンド社，1976年，pp. 29-30
4) 同上訳書，pp. 30-31
5) 国際事業部の諸特徴と問題について，同上訳書，pp. 32-38参照。
6) グローバル構造の諸特徴について，同上訳書，pp. 38-41参照。
7) ルイス・ターナー著，小沼敏訳『見えざる帝国』日本経済新聞社，1971年，pp. 61-63
8) ミシャレとドラピェールによるストップフォードとウェルズの研究に対する批判は，ミシャレ/ドラピェール著，野口祐監訳『多国籍企業の子会社』慶應通信，1980年，pp. 17-21を参照。
9) ミシャレとドラピェールは，海外子会社の自立性は誇張されてはならないと論じている。海外子会社は親会社と密接に結びつかなければ存続し得ず，海外子会社の自立性は限られており，完全な自由をもっている存在とは考えられないためだ（同上訳書，pp. 140-150）。
10) 従属関係について，同上訳書，pp. 102-118参照。
11) 中継子会社について，同上訳書，pp. 22-23，および，C. A. ミシャレ著，藤

本光夫訳『世界資本主義と多国籍企業』世界書院，1982 年，pp. 174-176 参照。

12) 協調については，ミシャレ/ドラピエール著，野口祐監訳，前掲訳書，pp. 119-139 参照。

13) 統合戦略と工場子会社については，同上訳書，pp. 161-179，193-197，および，ミシャレ著，藤本光夫訳，前掲訳書，pp. 176-177 参照。

14) 3 つの多国籍企業のタイプの特徴は，バートレット/ゴシャール著，吉原英樹訳『地球市場時代の企業戦略』日本経済新聞社，1990 年，pp. 19-22，27-34，67-72 参照。

15) 関下稔『多国籍企業の海外子会社と企業間提携』文眞堂，2006 年，pp. 185-186

16) バートレット/S. ゴシャール著，吉原英樹訳，前掲訳書，pp. 90-96

参考文献

ルイス・ターナー著，小沼敏訳『見えざる帝国』日本経済新聞社，1971 年

J. M. ストップフォード/L. T. ウェルズ著，山崎清訳『多国籍企業の組織と所有政策』ダイヤモンド社，1976 年

C. A. ミシャレ/M. ドラピエール著，野口祐監訳『多国籍企業の子会社』慶應通信，1980 年

C. A. ミシャレ著，藤本光夫訳『世界資本主義と多国籍企業』世界書院，1982 年

C. A. バートレット/S. ゴシャール著，吉原英樹監訳『地球市場時代の企業戦略』日本経済新聞社，1990 年

佐久間信夫編著『現代の多国籍企業論』学文社，2002 年

関下　稔『多国籍企業の海外子会社と企業間提携』文眞堂，2006 年

第14章 日本的経営とその展望

第1節 日本的経営の形成

世界には多数の国々があり，それぞれの国の企業は部分的には独自の経営スタイルで日々の経営活動を行っている。このため，日本的経営とは日本企業における経営上の諸特徴を指す言葉と理解することができる。それはある意味において日本企業に固有のさまざまな経営諸制度や諸慣行のことである。しかしながら，このような日本的経営なるものが具体的に何を指しているのかに関しては研究者間においても多様な意見が存在するのが現状である。このため，本章では従来，一般的にいわれてきた日本的経営を中心にその説明をしていく。というのは，こうした従来型の経営要因を基盤として，その後，新たな日本的とよばれる経営諸要因が出てきているからである。

日本的経営に関してその火付け役となったのは1950年代，経営コンサルタントとして日本に滞在していたアメリカ人・アベグレン（Abegglen, J. C., 1958）である[1)]。彼は日本的経営の基本的な特徴として終身雇用制にみられる従業員の会社に対する生涯関与（終身雇用：lifetime commitment）に注目している。加えて，年功制にみられるように，人間関係においても年功による上下関係が厳しく，仕事面においても職能的分業が未発達であるとしている。また，アベグレンと時期を同じくして，労使関係の視点から日本的経営を特徴づけた研究者としてはアメリカ人・レヴィン（Levine, S. B., 1958）をあげることができる[2)]。彼は企業別組合を前提とする日本の労使関係の特徴を解明しているのである。

このような日本的経営なるものがいかなるものであるのかを確定したのは

OECD（経済協力開発機構，1972）である[3]。日本は1950年代後半から高度経済成長を記録して世界から一躍注目を集めるようになった。このような高度経済成長の秘密を解明するために内外の研究者が日本企業を研究し，そこから得られた結論は日本企業による人的資源（ヒト）の活用の特異性であったのである。

この結果，OECDの報告書は日本の雇用制度の特徴として，第1に生涯雇用（終身雇用），第2に年功賃金，第3に企業別組合，の3点をあげ，これを「三種の神器」とよんだのである。その後，高度経済成長期における日本の経営を特徴づけるものとして，終身雇用，年功賃金，企業別組合といわれる三種の神器論が定着するようになったのである。つまり，日本の経営を三種の神器とする説は，1950年代末から形成され始め，OECDの報告書によって確立されたといわれている[4]。その後，このような終身雇用，年功賃金，企業別組合の3点セットは日本の高度経済成長とあいまって順機能を果たし，プラスの成果を残したのである。

しかしながら，こうした三種の神器論はある意味，欧米との比較において日本企業の経営特質をとらえたものであり，それは人事・労務面に限定されたものであった。加えて，それは経営の表層部分に近い制度や慣行の解明に留まるという限界も同時に抱えていた。つまり，日本には三種の神器論の台頭以前からすでに，日本人による日本的経営についての研究が行われており，それが稟議（リンギ）制などを中心とするボトムアップ経営とよばれるものである[5]。

日本では1950年代に入り，企業研究会（1948年発足，初代会長・中西寅雄）や経営研究所（1946年設立，初代所長・高宮晋）の研究グループが日本の稟議制度が独自の意思決定スタイルであることに注目したのである。そして彼らは日本企業の経営特質を欧米とは異なる稟議的経営に求めたのである[6]。

このように日本的経営なるものは三種の神器を中心とする日本的な雇用慣行と意思決定面における稟議制などの日本的な物事の決め方であるボトムアップ経営から成り立っているのである。

第 2 節　日本的経営の特徴

（1）日本的な雇用慣行

1）　終身雇用制

終身雇用とは，労働者が学校を卒業して，正社員として入社した後で，特別な問題を起こさない限りは，その企業で定年まで継続的に雇用されるという日本企業における長期的な雇用慣行である。つまり，若者が会社に入る時は定年まで勤めることができるという雇用契約書にサインするわけではないが，採用する側も，採用される側も長期的な雇用関係を前提として両者間の雇用関係が成り立っている。このため，終身雇用とは労働者の長期雇用に対する期待であり，さらには，そうした期待に応じようとする会社（経営者）側の道徳的な責任でもある。

このような終身雇用の特徴としては，第 1 に，新規の学卒者を対象とし，その採用に際してはどのような職種に就かせるのかは明確でなく，採用されたものは企業内の教育訓練（OJT : On the Job Training）によって一人前の従業員に仕立て上げられる。第 2 に，採用された従業員は，特別な理由がない限りは解雇されないことを期待する[7]。そしてもしも解雇などが必要な場合でも，再就職先の斡旋や転職のための再訓練などが行われる。

2）　年功制

年功制とは，会社に就職してから従業員による給料の上昇（昇給）とポストの格上げ（昇格）が年功（年齢や勤続年数など）を主な基準にして決められることである。このような年功制を基盤とする年功序列には賃金と昇進という 2 つの側面があるが，ここでは年功賃金について検討する。

年功賃金とは，年齢に応じて賃金が上がっていく慣行であり，それは図表 14―1 のように示される。反面，社員の会社側に対する貢献は図表 14―1 にみるように，40 歳までは自身の受け取る賃金に比べて相対的に高く，逆に，40 歳以降から定年までは低い。このため，もしもある社員が 30 代で他の会社に

図表 14—1　年功賃金と貢献の関係

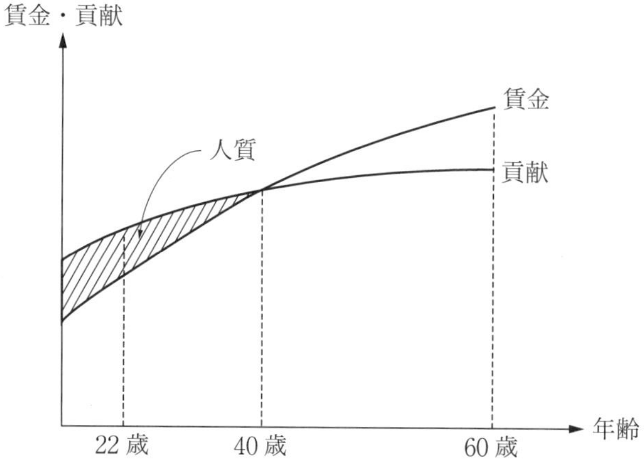

出所）伊藤元重・加護野忠男「日本企業と人的資源」伊丹敬之ほか編『日本の企業システム３　人的資源』有斐閣，1993年，p. 11を一部修正

移っていくと個人としては大きな損をすることになる。このため，社員は若い時には会社に人質としてとらわれている。こうしたことから社員は入社から定年までひとつの会社に勤めることによって自身の貢献と賃金はバランスをとるのである。

このような年功賃金の特徴としては，第１に，賃金額が労働者の年齢に対応して上昇している。第２に，企業規模，学歴，性別，雇用形態などによって賃金水準，そして賃金カーブの上昇率などにかなりの格差がみられる。特に企業規模間における賃金格差が顕著である。[8)]

このような年功賃金は終身雇用を前提にした会社と個人との長期的な関係のよって成り立っている。そこには雇用の継続によって労働者の技能や知識が増大し，それに対応する形で賃金が上昇する仕組みとなっているのである。

3)　企業別組合

労働組合は労働者が労働条件の維持・改善や経済的地位の向上などをめざして組織する団体である。日本の労働組合は企業別労働組合の形態をとっており，こうした企業別労働組合は日本の労働組合全体の中で組合数で約 9 割と圧倒的な割合を占めている。こうしたことが日本の労働組合が企業別組合とよばれるゆえんである。ちなみに，欧米の労働組合は企業の枠を超えて，企業横断的に結成される職業別（ないしは産業別，職種別）組合といわれる混合組織である。こうした関係は図表 14—2 に示されている。

このような企業別組合の特徴としては，第 1 に，特定企業の正社員のみを組合員の対象としていることである。つまり，組合は個別企業を単位に組織され，その中で正社員ではないパートタイマーや派遣社員などの非正社員はこの企業別組合には参加できない。第 2 に，職種や職業を問わないで，ホワイトカラー（職員）もブルーカラー（工員）も同じ労働組合のメンバーになる[9)]。このため，企業別組合は工職混合組合ともよばれている。

このような労働組合の組織形態は日本の雇用慣行である終身雇用とも密接に関係している。つまり，終身雇用で雇用関係が結ばれれば，ひとつの企業に働く人びとは，長期間に渡って一緒に仕事を行う。そうすると，職種や職業に関係なく，同じ職場の仲間になり，労働組合が企業別になるのは自然の流れであ

図表 14—2　企業別組合と職業別組合

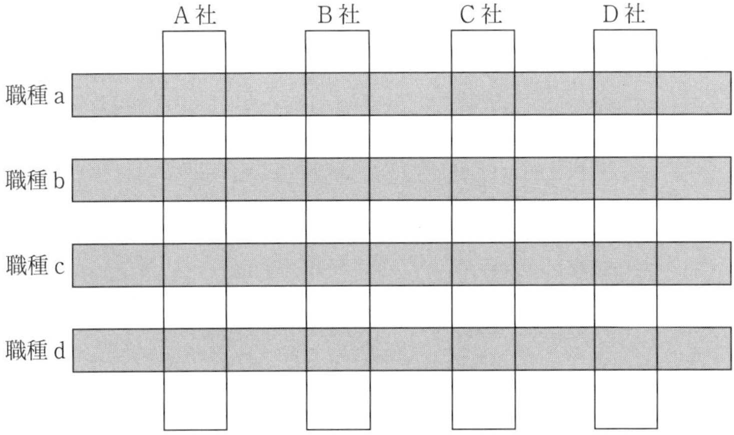

出所）奥林康司編『入門　人的資源管理』中央経済社，2003 年，p. 57

る。

(2) 日本的な物事の決め方ーボトムアップ経営

　日本企業の意思決定スタイルは欧米のトップダウン方式とは異なるボトムアップ方式であるとされている。日本企業におけるこうした組織の下部から上部へと積み上げる集団合意に基づく意思決定ないしは経営を支えているのが稟議制である。

1) 稟議制

　稟議制は，公式な会議の場において意思決定をするのではなく，組織下部の担当者が必要に応じて文案を作成し，関係する人たちに閲覧し，組織上層部の承認を経て，意思決定する経営のやり方である。これはある意味において最終的な意思決定に至る過程において関連する多数の管理者や担当者などから合意を取りつけるための集団的な意思決定の仕組みである。このような稟議のプロ

図表 14―3　稟議のプロセス

```
          ┌──────────────────────┐
          │       決済・承認        │
          │ (上層部経営層または管理層)│
       ┌─▶│ 案件の決済・承認は，その中身│
       │  │ によって上層部における階層(経│
       │  │ 営者または管理者)が異なる。 │
       │  └──────────────────────┘
       │              ▲
   ┌──┐             │
   │記│              │
   │録│   ┌──────────────────────┐
   │ │   │        回　議           │
   │ │   │      (関係部署)          │
   │ │   │ 関係部署の意思疎通を行う。  │
   │ │   └──────────────────────┘
   └──┘             ▲
    (実                │
     施                │
     )   ┌──────────────────────┐
       └▶│        起　案           │
          │      (下部部署)          │
          │ 現場を含めた管理層で起案する。│
          └──────────────────────┘
```

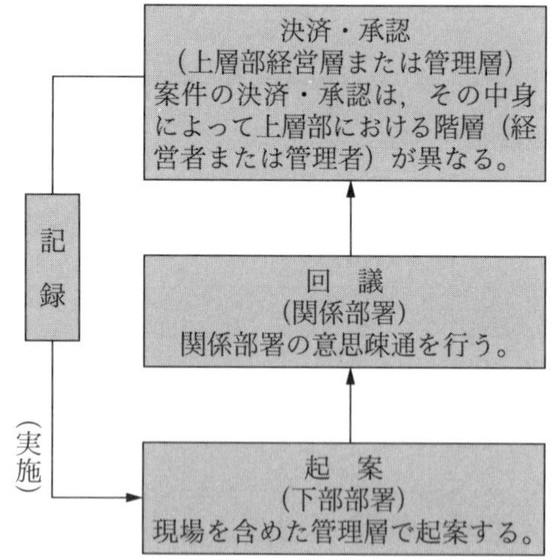

出所）経営能力開発センター編『経営学検定試験公式
　　　テキスト1　経営学の基本』中央経済社，2006
　　　年，p. 49

セスは，図表14—3にみるように，起案 → 回議 → 決済・承認 → 記録というプロセスで行われる。そしてこうした稟議が円滑に運営されるように側面から支えているのが根回し[10)]である。このように稟議は日本の企業組織における集団主義的な意思決定を支えている重要な制度なのである。

このように日本企業で稟議に伴う多大な時間が要される迂回した形での意思決定の方式を用いる狙いは，前もって関係者による意見の違いをなくすためであり，その結果としての業務執行の迅速化である。

第 3 節　日本的経営の文化的基盤—集団主義

これまで検討してきた三種の神器，そしてボトムアップ経営などの日本的経営における基底を支える基本理念は和を重要視する集団主義である。このような集団主義は，江戸時代の農村共同体とその構成単位となった家族共同体の中から自然発生してきたものであり，その後，多少の修正が加えられながら明治・大正の時代を経て，現代に至っている[11)]。

このような集団主義は個人よりも集団を志向した意思決定や経営行動である。そこでは個人の欲求の充足に先立って集団全体の存続繁栄のために尽くすことが，最終的には共同体メンバーの個人的な幸福の達成や欲求の充足を可能にするというものである[12)]。こうした集団主義の結果として，日本企業では会社と従業員との関係における運命共同体意識が存在し，その上に日本的経営を形成するさまざまな経営慣行が生み出されてきたのである。

日本的な経営慣行を集団主義の視点からとらえた代表的な論者に間　宏(1971) をあげることができる。彼によれば，集団主義とは，「個人と集団の関係で，集団の利害を個人のそれに優先させる集団中心（集団優先）の考え方あるいはそうすることが望ましいとする考え方」である[13)]。同様に，岩田龍子(1977) においても日本の経営諸制度にはそれを成立させるための固有の編成原理があり，その編成原理の根底には日本人の心理特性・行動特性である集団主義が存在するとしている。[14]

このように日本的経営において集団主義は，会社を自分たちの運命共同体として考えることを前提とした人間管理の原則[15]であるといえる。この原則から終身雇用や年功制，さらにはその他の日本的経営を形成する諸慣行が作られてきたのである。そしてこのような人間管理の原則は，共同体メンバーによって彼らが共同体の中でとるべき行動規範の体系とされたが，それは次のようなものである。[16]第1に，集団の各メンバーは全人格的に集団に属して，集団と運命を共にすべきであるとする考えであり，これは終身雇用制へとつながっている。第2に，各メンバーは集団の中で年功を積むほど高い地位を与えられるとする考えであり，これは年功制へとつながっている。第3に，各メンバーは彼らのコンセンサスによって集団運営の方針を決めることができるとする考えであり，これはボトムアップ経営へとつながっている。

このような日本企業における集団主義の長所としては，第1に，従業員は雇用の保障などによって精神的に安定し，企業への忠誠心が強くなる。第2に，組織内の多くの人びとが意思決定過程に参加することからくる従業員のモラールの向上である。次に，短所としては，第1に，従業員を生涯ひとつの会社に捕まえておくことである。これによって転職が難しくなり，外部労働市場の形成が妨げられる。第2に，個人の責任が不明確になることである。集団主義の下では責任所在のあいまいさから無責任体制や責任のなすり合いなどの弊害が生じやすくなる。

以上，日本企業の経営原理は日本の集団主義的な社会文化から形成されたものであり，このため，従来，日本企業の成功はこうした集団主義によって多く説明されている。このような集団主義が終身雇用制，年功制，企業別組合などの雇用慣行や稟議制などへと具体化され，日本企業における長期的な全員参加型経営にうまく作用してきたのである。

第 4 節　日本的経営を取り巻く状況変化

日本の高度経済成長と行動を共にしてきた日本的な雇用慣行とボトムアップ経営は 1990 年代におけるバブル崩壊後の経済状況の悪化に伴い，その修正が余儀なくされている。というのは，従来の日本的経営の諸慣行は高い経済成長の継続を前提とした経営慣行であり，それは安定的な環境状況の下では順機能を果たしてきた。しかしながら，現在のような低成長時代への突入に伴い，従来の日本的経営が労働者の高齢化に伴う高い人件費負担や若者による働く意欲の低下，さらには経営面における遅い意思決定など，その逆機能として作用し始めたのである。

このようなことをより具体的に検討してみると，まず，雇用面においては，経済成長の停滞に伴い，企業は負担のかかる正社員よりは契約や派遣社員などの非正社員の雇用拡大という雇用形態の多様化を志向することで，コスト削減に取り組んでいる。こうした非終身雇用型従業員の割合の増加は，従来，正社員に適用されていた終身雇用の割合が，全体労働力の中で相対的に減少していることを意味している。加えて，部分的には正社員の中でも終身雇用を期待しない者の割合が増えている。

次に，年功賃金もまた，次第にその姿を変えてきており，それは従来の年功重視から能力や業績重視へのシフトによる成果主義の浸透である。その具体的な表れが年俸制の導入である。年俸制は前年度の業績や組織への貢献度などを基準に 1 年単位で賃金を決定するやり方である。日本企業では管理職を対象に年俸制を導入する企業が 90 年代に急増し，2001 年には上場企業の 3 社に 1 社がこれを採用している[17)]。そこでは個人の年収がその業績に応じて変動する仕組みとなっており，もしも業績が下がると年収も前年に比べて減少する。このため，現在，多くの日本企業において厳密な意味での年功賃金制度は崩れてきている。

労働組合に関しても，新たな動きがみられる。それは労働組合の組織率が継続的に低下傾向を示していることである。こうした組合組織率が最も高かったのは1949年の55.8%で，その後，継続的に低下傾向を辿り，2003年には19.6%にまで低下している[18)]。このような組合組織率の低下要因としては，第1に，リストラや新規採用の抑制などに伴う非正社員が増加したこと。第2に，組合組織率が低い小規模，零細なサービス業分野での雇用が拡大したこと。第3に，若年労働者が組合活動に関心を示さなくなったことである。

最後に，稟議制などにみられるボトムアップ経営では，近年の経済環境の悪化に伴い，迅速な意思決定が求められており，そこでは稟議書の簡素化が行われている。加えて，近年における情報通信技術の発達による電子メールの普及に伴い，一部の企業では社内決済制度を導入して，従来，2週間以上かかっていた稟議の承認を，わずか2日に短縮させる[19)]など，経営の現場においては着実にスピード経営が進行している。

第5節　日本的経営の今後の動向

これまで検討してきた日本的経営を構成する雇用や意思決定面での経営慣行は，これからどのように展開されていくのだろうか。

まず，雇用面に関していえば，日本企業では一般的に終身雇用制は継続的に維持しながら年功主義に基づく賃金制度は変えていこうとする傾向がみられる。実際，日本を代表するトヨタ自動車やキヤノンなどにおいては従業員の雇用を長期安定的に維持していこうとする考えを従来通り，堅持しようとする動きをみせている一方，従業員の業績に応じた成果配分を通じて限られたパイの分配を行おうとしている。そして労働組合に関してはその存在意義が見直されてきており，そこでは従来の正社員に加えて，周辺労働を担当していた非正社員をも部分的に取り込もうとする動きをみせている。次に，ボトムアップ経営に関しては経営環境の激化に伴うスピード経営によって迅速な意思決定を志向する動きはみられるものの，そのベースとなっている集団合意に基づく意思決定スタイルはさほど変化の兆しがみえない。

このように日本的経営は厳しい経営環境にさらされながらも，依然として従来の人本主義経営のコアとなる雇用保障という長期雇用の部分では変革することなく，その周辺部分での賃金などの側面での部分的な修正や変更によって環境適応を図ろうとする傾向が窺える。その理由は，日本企業が長期雇用の部分まで変革してしまったら従業員や労働組合からの協力のモチベーションの基礎が弱まる[20)]からである。

このようなことは経済状況の悪化は従来の日本的経営に対して変革の圧力として作用している半面，集団主義などの文化的な側面においては多少の修正が加えられ，依然として従来の経営慣行に対する継続の力として作用している。このため，これから日本的経営はこうした両者間のせめぎあいの程度によって新しい日本的な経営スタイルが決まってくるものと思われるのである。

注）

1）　Abegglen, J. C., *The Japanese Factory*, The Free Press, 1958.（占部都美ほか訳『日本の経営』ダイヤモンド社，1958 年）
2）　Levine, S. B., *Industrial Relations in Post-War Japan*, University of Illinois Press, 1958.（藤林敬三ほか訳『日本の労使関係』ダイヤモンド社，1959 年）
奥林康司「工業経営研究と日本的経営論」工業経営研究会編『工業経営研究の方法と課題』税務経理協会，1997 年，p. 105
3）　OECD, *Manpower Policy in Japan*, OECD, 1972.（労働省訳編『OECD 対日労働報告書』日本労働協会，1972 年）
4）　那須野公人「日本的経営」松永美弘編『現代経営学総論』海声社，1997 年，p. 175
5）　森本三男編『日本的経営の生成・成熟・転換』学文社，1999 年，pp. 63-68
6）　同上書，pp. 62-67
7）　奥林康司「日本的経営」佐護譽・韓義泳編『企業経営と労使関係の日韓比較』泉文堂，1991 年，p. 14
8）　同上稿，pp. 7-9
9）　同上稿，pp. 17-18
10）　根回しとは，公式決定の前に，非公式に案件に関する関係者らの意見を打診，調整するものであり，これによって案件はスムーズに公式決定へとつながっていく。

11) 尾高邦雄「集団主義と日本的経営」内野達郎・J. C. アベグレン編『転機に立つ日本型企業経営』中央経済社，1988 年，pp. 60-64
12) 同上稿，p. 66
13) 間　宏『日本的経営』日本経済新聞社，1971 年，p. 16
14) 岩田龍子『日本的経営の編成原理』文眞堂，1977 年
15) 尾高，前掲稿，p. 59
16) 同上稿，p. 61
17) 奥林康司編『入門　人的資源管理』中央経済社，2003 年，p. 173
18) 『日本経済新聞』2003 年 12 月 18 日
19) 通商産業省産業政策局企業行動課編『平成 8 年版　総合経営力指標（製造業編）』大蔵省印刷局，1997 年，p. 124
20) 酒向真理「21 世紀日本の労使関係システム」伊丹敬之ほか編『日本の企業システム第II期第 4 巻　組織能力・知識・人材』有斐閣，2006 年，p. 249

参考文献

飯田史彦『日本的経営の論点』PHP 研究所，1998 年
Abegglen, J. C., *21st Century Japanese Management*, Nihon Keizai Shinbun, 2004.（山岡洋一訳『新・日本の経営』日本経済新聞社，2004 年）
山城　章『日本的経営論』丸善，1976 年
土屋守章・許斐義信『これからの日本的経営』NHK 出版，1995 年
八城政基『日本の経営・アメリカの経営』日本経済新聞社，1992 年

第 15 章
日本型企業システムの展開

第1節　日本型企業システムの特徴

企業，特に大規模株式会社とステークホルダー（利害関係者）との関係における日本的特徴は日本型企業システムとよぶことができる。日本型企業システムは，企業系列，株式相互所有（株式相互持合い），企業と政府の関係，メインバンク・システムなどにみることができる。企業系列には生産系列，販売系列などをあげることができる。すなわち，日本の企業は供給企業との間に長期的・固定的・排他的な関係をもっており，しかもこれらの供給企業の集団が1次下請け，2次下請けなどというように序列化されているというものである。このような生産系列と同様に，日本においては製造企業から消費者への経路に1次卸し，2次卸しというような排他的な販売系列が形成され，新しい参入企業との取引きを阻んでいる。

企業同士が互いに株式を所有し合う，株式相互所有も日本型企業システムの特徴のひとつである。株式相互所有は企業同士が互いに安定株主となり，敵対的企業買収に対する防衛策となっているだけでなく，日本における経営者支配の基礎となっており，また特定企業との取引き拘束や，株価政策のためにも用いられている。

日本型企業システムの特徴は，企業統治（コーポレート・ガバナンス；corporate governance）にも見いだすことができる。企業統治は狭義には株主と経営者との関係であり，広義には債権者，消費者，地域社会，政府，供給企業などのステークホルダーと企業との関係を意味する。日本型企業システムの基本的特徴のひとつは日本における狭義の企業統治の中に求めることができる。わが国の大企業においては高い安定株主比率，会社機関の無機能化などによって経営者支配が成立しており，株主，特に個人株主の利益や権利が顧みられることが少なかった。株式配当はきわめて低く，個人株主が株主総会で発言する機会もほとんど与えられてこなかった。株主の立場から企業経営や経営者を監視・統制すべき，株主総会，取締役会，監査役などの機関は形骸化しているばかりでなく，逆に経営者の権力強化のために利用されてきた。しかし，近年の株式相互所有解消の流れの中で，個人株主の利益や権利に配慮する企業も増加してきている。

広義の企業統治において最も顕著なものは企業と政府の関係であろう。わが国の企業と行政機関（官僚），政治家（議員）との間にはきわめて強力な結合関係が存在し，現行の企業経営，日本の政治・経済システムをゆがんだものにしている。この結合関係は業界，官僚，政治家の「鉄の３角形」とよばれており，３者が互いに利益を与え合う（引き出し合う）関係で結合されている。３者は互いに弱みと強みをもっており，「業は官に頭が上がらない，官は政に頭が上がらない，政は業に頭が上がらない」などといわれているが，経済的成果に限ってみるならば，業（界）が最も大きな経済的利益を享受しており，業界が政治家と官僚を手足のように使いこなして自らの経済的利益を追及しているということができる。官僚や政治家のような「公僕」が国民大衆のために奉仕するのでなく，企業，業界のために奉仕する関係が長期にわたって維持されてきたことによって，日本の政治・経済システムはすっかり企業利益に偏重したものとなってしまった。企業と政府のこのような関係は他の先進資本主義国に類をみないほど強固なものである。

本章では，上述の日本型企業システムのうち，株式相互持合い，狭義の企業統治システム，メインバンク・システム，企業と政府の関係等の日本型企業システムの特徴および最近の変化について検討していくことにしよう。

第 2 節　株式相互持合い

1995 年度の全国上場企業 2,277 社の所有者別株式分布状況（時価総額ベース）によれば，金融機関の株式所有比率が 41.17%，事業法人等の所有比率が 27.2% であった。金融機関の株式所有のうち，都銀，地銀，長銀による株式所有 15.1% と，事業法人による株式所有がほぼ株式相互所有に相当すると考えることができる。金融機関や事業法人などの株式所有者のほとんどは，乗っ取り防止のため被所有企業から依頼され，長期的に株式を保有するいわゆる安定株主と考えられる。安定株主には保険会社や従業員持株会，下請持株会のように一方的に株式を所有する株主もあるが，お互いに安定株主となり合う株式相互持合いの関係にあるものも多い。安定株主作りは戦後の財閥解体によって分散した株式が買い占めにあった事件や，1960 年代の資本自由化の時期などを契機に進められてきた。1960 年代の株主安定化工作は資本の自由化に伴う外資による日本企業乗っ取りの危険性に対処しようとするもので，トヨタ自動車をはじめとする自動車産業を先頭に，電機，繊維産業などがこれに続いた。1995 年度の金融機関（都銀，地銀，長銀）と事業法人等の合計所有比率 42.3% の大部分は直接的・間接的な形での株式相互所有と考えられる。

企業の発行する株式の大きな部分が長期的・安定的に所有されるということは市場で常に売買される株式が少ないということを意味する。すなわち，株式相互所有は株式市場の流動性を低下させるため，株価操作が容易となり，発行企業や証券会社などにとっても好都合であった。株価操作によって作り出された「右肩上り」の株価は「含み益」を生み出しつづけ，日本企業は「含み益」に依存する経営を常態化させることになった。1990 年代のバブル崩壊はこの「含み益」を消滅させ，金融機関や企業の財務構造の脆弱さをさらけ出す結果となり，「含み益」依存の経営がいかに安易な財務政策であったかということを知らしめることになった。

わが国の大規模株式会社の多くは株式が広範に分散しており，支配を行うに足るまとまった株式を保有する個人大株主も法人もいない，いわゆる経営者支配の状況にある。このような企業では株式相互所有はいかなる意味をもつのであろうか。1996年度の株主総会では，全議決権の過半数が委任状によって集められた企業は全上場企業の約60%に上った[1]。この委任状のほとんどは株主総会の議長となるその企業の経営者（一般に代表取締役社長が議長となる）が自由に議決権を行使することのできる白紙委任状であるから，わが国の大半の企業では株主総会が開催される以前の委任状収集の段階で経営者が総会での決定権を握ってしまうことになる。取締役や監査役の選任は株主総会で議決されるため，このことは経営者（代表取締役社長）が取締役と監査役の事実上の人事権を掌握することを意味する。法律上，取締役や監査役は社長をはじめとする最高経営者の業務執行を監督する役割を担っているが，社長に人事権を握られている取締役や監査役が社長に対して厳しい監督を行うことはできない。日本企業の最高経営組織の最大の問題点のひとつは，これら会社機関の無機能化，なかでも経営者層に対する株主総会，取締役会，監査役などの監督機能の無機能化であるが，その最大の理由は株式相互持合いを通して経営者に大きな権力が与えられることにある。

株式相互持合いによる株主の安定化は日本企業に対する敵対的買収をきわめて困難なものにしている。このことは経営者に対する市場の規律が機能しないことを意味する。敵対的な企業買収がさかんなアメリカにおいては，経営者の

図表 15—1　株式相互所有は議決権の交換をもたらす

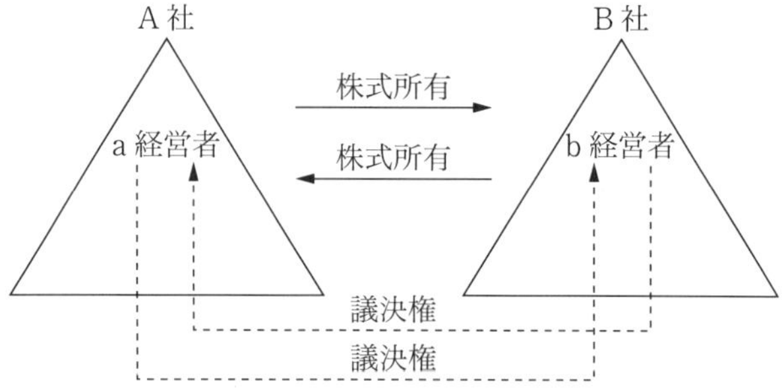

能力が低く業績の低い企業は株価が下落し，企業買収の標的となりやすい。能力の低い経営者によって運営されていた企業は能力の高い経営者の企業によって買収され，能力の低い経営者が追放されるだけでなく，被買収企業の経営資源が能力の高い経営者の管理下に移されることによって社会的な資源配分の適正化も実現する。経営者は企業買収を受け追放されることを回避するため，企業業績の向上に努め，株価の低落をきたさないように努める。このように市場の規律は社会全体の経営資源の誤った配分や，株価の低落による株主の不利益を防ぐ効果をもっている。

一方，株式相互持合いによって市場の規律が働かない日本においては，持合いに参加していない個人株主や機関投資家が大きな不利益を被るだけでなく，経営資源の非効率な利用によって社会的にも不利益を被ることになるのである。

1990 年代の後半以降，時価会計の導入や，銀行の株式保有制限などの政府の規制もあり，株式相互所有の比率は急速に低下した。企業は相互持合い解消の受け皿を個人株主に求めたため，個人株主の利益や権利を重視する政策を打ち出し始めている。一方，持ち合い解消によって市場で売却された株式の多くは外国人機関投資家によって取得された。外国人機関投資家は活発な企業統治活動を通して，日本企業に企業統治改革を迫るが，それにもかかわらず経営者が海外での IR 活動を通じて，海外の機関投資家に，自社株への投資をアピールする企業が増えている。相互持合い解消によって，経営者は株主重視へと大きくその政策を転換しつつある。

株式相互所有を示すと考えられる長銀・都銀・地銀の所有比率と事業法人の所有比率はそれぞれ 1997 年度の 14.8% および 24.6% から 2006 年度の 4.6% および 20.7% へと著しく低下した（図表 3—6 を参照）。特に長銀・都銀・地銀の所有比率の低下が顕著であり，それに対して外国人の所有比率は 97 年度の 13.4% から 06 年度の 28.0% へと上昇している。

図表 15—2　最近 10 年間の投資部門別株式保有比率推移

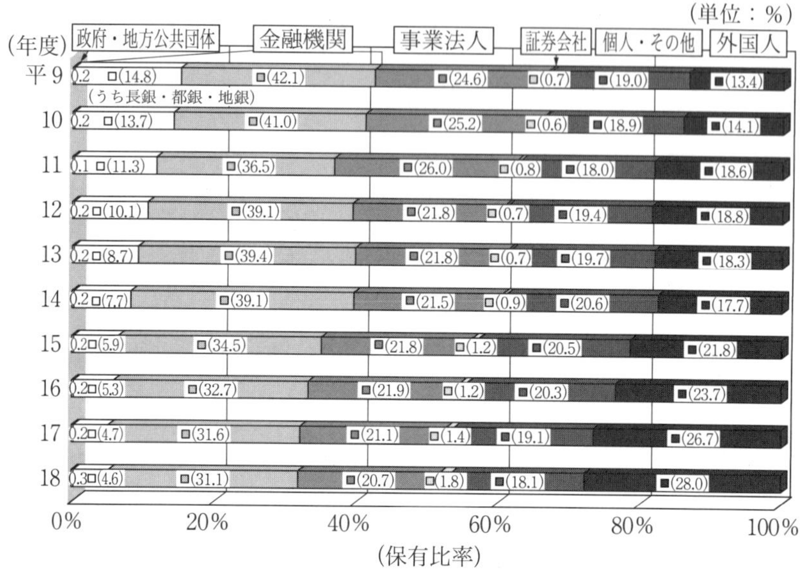

出所）東京証券取引所「平成 18 年度株式分布状況調査の調査結果について〈要約版〉』(2007 年 6 月 15 日)
http://www.tse.or.jp/market/data/examination/distribute/h18/distribute_h18a.pdf

第 3 節　メインバンク・システム

企業と銀行の間にも特殊日本的な関係を見いだすことができる。第 2 次世界大戦後の日本経済の復興期や経済成長期は企業にとって深刻な資金不足の時期でもあった。経済の復興と成長のために政府は民間金融機関と一体となって特定の産業分野に対して重点的に資金供給を行ってきた。したがって金融機関の融資政策は政府の融資政策でもあったため，全般的な資金不足と相まって，金融機関は産業会社に対して常に優越的な地位を保ってきた。金融機関の産業会社に対する融資政策は，いわゆる護送船団方式といわれる政府の金融機関に対する強力な管理と保護の下に，金融当局の意思を反映させる形で行われてきた。

ところで日本の企業と銀行との関係は他の企業間取引きと同様，株式相互所有や役員派遣をベースとした長期的・固定的関係を特徴としている。特定の産業会社が特定の銀行と特に強い結合関係を長期的・固定的にもつ，このようなシステムはメインバンク・システムとよばれている。ある企業にとって最も多額の融資を受けている銀行がその企業にとってのメインバンクとよばれる。メインバンク・システムの特徴は，① 当該取引企業への高い融資比率，② 相互持株による資本関係とメインバンクの高い持株比率，③ メインバンクから企業への取締役派遣というかたちによる人的関係，④ 総合的な取引関係，⑤ 長期的取引関係，⑥ 総合的取引きによるメリットの享受と破産リスクに対するデメリットの負担などである[2)]。

メインバンク・システムは近年の間接金融から直接金融への企業の資金調達方法の変化，企業と銀行の株式相互持合いの解消（持合い崩れ），不良債権や金融不祥事を原因とする金融危機などを経て転換点にさしかかっていることは確かである。しかしこのシステムが，第 2 次世界大戦後の日本経済のめざましい復興と成長において重要な役割を果たしてきたことは評価されるべきであろう。メインバンクの機能には，「① 情報の非対称性に伴うエージェンシー・コストの引き下げ，② リスクに対する保険，③ 各種情報交換[3)]」など 3 つの機能をあげることができる。

メインバンクは企業に対してモニタリング機能を果たしており，また他の金融機関に対してシグナリング機能を果たしているため，エージェンシー・コストの引き下げという経済効果の機能を担っているといわれる。これがメインバンクの第 1 の機能である。企業経営者は自らの企業の財務内容や合併や買収などを含む経営計画などの情報を最も豊富に有している。それに対して，この企業への通常の融資者のもつ当該企業情報はこれよりも格段に少ないのが普通である。これは企業経営者と融資者との間の情報の非対称性とよばれる。企業経営者が融資者に判断材料となる十分な企業情報を提供しない場合には，融資者がリスク・プレミアムを要求する可能性がある。すなわち，情報の非対称性から生ずるコストである，エージェンシー・コストが発生する。その際にメインバンクが借り手である企業をモニタリングすることになれば，融資者と企業経営者の間の情報の非対称性を収縮し，エージェンシー・コストを低下させることができる。

モニタリングによるエージェンシー・コストの低下はメインバンク自身が享受することができるのはもちろん，メインバンクの出すシグナリング効果によって，メインバンク以外の金融機関も享受することができる。「すなわち，企業の投資プロジェクトが多額の資金を要する場合，通常，メインバンク以外の金融機関も協調融資を行なうことで資金を賄うが，他の銀行は個別に多大な情報収集を行なわなくとも，メインバンクの融資を一つのシグナルとして融資を実行するため，メインバンクが存在しない場合に要したコストが節約できるのである[4]」。モニタリングは，たとえば銀行が企業の特定の投資プロジェクトに融資するような場合には，銀行がその企業のプロジェクトを評価し，融資後のプロジェクトの活動状態を監視し，プロジェクト終了後の財務内容を監視するというように行われる。したがって，モニタリング自体にも相当なコストが発生することになるが，企業とメインバンクの関係が長期的・固定的であることによって，このモニタリングのためのコストも低下する。企業とメイン・バンクの長期的・固定的関係が両者にとって経済的合理性をもつものであるということは，次のように説明することができる。

「こうしたモニタリングは，一定のコストを要する専門的な情報収集・分析活動であることはいうまでもない。ただ，これらの活動は，取引きを新規に開始する場合には，かなりのコストを必要とする一方で，その後の活動においてはそれまでに蓄積された情報の活用が可能となる。逆に取引きが継続されない場合は，過去の蓄積された情報は無に帰するものであり，情報収集に要した費用は『サンク・コスト』(埋没費用) となる。したがって企業と銀行の取引関係が長期的かつ固定的であるメインバンク・システムにおいては，銀行はモニタリング・コストを抑えることが可能となり，借り手側もコスト低下分をシェアできることから，双方にとって経済合理性がある[5]」。

銀行は融資の際に企業に対して必要な経営情報の提供を求めるが，メインバンクは企業に取締役，監査役，業務執行役員などの役員派遣を行っているのが一般であるから，これらの人的ネットワークを通しても企業の内部情報を獲得することができる。さらに，企業は主要取引きの決済などをメインバンクの口座を通して行うので，メインバンクは企業のキャッシュ・フローについての情報を把握することができる。

メインバンクの機能の第 2 は，リスクに対する保険機能である。企業が経営危機に陥った場合に，メイン・バンクが積極的に資金供給を行って救済する例がよくみられるが，このような保険機能は借り手である企業にとっておそらく最も重要な機能であろう。メインバンクをもたない企業が経営危機に際してしばしば簡単に破綻に陥ることは，保険機能の重要性を物語るものである。わが国では，市場金利が低いときにメインバンクが高めの貸出金利を設定し，市場金利が高い時に低めの貸出金利を設定するようなことがみられるが，これもメインバンクの保険機能のひとつと考えることができる。このようなメイン・バンクの政策的な金利設定によって企業は金利変動リスクを回避することができるのである。

メインバンク機能の第 3 は，情報交換機能である。メインバンクは企業に対して資金の効率的な調達と運用について助言することができ，また企業にとって営業上有用な市場や他企業についての情報を企業に提供することができる。一方，メインバンクもまた企業から企業従業員との取引きの斡旋や企業の系列企業との取引きの斡旋をうけることができる。

現在，わが国のほとんどの企業がメインバンクをもっているが，間接金融から直接金融への移行，株式相互持合いの解消，セキュリタイゼーションの進展などによって，メインバンク・システムは大きく変化しつつある。一方，バブル経済の崩壊は多くの日本企業を倒産させたが，その際メインバンクが企業の経営情報をほとんど把握していないことが明らかになり，メインバンクのモニタリング機能がいちじるしく低下していることが明らかになった。もっとも，これまでもメインバンクのモニタリングが機能してきたということについて十分に証明されているというわけではない。

1997年後半の金融危機に際しては企業とメインバンクのもたれ合い構造の弊害も指摘されている。北海道拓殖銀行（拓銀）と拓銀をメインバンクとする東海興業は金融危機の中で共に破綻したが，このケースにおいてはメインバンク・システムの悪しきもたれ合い構造が明らかになった。拓銀の東海興業に対する融資は早い時期に事実上不良債権化していたが，拓銀は「不良債権が膨らむのを避けるため，融資をつないで債権を表向き不良化させない操作」を行ってきたのである[6)]。企業とメインバンクのなれ合い・もたれ合いの関係が企業と銀行双方にとっての不健全な経営を助長し，そしてなによりも情報を隠蔽することによって銀行の株主，預金者，債権者，取引企業などに多大な損害，影響を与えたことになる。日本型金融システムの大改革が進められてきたが，もたれ合い構造の中で企業とメインバンクが一体となって情報隠しを行ってきたこれまでのメインバンク・システムの改革も急務となっている。

第4節　企業と政府

わが国においては特定の行政機関（所管官庁）が特定の業界に対して規制を行っている。業界を規制する法律制定は本来議会が行うものであり，行政機関は法律を執行する立場にあるはずであるが，わが国においては官僚（行政機関の構成員）が法案を作成する。「官僚が法制度の設計を行なうことを反映して，日本の規制制度では規制官庁の裁量性が大きい。各省庁はなるべく大まかな法律を作り，細部はすべて省令で定めることができるようにする傾向が強い。アメリカでは議会が行政府を制御するために法律を作成するので，細かい規程まで盛り込むのと対照的である[7)]」。

各業界は業界団体を結成しており，建設業界と国土交通省，製薬業界と厚生労働省，銀行業界と財務省というように業界と所管官庁の関係がきわめて明確になっている。このように所管官庁と業界との関係が明確かつ固定的であり，官庁が業界の監督にあたって大きな裁量権をもつことが官僚と業界の癒着を促してきた。業界は日常的な接待や天下り，天上りを通して立法や監督に対して大きな影響力を行使してきた。制度的には官僚が業界に対してきわめて大きな権限をもつようにみえるが，独占禁止法が絶えず産業界の圧力によって緩和されつづけてきたことやわが国の PL 法の制定が産業界の圧力によって大幅に遅れ，また，その内容も他の先進諸国のそれと比べるときわめて産業界に有利なものとなっていることなどをみれば，産業界の意向が官僚を動かして立法過程や執行過程に十分反映されてきたことは明らかである。産業界が平身低頭して官僚の機嫌を損ねないように行動する表面的な関係とは裏腹に，産業界は十分な経済的成果を享受しているのであり，その意味においては官僚に対して十分影響力を行使しているということができる。

産業界と官僚の結合関係は企業による監督官庁の官僚に対する接待，(時として違法な) 利益供与，官僚の企業に対する特別な情報提供，許認可や公共事業発注における優遇などに現われているが，その最も象徴的なものは官僚機構の頂点から末端に至るまで広汎にみられる天下りである。天下りは特定の業界がこの業界に対して許認可権限や国家予算・公共事業の配分権をもつ官庁の職員に対して退職後のポストを提供し，そのことによって業界がより大きな利益を獲得しようとするものである。したがって多くの許認可権限をもつ財務省や経済産業省，巨額の公共事業を発注する国土交通省，農林水産省などが天下りを多く出している。各官庁が監督関係にある業界に対する天下りは国家公務員法第 103 条によって原則的に禁止されている。しかし，人事院による承認を得たものは例外的に認められており，人事院の「営利企業への就職の承認に関する年次報告書」によって公表されている。2004 年の同報告書によれば 2004 年の天下りは 719 人であった。そのうち国土交通省からの天下りが最も多く，336 人となっている[8]。

ところが同報告書に公表されるのは官庁から直接民間企業に天下った場合だ

けであり，官庁からまず特殊法人や公益法人に天下り，その次に民間企業に天下ったような場合には同報告書には掲載されないため，実際の天下りの数はこれよりはるかに多いといわれている。特に重要なのは高級官僚ほど特殊法人・公益法人経由で天下りをする傾向が強いことであり，したがってまたこのようなケースほど公表されにくいということである。

国家公務員試験の一種試験合格者，いわゆる「キャリア組」とよばれる高級官僚の天下りはよく知られているが，多数の一般公務員においても天下りが広く行われているという事実もきわめて重要である。たとえば，「農業関係の公共事業予算の企画，執行などを担っている『農業土木技官』が民間の建設，設計，測量・調査といった関連会社に，全国で2022人天下っている[9)]」が，これらの天下りを受け入れている民間企業が農水省発注の公共事業を集中して受注している。農業土木技官は「公共事業の立案から予算要求，執行までの全過程を担っており」，彼らは民間企業へ天下りの後，「営業担当者として出身官庁を回る仕事に就く」ことが多いため，彼らの後輩や部下だった所管官庁の担当者から公共事業の受注に関してさまざまな形の便宜をはかってもらうことができる。官庁の担当者もまた先輩に対して便宜をはかることが，自らの退職後の天下り先確保につながるのである。

天下りによる企業と官僚（行政機関）の癒着はこのように日本経済にとって構造的なものであり，その結果，不正な入札，公共事業費の誤った配分や無駄使い，競争企業の排除などという深刻な問題を引き起こしているのである。

一方，企業と政治家の関係は，特定の業界とその業界の利益を代弁する族議員に象徴されている。特定の業界は選挙の際の票の取りまとめや政治献金など特定の族議員に対して常時支援を行う。これに対して族議員は公共事業の配分，税制，官庁の許認可などの行政，法案の審議などにおいて自らの支持母体である業界の利益を最大にするために活動する。それが広く国民や一般消費者の利益の犠牲の上に行われることについて顧慮されることはほとんどない。自らの「票と金」を握る業界への奉仕を怠ることは族議員にとって死活問題でもある。

族議員は常に立法過程，政府の政策決定過程そして行政機関（省庁）の業界に対する監督・指導に対して業界の利益のために介入する。国会議員が国民全体の利益を図るべきであることはいうまでもないが，わが国においては族議員の行動によって一般国民，消費者の利益が大きく損なわれることになる。国会議員が全国民的な利益のためではなく，一部の利害集団，しかも選挙権をもたない企業の利益のために行動することはそもそも民主主義制度の根幹にかかわる重大な問題である。

注）

1）商事法務研究会編『株主総会白書 1996 年版』1996 年 11 月 30 日，p. 79.
2）シェーンホルツ・カーミット，武田真彦「情報活動とメイン・バンク制」『金融研究』第 4 巻第 4 号，日本銀行金融研究所，1985 年。杉浦勢之「戦後復興期の銀行証券」橋本寿郎編『日本企業システムの戦後史』東京大学出版会，1996 年
3）「転換期にある日本的経済システム」『ESP』経済企画協会，1996 年 7 月 26 日，p. 183
4）同上稿，p. 184
5）同上稿，p. 184
6）『朝日新聞』1997 年 12 月 28 日
7）金本良嗣「企業と政府」伊藤秀史編『日本の企業システム』東京大学出版会，1996 年，p. 219.
8）人事院ホームページ http://www.jinji.go.jp/recognition/index.html
9）『朝日新聞』1997 年 1 月 31 日，以下の引用も同紙による.

参考文献

西山忠範『現代日本の支配機構』有斐閣，1975 年
北原勇『現代資本主義における所有と決定』岩波書店，1984 年
岩井奉信『族議員の研究』日本経済新聞社，1987 年
岩井奉信『立法過程』東京大学出版会，1988 年
Johnson, H. J., *The Banking Keiretsu*, 1993.（相沢幸悦監訳『バンキング・ケイレツ』中央経済社，1995 年）
坂本恒夫・佐久間信夫編『企業集団研究の方法』文眞堂，1996 年

伊藤秀史編『日本の企業システム』東京大学出版会，1996 年
奥島孝康編『コーポレート・ガバナンス』金融財政事情研究，1996 年
奥島孝康編『会社はだれのものか』きんざい，1997 年
ポール･シェアード『メインバンク資本主義の危機』東洋経済新報社，1997 年
島田克美『企業間システム』日本経済評論社，1998 年

第 16 章 現代企業の経営戦略

第1節 経営戦略論の概念と変遷

（1） 戦略の起源と経営戦略

「戦略（Strategy）」とは軍事用語で，「Strategos（ストラテゴス：指揮官）」という言葉に由来し，野戦司令官の「将軍の術」を意味し，古代ギリシアのクセノフォン（XÉNOPHON）によって初めて使われたといわれる。また，戦略と対比される「戦術（tactics）」を最初に使い分けたのも彼であるといわれている。

経営・マネジメントの分野において必ずしも明示的ではないが「戦略」を経営学における問題として取り上げたのはドラッカー（Drucker, P. F.）であると考えられる。ドラッカーの「われわれの事業とは何か，そしてそれは何であるべきか」という，経営・マネジメントを行う組織体の存続にかかわるトップ・マネジメントの問題意識を提示し，戦略研究の契機をつくった。一方，ドラッカーが暗示的なことに対し，戦略という概念を明示したのがチャンドラー（Chandler, A. D. Jr.）であろう。彼は戦略を，「企業の基本的な長期目標や発展と存続にかかわる決定」と定義したのである。この意味では経営学に戦略の概念を初めて用いたのはチャンドラーであったといえよう。

しかし，両者は戦略研究の契機を経営・マネジメントに提供したものの，経営学における戦略の概念枠を形成するまでには至らなかった。

（2） 経営戦略論の史的変遷

1） 1960年代後半「戦略論の体系化と事業構造に関する研究の進展」

経営学において経営戦略の本格的な研究はアンゾフ（Ansoff, H. I.）によって展開されることになる。1960年代のアメリカといえば企業の多角化が急速に進展し，新しい分野への事業展開の決定をいかに行うかが問題とされた時期でもある。その中で彼は経営戦略の体系やその開発プロセスをはじめとして，経営学における体系的かつ理論的な戦略研究を行った。彼の定義では戦略とは「部分的無知の状態のもとでの意思決定のルール」であり，その戦略的決定とは「経営体が環境に意図的に適応していくこと」であるとした。そして，戦略を構成する要素として「製品・市場分野」「成長ベクトル（市場浸透・製品開発・市場開発・多角化）」「競争上の利点（競争優位）」「シナジー（synergy）」の4つをあげたのである。

アンゾフによってもたらされた体系的な戦略研究は，アメリカ企業の多角化の進展とともに，事業構造や製品市場の選択の指針となる研究として注目され，発展していくこととなった。

2） 1970年代「経営資源の配分と分析型戦略論の誕生」

1970年代に入ると，アメリカでは先の多角化をいかに効率良く行うかという問題ではなく，多角化した事業をいかにマネジメントするか，特に経済が成熟する中で事業を取り巻く環境の機会やリスクに適応した資源配分の管理をいかに行うかが問題とされるようになった。

このような問題に対する戦略アプローチとして開発されたのがBCG（THE BOSTON CONSULTING GROUP）の「PPM（product portfolio management）（別名BCG matrix）」である。

PPMは2つの理論が背景となって導き出された。

1つめは，生産量と費用の関係の実証研究から導き出された「経験曲線（experience curve）効果」である。これは，累積生産量が倍増することにより，平均費用が20～30％減少するという効果である。

2 つめは，「PLC（product life cycle）」の理論である。事業や製品には「導入 → 成長 → 成熟 → 衰退」というステージがあり，どこに位置するかによって受ける影響が違い，ライフサイクルがあるという仮定である。

このことから，戦略は市場成長率と市場占有率の 2 次元によって操作されることが明らかとされた。

PPM はマトリックスの縦軸に市場成長率，横軸に相対的市場占有率をとる。マトリックスの 4 つのセルには「花形（star）」「問題児（problem child・question mark）」「金のなる木（cash cow）」「負け犬（dog）」と名前が付けられている。

その後 GE（General Electric）社によって，PPM の欠陥を補完する目的で「ビジネス・スクリーン」が開発され，1970 年代は分析型戦略論の最盛期を迎えることになった（図表 16—1）。

1970 年代後半には，さまざまな分析アプローチが精緻化，体系化され，先の課題であった資源配分や管理のみならず，資源展開に適応した組織をつくる経営戦略の実行が問題となり，環境の機会・脅威に組織の資源を適合すべく組織能力を行使する「環境—戦略—組織能力」が一体化した適合関係と位置づけ

図表 16—1　PPM とビジネス・スクリーン

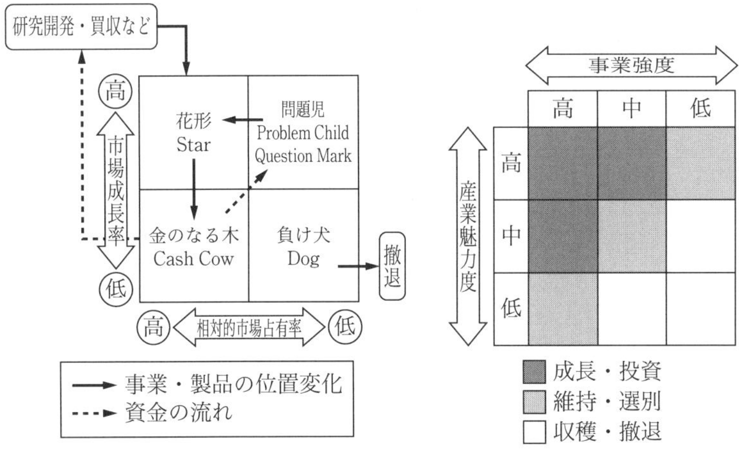

る「戦略経営（strategic management）」が台頭してきた。

また，1970 年代後半から 1980 年代にかけては，従来の企業全体にかかわる「企業戦略（corporate strategy）」だけでなく，個々の事業分野に焦点を当てた「事業戦略（business strategy）」や「競争戦略（competitive strategy）」が論じられるようになる。

ポーター（Porter, M. E.）は，経済学の産業組織論の観点から業界の競争状態を決める「5 つの競争要因（ファイブフォース）」と業界における自社のポジションによって採用する「3 つの基本戦略」を提言した。

5 つの競争要因とは，「新規参入業者の脅威」「既存競争業者間の敵対関係の激しさ」「代替製品の脅威」「買い手の交渉力（顧客）」「売り手の交渉力（供給業者）」であり，業界の収益性を決定し，業界の魅力度を決定する要因となるとした。

業界内での自社の競争力を向上させる「3 つの基本戦略」とは，「コスト・リーダーシップ」「差別化」「集中」である。

「コスト・リーダーシップ」とは，業界において競合他社よりも低コストを実現し，優位性の獲得を目的とした戦略である。その実現においては，「経験曲線効果」「業界内において高いマーケットシェア」が必要となる。「差別化」とは，業界において他社の製品，サービスやイメージといったものでの差別化を図り，その特異性によって自社の優位性の獲得を目的とした戦略である。「集中」は，業界における特定のセグメントに焦点をあて，自社の経営資源を集中させることによって優位性を獲得することを目的とした戦略であり，コスト集中と差別化集中の 2 つがある。

3） 1980 年代以降「分析マヒ症候群から組織論との融合へ」

戦略経営の浸透とともに，経営における戦略概念や戦略的思考が広く一般に認識されるようになった一方で，分析型経営戦略論の限界が指摘されるようになった。分析型戦略論はデータ分析を詳細に行うことに重点を置くあまり，分析によって導き出されたリスクの回避や綿密な戦略や計画を，組織に対して忠実な再現を求めてしまい，その結果，組織のもつ行動力や自主性が失われてしまい戦略策定における集権化と現場の問題点との乖離による「分析マヒ症候群（paralysis by analysis syndrome）」とよばれ批判されるようになった。

また，ピーターズとウォーターマン（Peters, T. J. & R. H. Waterman）によって超優良企業（excellent company）には共通の行動特性があることが見いだされ，戦略は分析的アプローチのみで策定されるものではなく，組織内の人びとを動機づけ，創造的な活動によってもたらされるとした。

その後，戦略と組織の相互関係についての議論が高まり，戦略もまた組織的な相互作用によってもたらされるものであるという考えのもと，プロセス型戦略論の研究が行われるようになった。

第 2 節　経営戦略の概念と定義

（1）　経営戦略の概念

経営戦略に関してさまざまな議論が行われているが，その概念や定義については多様で，普遍的な定義というものはない。しかし一方で「戦略」という用語は抽象的であり，また安易に使用されている側面がある。

ミンツバーグ（Mintzberg, H.）は経営戦略の概念について「計画（plan）」「策略（ploy）」「パターン」「位置（position）」「視野（perspective）」の 5 つの類型で整理を行っている。

「計画」としての経営戦略の概念は，目標を達成するための行為や行動指針を意味している。「策略」は競合他社を出し抜くための計略を意味している。「パターン」とは意思決定や行為の決定の流れにみられる共通性や整合性に焦点を当てた概念である。「位置」とは企業の環境に置かれている位置を規定する方法を意味している。最後の「視野」とは「ビジョン」「コンセプト」といったものを意味する。

（2） 経営戦略論

経営戦略の定義については，多くの議論の中で共通する要素として「企業を取り巻く環境の変化への適応」「組織の長期的方向性の指針」「組織構成員の意思決定の基準」がある。

1） 企業を取り巻く環境の変化への適応

企業を取り巻く環境は政治，経済，社会，文化，自然といったマクロ環境（一般環境）や顧客，競合他社，業界といったタスク環境といったさまざまな環境要因から影響を受ける。しかし企業を取り巻く環境の多くは制御することができず，その変化は不確実，複雑であるため，企業はこの諸環境に適応することが重要である。

2） 組織の長期的方向性の指針

経営戦略には長期的な存続や成長のための基本的な方向性を指し示す役割がある。これは企業が激しく変化する環境の中で活動を行うため，固定化された数値による目標管理には限界があるため，ビジョンや目的といった将来の方向性を指し示すことが重要になったからである。

3） 組織構成員の意思決定の基準

企業規模が拡大するにつれ組織構成員の意思決定の統一を図ることが困難になる。そのため組織構成員が企業の目標達成にとって的確な意思決定を素早く行うことができるルールの役割が必要となる。

前述した3つの要素に基づいて，経営戦略とは，「企業が環境に適応し，長期的方向性を指し示すとともに，意思決定の基準となるもの」といえる。

第3節 経営戦略のレベル

経営戦略は，企業にかかわる戦略の総称であるが，レベルによって大きく3つの戦略に分類することができる。

企業活動全体にかかわる戦略を「企業戦略（corporate strategy）」とよぶ。

また，企業戦略は，企業全体の将来にかかわるものであり，自社の事業がどの分野で活動するかといったことを選択し，その構造についての戦略であるため「事業構造戦略（strategy for business structure）」とよばれることもある。

次に企業戦略によって事業を多角化した企業では，事業分野ごとに戦略があり，その戦略を「事業戦略（business strategy）」とよぶ。事業戦略は特定の事業分野でいかに競争するかが主要な課題であり，「競争戦略（competitive strategy）」が重要である。また，単一の事業で構成されている中小企業やベンチャー企業においては，事業戦略と企業戦略を区別する必要がない。

最後に，生産，人事，財務，マーケティングといった諸機能別の戦略であり，この部門ごとに行われる「機能戦略（functional strategy）」がある。

第 4 節　経営戦略の策定プロセス

経営戦略の策定プロセスは「ミッション（mission）」「ドメイン」「環境・資源の分析」という 3 つによって構成されている。以下ではそれぞれの説明を行う（図表 16―2）。

図表 16―2　戦略策定のプロセス

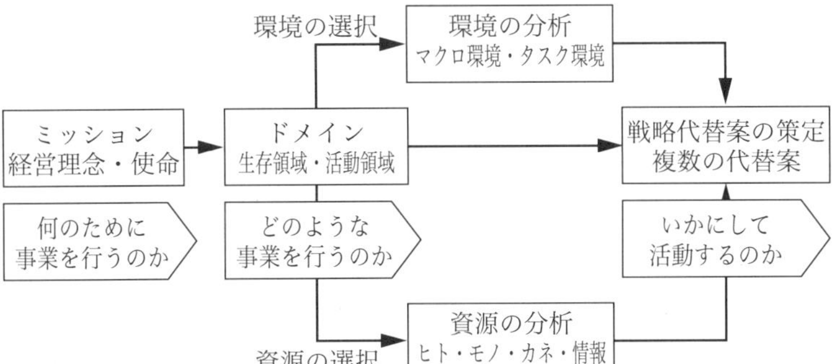

（1） ミッション

ミッションとは直訳すれば「使命」となる。これは企業が時代や環境に左右されることなく実現をめざし，自社の存在理由を示すものである。いわば企業の理念的基礎の重要な部分を担うものであり，経営戦略の策定プロセスにおいて，最初の段階に位置されるものである。

ミッション（使命）と同様の意味で使用される言葉に「社是・社訓」「経営理念」「信念」といったものもある。明確なミッションは，企業の目的やビジョンの確立と，戦略策定の根幹部分となり，効果的に策定を行うには必要不可欠である。

（2） ドメイン

ドメインの定義は「わが社の事業は何か」という重要な問題に答えることであり，自社の行う事業活動の展開領域（生存領域・事業領域）といった戦略空間を決定することである。これは，企業の活動目的を基盤として定義され現在の事業領域のみを指すものではなく，潜在的な事業領域も含むとされている。

企業はドメインを定義することにより，自らが活動する領域と自社の基本的性格を決定する。

伝統的な考え方ではドメインは「市場」「技術」の２次元で定義していたが，現在ではエーベル（Abell, D. F.）によって示された「顧客層」「顧客機能」「技術」の３次元で事業を定義することが多い。

この「顧客層」とは２次元の定義でいうところの「市場」のことであり，共通性によってセグメント化された市場を意味する。「顧客機能」とは，製品やサービスが満たすべき顧客層のニーズのことである。「技術」とは製品やサービスを顧客に提供するにあたって，それを可能とさせる能力や資源のことである。

また，エーベルはこの３次元において自社の事業領域をどこまで拡大するのか，どの程度の違いを提供するのかという差別化によってドメインが決定されるとした。

（3） 環境・資源の分析

環境とは経営環境のことであり，大きく「マクロ環境（一般環境）」と「タスク環境」の 2 つに分けることができる。「マクロ環境」とは，企業の日常活動に直接影響を及ぼさないものの，間接的に影響を及ぼすもののことである。一般的に政治，経済，社会，文化，自然が含まれる。これらは最終的には企業の活動に影響を与える。一方，「タスク環境」とは，企業と直接的な相互作用を及ぼし，企業の目的の達成に直接影響を及ぼすものである。それには顧客，競合他社，業界がある。

資源とは経営資源のことであり，ヒト（人材），モノ（製品・サービス），カネ（資金），情報（技術・スキル・ノウハウ）などがある。

なお，分析には多様な手法が用いられるが，一般的なものに「SWOT 分析」があげられる。SWOT 分析とは自社のもつ経営資源の強み（strengths）と弱み（weaknesses）を認識し，経営環境における機会（opportunities）と脅威（threats）を明らかにする分析である。なお SWOT とはそれぞれの頭文字である。

第 5 節　経営戦略と企業の成長の方向性

（1） 成長ベクトル

経営戦略において企業の成長の問題に関しては，通常アンゾフが提唱した成長ベクトルをもとに進展していった。

アンゾフの成長ベクトルとは，自社の現在の製品と市場分野との関連において企業がどのように成長・進展しているかを示すものである。

成長ベクトルは「製品と市場」という 2 次元で構成されるマトリックスを使用することにより，成長のための戦略を「市場浸透（market penetration）」

図表 16—3　アンゾフの成長ベクトル

		製品	
		既存製品	新製品
市場	既存市場	市場浸透 Market Penetration	製品開発 Product Development
	新市場	市場開発 Market Development	多角化 Diversification

出所）Ansoff, H. I. *The New Corporate Strategy*, MR. H. IGOR. ANSOFF, 1988.（中村元一・黒田哲彦訳『最新・戦略経営』産能大学出版部，1990．p.147 の図より筆者修正加筆）

「市場開発（market development）」「製品開発（product development）」「多角化（diversification）」の 4 つに分類している（図表 16—3）。

①　市場浸透：既存市場において既存製品の購入頻度・量を増加させることを目的とした戦略である。

②　市場開発：既存製品を新しい市場（地域・市場セグメント）への販路拡大を行う戦略である。

③　製品開発：既存の市場セグメントにおいて新しい製品を導入する戦略である。

④　多角化：新しい製品・サービスを新しい市場セグメントへ進出し成長を図る戦略である。この戦略は，ほかの 3 つの戦略が既存市場・製品と何らかの関連があることに対して，市場・製品ともに新しい分野に進出するため，ほかと比較し不確実性要因が多く，リスクも高い。最もすべてが無関係の非関連多角化というわけではなく，旧来の製品や既存市場との関連が強い関連多角化があり多角化の内容や程度は多様である。

(2) シナジー

成長ベクトルにおいて，既存市場・製品の視点から自社の成長の方向性を決め進出可能な分野を検討する際に考慮されるべき要点としてシナジーがあげられる。シナジーとは諸要素の結合からなるそれらの総和以上に成果・利益を生み出す相乗効果のことである。これをわかりやすく数式で表現する例としては「1+2>3」といったものである。

シナジーには 4 種類ある。第 1 は販売シナジーであり，既存製品の流通経路，販売組織，チャネルやイメージといったものを共通利用する。第 2 は生産シナジーであり，既存の生産設備，原料，技術，ノウハウなどの生産面での経営資源を共通利用する。第 3 は投資シナジーであり，既存の工場，機械，設備などの経営資源を共通利用や研究開発の残存効果によって，投資面の節約できる相乗効果である。最後にマネジメントシナジーがある。これは過去の経営活動経営に基づく経営者のマネジメント能力やノウハウなどを，他の分野において共通利用するシナジーである。

シナジーは，特に新しい市場・製品分野へ進出する多角化戦略においては，非常に大きな影響を及ぼす。関連多角化が非関連多角化よりもリスクが低く，成功率が高いのは，シナジーによるものである。

第 6 節　競争戦略一競争優位の構築

(1) 競争戦略への注目

1980 年代のアメリカでは，経済成長を続ける日本をはじめとしたアジア諸国から安価な製品が輸入されるようになり競争が激化し始めた。従来の多角化による拡大路線が行き詰り，多角化した事業を効率よく管理するという問題から，多角化した個別事業が業界の中でいかに競争優位を構築，維持していくのかという問題へと変化していった。

（2） 競争優位と競争戦略

競争とは相手よりも優位に立つための戦いであり，勝者は相手よりも優れているものである。このことを市場における企業間競争の観点からみると，企業は優位な立場や条件を獲得し，競争優位を構築する方法を決定する必要がある。競争戦略とは，この競争優位を構築するために採用される戦略である。

また，競争優位の定義に関してはあいまいさを残す部分があるが，大きく分けて2つのものがある。

ひとつは自社と他社との相対を前提とするものである。競争優位は企業が競合他社よりも平均以上の成果を長期にわたり獲得するといった優位性をもたらすもの。

次に，企業は自社と顧客との関係を第一に考え事業を営み，競争はあくまでその結果として生じるものである。この場合の競争優位とは自社が買い手（顧客）に対して創造できる価値によって生まれる。

一般的に競争優位は前者の意味で用いられることが多い。しかし実際の企業経営においては競争を主眼とせず，後者の示すような顧客との相対を重要視することがあるため十分であるとはいえない。

（3） 競争からの脱却

キムとモボルニュ（Kim, W. C. & R. Mauborgne）は，ライバル企業を打ち負かそうとするのではなく，顧客や自社にとっての価値を大幅に高めることによって，競争のない未知の市場空間を開拓して競争を無意味なものとすることが大切であるとする。競争優位の獲得に焦点を置くのではなく，まだ見ぬ新しい市場を創る。

市場には2種類あり，レッド・オーシャン（Red Ocean）とブルー・オーシャン（Blue Ocean）である。

レッド・オーシャンとは彼らの造語で，今日すべての産業，既存の市場空間のことである。また，ライバル企業との競争を行い勝つことが重要であり，ビジネスの世界から消えてなくなることはないであろうとしている。

それに対し，ブルー・オーシャンは，未知の市場空間すべてを指し，未開拓な市場であるため，需要を掘り起こし，これまでの産業の枠組みを超え，その外に新しく創造されるものであるとしている。

彼らはブルー・オーシャンの分析のために，「戦略キャンバス（Strategy Canvas）」「4 つのアクション（Four　Actions）」「アクション・マトリックス（Action Matrix）」の 3 つを考案した。

戦略キャンバスは，既存の市場空間についての現状を理解するために，横軸に既存市場における競争要因，縦軸に買い手がどの程度のレベルを享受しているかを置く。そして各スコアを結ぶことにより業界や企業の戦略の特徴を示す価値曲線（Value Curve）を描くことにより新しい価値を創造し，競争からの脱却を図る。

参考文献

Kim, W. C. & R. Mauborgne, *Blue Ocean Strategy : How to Create Uncontested Market Space ane Make the Competition Irrelevant*, Harvard Business School Press, 2005.

石井淳蔵・奥村昭博・加護野忠男・野中郁次郎『経営戦略論〔新版〕』有斐閣，1996 年

大滝精一・金井一頼・山田英夫・岩田智『経営戦略』有斐閣，1997

井上善海『ベンチャー企業の成長と戦略』中央経済社，2002 年

第 17 章 ベンチャー・ビジネスの経営と戦略

第1節 はじめに

わが国経済は，全体としては回復基調にあるものの，中小企業や地域によってはその回復に差が生じている状況にある。本章はバブル経済崩壊後の平成不況期から現在まで，産業構造の変革による新産業育成とそれに伴う新規雇用の創出を目的として官公庁が支援するベンチャー・ビジネスとは何か，そして，その経営と戦略について整理したものである。

ベンチャー・ビジネスとは何かでは，その概念や経緯，官公庁が支援する目的，担い手となる起業家の起業家精神について，経営面では，ビジネス活動や成長プロセス，官公庁による支援策について論じている。戦略面では，ベンチャー・ビジネスが起業し成長を図るための戦略として，イノベーション，バリュー経営，コア・コンピタンスについて概説している。

第2節 ベンチャー・ビジネスとは

(1) ベンチャー・ビジネスの概念

わが国でよく用いられるベンチャー・ビジネス（venture business）という用語は，清成忠男・中村秀一・平尾光司が 1970 年の調査に基づいて「研究開発集約的，またはデザイン開発集約的な能力発揮型の創造的新規開業企業[1)]」と定義され使われ始めた和製英語であり，アメリカでは一般的にスモール・ビジネス（small business）とよばれている。

ベンチャー・ビジネスと同様にベンチャー企業という用語もよく用いられており，日本ベンチャー学会において「高い志と成功意欲の強いアントレプレナー（起業家）を中心とした，新規事業への挑戦を行う中小企業で，商品，サービス，あるいは経営システムに，イノベーション（innovation）に基づく新規性があり，さらに社会性，独立性，普遍性を持った企業」と定義されている。両者は厳密な区分はされておらず，ほぼ同義語として用いられていることから，本章ではベンチャー・ビジネスを用語として用いることとする。

（2）わが国におけるベンチャー・ブーム

わが国ではこれまでに 3 回[2)]のベンチャー・ブームがあった。

第 1 次ベンチャー・ブームは 1970 年代前半（70～73 年）に起きた。わが国の製造業の主軸が繊維や鉄鋼等の素材型産業から電機や輸送機械等の加工組立型産業へ変化する中，列島改造論を引き金とした高度経済成長のピークの時期であり，研究開発型のハイテク・ベンチャー・ビジネスが多く登場した。また，1972 年にはわが国で初めてのベンチャー・キャピタルが京都で設立され，それを追うように証券系や銀行系のベンチャー・キャピタルも設立されたが，1973 年の第 1 次石油ショックによる不況でブームは終息した。

この時期に誕生した主なベンチャー・ビジネスとしては，ファナック，ローランド，モスフードサービス等がある。

第 2 次ベンチャー・ブームは 1980 年代前半（82～86 年）に起きた。エレクトロニクス，新素材，バイオテクノロジー等のハイテク・ブームとなり，また，株式店頭市場の公開基準の緩和によって証券系，銀行系，外資系のベンチャー・キャピタルが次々と設立されていったことから，ベンチャー・キャピタル・ブームともよばれている。しかし，評価の高い企業へ投資が集中したことから，過剰な設備投資による急拡大戦略をとったこれらの企業は 1985 年末のプラザ合意による円高不況によって多くが倒産し，第 2 次ベンチャー・ブームは終息していった。

この時期に誕生した主なベンチャー・ビジネスとしては，ソフトバンク，テンポラリーセンター（現パソナ），アート引っ越しセンター（現アートコーポレーション）等がある。

第3次ベンチャー・ブームは1990年代半ば（94年～）から現在まで続いている。過去2回のベンチャー・ブームは経済発展期に発生したものだが，第3次ベンチャー・ブームは産学官を挙げてのベンチャー支援が端緒となっている。バブル経済崩壊後の長引く不況の中，1980年代に低迷したアメリカ経済がハイテク産業を中心としたベンチャー企業の勃興によって1990年代に復活を遂げたことから，国・地方自治体等が連携してベンチャー育成に取り組み始めた。官公庁が創業への支援強化を重要施策として実施することで，民間のベンチャー・キャピタルが新たに設立され，大学等では起業家教育が開始される等ベンチャー・ビジネス支援のためのプラットフォームが整備された。また，1999年以降はマザーズやヘラクレス等の新興株式市場が設立され，ベンチャー・ビジネスにも直接金融による資金調達が可能となった。

（3） ベンチャー・ビジネス育成の目的

わが国におけるベンチャー・ビジネス育成の目的は，世界的な規制緩和や経済のグローバル化，インターネットに代表されるIT革命の中で，従来の産業構造の変革による新産業の育成とそれに伴う新規雇用の創出によって，低迷した経済状況を打破することにある。

図表17―1に示されるように，わが国において1980年代後半から廃業率が開業率を上回る状態が続いており企業数が減少している。わが国の企業数が減少を続けている中で，大企業を中心とした既存企業は，産業構造を根底から変革するよりも，リスクを回避し改良や改善による効率化を図ることに専心する傾向にある。

シュンペーター（Schumpeter, J. A.）は，経済生活を毎年同一軌道が繰り返される循環的な活動と経済循環の軌道を逸脱する変化の活動からとらえ，非連

図表 17—1　企業の開・廃業率の推移（非 1 次産業，年平均）

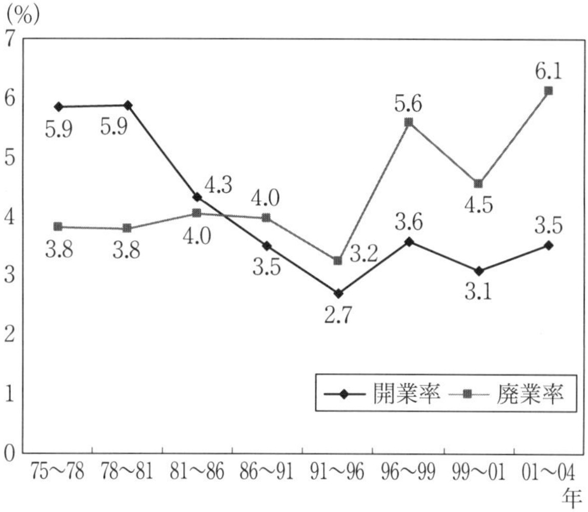

資料）総務省「事業所・企業統計調査」
出所）『中小企業白書 2007 年版』を参考に筆者作成

続な変化の活動こそが経済発展の源泉であり，それはイノベーションによってもたらされると主張した。高い志をもった起業家がイノベーションによって新産業を創出し，その結果として新たな雇用を生み出すことで，わが国経済の活性化を図る。これらを目的として，ベンチャー・ビジネスへの支援施策が積極的に進められたのである。

（4）　起業家精神（アントレプレナーシップ）

ハイリスク・ハイリターンとされるベンチャー・ビジネスを担う起業家にはどのような起業家精神（アントレプレナーシップ）が求められるのだろうか。ベンチャー研究の権威であるティモンズ（Timmons, J. A.）[3)]は，起業家に求められる資質として次の 6 点をあげている。

① 全面的な献身と強固な決意：最も重要な資質である。時間や財産等の個人的な犠牲を引き受け，ねばり強く決してあきらめないことである。

② リーダーシップ：積極的な行動力と高い自己管理能力をもち，成功を独り占めせず，パートナーを支援し育成する能力である。

③ 起業機会への執念：対象となる市場ニーズを追求し価値創造へ執着する。

④ リスク，曖昧性，不確実性への許容度：矛盾や不確実性によるストレス，葛藤への抵抗力をもち，適切に対処できる能力である。

⑤ 創造性，自己依存，適応力：事業の成長に適応性があり自発的に迅速な対応を行う。また現状に満足せず常に創造性を保つ能力である。

⑥ 一流をめざす：地位や権力でなく，自らが設定した高い目標を達成するためにエネルギーを集中させることである。

ベンチャー・ビジネスは新しい組織であり既存企業のような実績がないため，起業家本人が果たす役割は非常に大きい。したがって，起業家にはこれらの資質が求められるのである。

第3節　ベンチャー・ビジネスの経営

（1） ベンチャー・ビジネスの活動

ベンチャー・ビジネスの活動は図表 17—2 に示したように，ターゲットとなる市場を認識し，顧客に新たな価値を創造するか，付加価値を提供することのできる製品やサービスを開発することから始まる。このターゲット市場と製品・サービスの組み合わせに対する事業の可能性（ビジネスチャンス）を「起業機会」という。

ティモンズは市場の環境変化や，矛盾，混沌，知識や情報のギャップといったさまざまな真空状態によって，起業機会が生まれると定義する。顧客のニーズに代表される市場環境の変化と予測を的確に見定めることができるか否かで，起業の成功と失敗を大きく左右する。いかに優れた性能や品質をもった製品・サービスであっても，参入するタイミングを誤ってしまっては成功しない。市場環境の変化に対して，起業家には適切な認識と迅速な対応が求められるので

図表 17―2　ベンチャー・ビジネス活動の構造

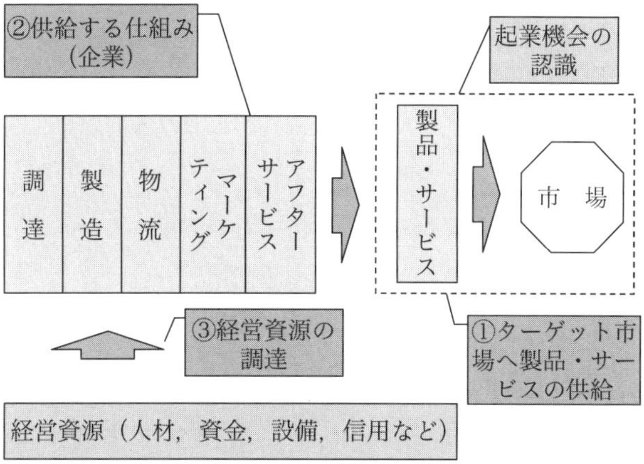

出所）高橋徳行『起業学の基礎』勁草書房，2005 年を参考に筆者作成

ある。

起業機会を認識した次の段階は，製品やサービスを供給する仕組みの構築である。広義では企業としての組織づくりともいえる。具体的には，① 開発した製品やサービスを組み立てるために必要な原材料等の調達，② 製品であれば生産管理，サービスであればオペレーション管理の活動，③ 顧客に販売するための流通チャネルの確立，④ マーケティング活動等である。

続いて，これらの活動を支えるための，ヒト，モノ，カネ等の経営資源の調達である。しかし現実には，スタートしたばかりの企業が容易に資金を調達したり優秀な人材を確保することは，企業の信用がないことから容易ではない。

そこで，これらの計画を体系的に記したビジネスプランの策定が必要となる。ビジネスプランは，起業家が認識した起業機会とその起業機会をどのように実現していくかを明確に文書化したものであり，その主な目的は，① 資金調達と，② 起業後の成長のペースメーカーとしての役割のためである。

起業家はビジネスプランを基に起業機会の優位性を説明し，自らがその起業機会を実現するための経営能力をもち，その結果として得られる合理的かつ論理的な収益目標を説明することで投資家や金融機関を納得させ，起業活動に必要な資金の調達を図る。

また，起業家自らが何度も修正しながらビジネスプランを策定する過程で，起業後に想定される組織の課題や経営資源獲得における問題を，リアルタイムでシミュレーションすることを可能とする。

投資家や金融機関の理解を得るために，また起業家自身が体系的に整理するためにも，ビジネスプランは難解な表現や専門用語を避けてできるだけわかりやすくする必要がある。それは一般的には，次の項目に沿って作成される。① 事業概要，② 提供する製品・サービス，③ 業界・市場分析，④ 目標とする市場と予想される競合先，⑤ マーケティング戦略，⑥ 経営チーム，⑦ 財務計画。

ビジネスプランを策定する際に重要な点は，「何を」「いつまで」にするかである。つまり，目標とそのための期限を数値で明確に示すことで，投資家や金融機関を納得させることを可能とするのである。

（2） ベンチャー・ビジネスの成長プロセス

起業家によって創造されたベンチャー・ビジネスは，いくつかのプロセスを経て成長していく。成長プロセスについては，「スタートアップ期 → 急成長期 → 成熟期 → 安定期」と4段階に分類したものや「シード期 → スタートアップ期 → アーリー期 → ミドル期 → レイター期」と創業前の準備期間を含めて5段階に分類したもの等諸説ある。

本章では図表17―3のとおり「シード期 → スタートアップ期 → 急成長期 → 安定成長期」の成長プロセスを用いることとする。シード期とは起業機会を認識し創業に向けた準備の時期であり，スタートアップ期は創業後事業が軌道にのるまでの時期を示している。急成長期になると，製品やサービスの販売が軌道に乗り急速に拡大していく時期であり，安定成長期には市場が成熟化することで成長のスピードが鈍化する時期である。わが国において新興市場へ上

図表 17―3　ベンチャー・ビジネスの成長プロセス

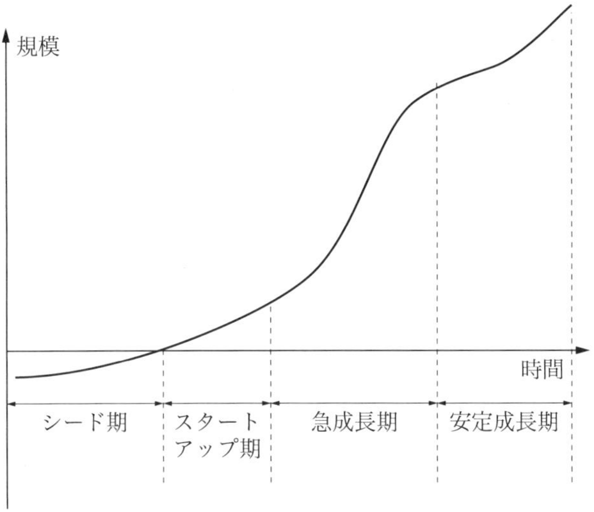

出所）松田修一『ベンチャー企業』日本経済新聞社，1998 年を参考に筆者作成

場（IPO）するステージは，この成長プロセスでは急成長期に該当する。

しかし，ベンチャー・ビジネスにおいて，上記の成長プロセスに沿って順調に成長を進める企業は多くない。中小企業白書 2006 年版によると，全事業所ベースでの企業の生存率について，創業後 1 年目で約 73%，5 年目で約 42% であり，10 年目には約 26% になると報告されている。廃業率を年ごとにみると，1 年目で約 27% と最も多く，2 年目以降は 20% 台を下回り，5 年目以降は 10% 台を下回っている。

創業後，開発した製品・サービスが市場に供給され売上金を回収するまでの間も，経営に必要な運転資金を調達しなければならない。スタートアップ期はこれまでの実績がない新しい組織であり，企業としての信用が低く起業家本人への依存が高い。「死の谷（death valley）」ともいわれるように，このタイムラグに資金が調達できない場合，企業として利益を出していても倒産する可能性もある。創業して 1 年目が最も危険な時期であるといえよう。

（3） ベンチャー・ビジネスへの支援

1999年に中小企業基本法が改正され，中小企業施策は「経済の二重構造を背景とした大企業との格差の是正」から「中小企業の柔軟性や創造性，機動性に着目した自助努力への支援」へと転換し，「創業・経営革新等の前向きな事業活動を行う者への支援」を重点施策として位置づけることとした。このように，わが国におけるベンチャー・ビジネスへの支援は，中小企業施策の一部として位置づけられているが，経済産業省以外にも厚生労働省の雇用施策の観点からの支援や，文部科学省の大学発ベンチャーや産学官連携への支援等，複数の省庁にわたっている。

ベンチャー・ビジネスへの公的支援を，図表17—4のとおり技術開発・事業展開支援，人材の確保と育成支援，税制・資金調達支援の3つに分類してみた。これらについて順に述べる。

図表 17—4　ベンチャー・ビジネスへの公的支援の概要

技術開発・事業展開支援	人材の確保と育成支援	税制・資金調達支援
中小企業技術革新制度(SBIR制度)	ベンチャー支援ネットワークの整備	公的融資(政府系金融機関)
産学官連携支援	産学官人的ネットワーク形成	信用保証（信用保証協会)
大学等技術移転促進支援(TLO)	国立大学等教員人事の流動化	ベンチャー向けファンドへの出資（中小企業基盤設備機構)
大学発ベンチャー支援	ジョブカフェ整備	補助金・助成金
インキュベーション機能強化	OB人材活用推進	エンジェル税制
知的財産保護支援	キャリア形成支援	減価償却制度の見直し
新市場創出支援(ビジネスマッチング)		ストックオプション税制
販路開拓支援		

出所）中小企業庁『中小企業白書』2007年を参考に筆者作成

①　技術開発・事業展開支援

経済産業省等関係7省庁が連携して，新事業の創出に対して技術開発から事業化までを一貫して支援する中小企業技術革新制度（日本版SBIR制度[4]）を柱としている。また，これをサポートするために，産学官連携の推進，大学発ベンチャーの支援，起業後間もない起業家を入居させ，支援・育成するインキュベーション機能の強化，知的財産の保護支援，ビジネスマッチングによる販路開拓等を実施している。

②　人材の確保と育成支援

国は起業家の育成と，そこで雇用される人材の確保にも積極的に取り組んでいる。産学官連携のための人的ネットワークの構築や，専門的知識をもつ企業OB人材と起業家とのマッチング支援，若年者の人材確保を目的としたジョブカフェの整備等を実施している。

③　税制・資金調達支援

企業の円滑な資金調達を可能とするために，担保や個人保証に過度に依存しない公的融資や信用保証を行っている。また，スタートアップ期や急成長期にある企業への投資促進を目的としたベンチャー向けファンドへの出資や，個人投資家からの資金調達の促進を目的としたエンジェル税制[5]の導入，残存価額の廃止等減価償却制度の見直し等を実施している。

第4節　ベンチャー・ビジネスの戦略

（1）　イノベーション

シュンペーターが，高い志をもった起業家がイノベーションによる創造的破壊によって新たなシステムを構築していくことで，資本主義における経済発展が進められると定唱したことは，すでに述べたとおりである。

イノベーションによって従来とは異なる方法やかたちで，物や力を革新的に結合するのであり，シュンペーターはこれを「新結合」と定義した。新結合には次の5つの種類がある。① 消費者には知られていない新しい製品や，既存製品における新しい品質の開発，② 新しい生産方法の開発，③ 新しい市場の開拓，④ 原材料，半製品の新しい供給源の獲得，⑤ 新しい組織の実現，である。新結合の革新性は技術面だけではなく，新たな市場の開拓や組織づくりといった従来の発想を超えた新たなビジネスの仕組みをあらわしている。

起業家が新結合の組み合わせによって新たな起業機会を認識し，製品やサービスを供給する仕組みを構築する過程で，競争に勝つためにはどのような戦略を用いるのだろうか。ポーター（Porter, M. E.）[6]は，企業が市場で競争に打ち勝つために，① コスト・リーダーシップ戦略，② 差別化戦略，③ 集中戦略の3つの基本戦略を提唱した。

① コスト・リーダーシップ戦略

ターゲット市場において競合企業以上の低いコスト水準を達成することで競争優位を獲得する戦略である。すなわち，価格競争で勝つ戦略である。低コストの実現を図るための新結合として，原材料の大量調達等によるスケールメリットの追求や，規模の経済[7]，業務活動の中での学習効果による作業の効率化等の方法がある。

② 差別化戦略

製品・サービスの性能や機能，デザイン，ブランドイメージ等において，他社にはない独自性を提供することで差別化し，顧客満足度を高める戦略である。非価格競争で勝つ戦略ともいえる。

③ 集中戦略

ターゲットとする市場を細分化し，選択した市場に集中的に投資することで競争優位を得る戦略である。

ベンチャー・ビジネスの場合，既存企業と比較して圧倒的に少ない経営資源で市場へ参入することから，自社の経営資源を集中して起業機会を設定することとなる。図表17—5のとおり選定した起業機会に対して，新結合の組み合わせによってコスト・リーダーシップ戦略または差別化戦略のどちらかの戦略を

図表 17—5　3つの基本戦略

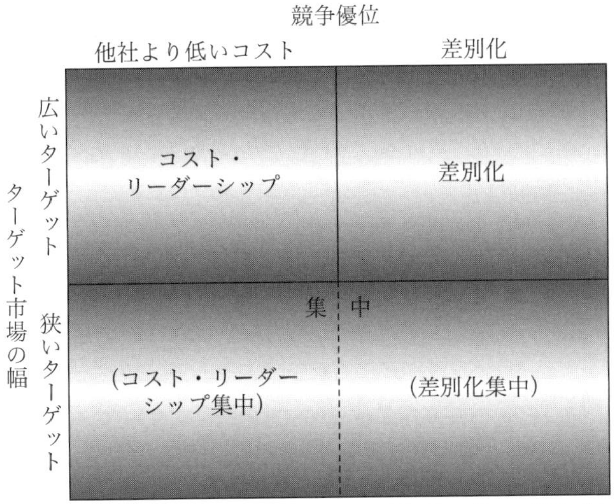

出所）Porter, M. E., *Competitive Advantage*, The Free Press, 1985.（土岐坤・中辻萬治・小野寺武夫訳『競争優位の戦略』ダイヤモンド社，1985年を参考に筆者作成）

選択し，集中戦略と組み合わせることで競争優位を獲得するのである。

（2） バリュー経営

先述したように，ベンチャー・ビジネスの特性として起業家への高い依存があげられる。このことは起業家の価値観が，起業時の戦略策定や実行に大きな影響を与えているととらえることもできる。ベンチャー・ビジネスは，起業家が高い志と成功意欲をもってリーダーシップを発揮しリスクに挑戦していくものである。そこには明文化されないまでも，起業家の信念を具現化した経営理念に基づいてマネジメントを行っていくことが，成長の原動力となり重要な要素となっている。

このような企業ごとの独自の価値観を「バリュー（values）」といい，企業スタッフの思考や行動の基準となる。すなわち，バリュー経営とは，価値観に基づいて戦略や組織をマネジメントすることである。

図表 17―6　バリューに基づくビジネスシステム

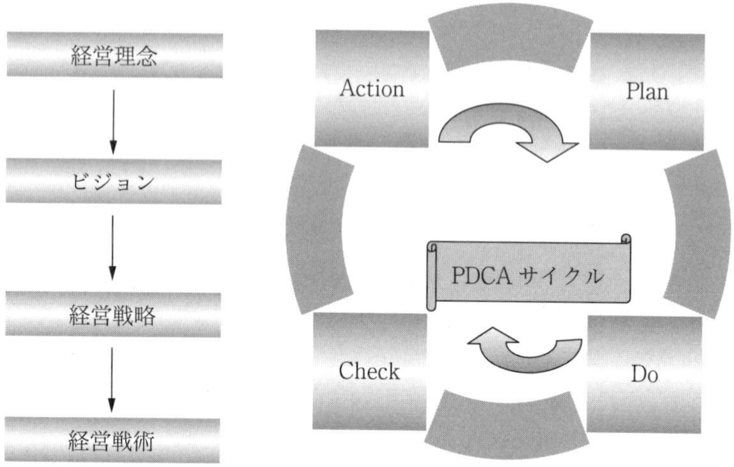

出所）筆者作成

このバリューを具現化したものが「経営理念」であり，経営理念を基に，ある特定の期間における企業のあるべき姿を示したものが「ビジョン」である。そして，ビジョンを達成するために経営資源を有効に活用してどのような道筋をたどるかを表したものを「経営戦略」とする。経営戦略を実行するために，さらに具体的な行動計画に落とし込んだものが「経営戦術」である。これらは図表 17―6 のとおり，Plan（計画）→ Do（実行）→ Check（検証）→ Action（改善）のサイクルを回していくマネジメント手法である PDCA サイクルを循環させることで，目標に向けて計画し実行するだけでなく，結果を検証することによって，より高次なレベルに更新されていく。

創業後年数の経過とともに企業が成長してくると，事業範囲の拡大によって組織の階層が複雑化し企業スタッフも増加してくる。複雑になった経営の中で組織としてのベクトルを合わせていくためには，バリューに基づく経営が求められるのである。

(3) コア・コンピタンス

ベンチャー・ビジネスの経営戦略の特徴として，経営資源が限られていることから単一事業に集中した戦略を展開していることがあげられる。創業後は，先発者としての優位性を確保しながら不足する技術やノウハウ，経営資源を補強していくことで，既存企業の参入に対抗できる競争優位を確立することが求められる。

ハメルとプラハラド（Hamel, G. & C. K. Prahalad）が提唱したコア・コンピタンス（core competence）は，「他社には提供できないような利益を顧客に提供することを可能とする企業内部に蓄積された独自のスキルや技術の集合体」を意味する。個別のスキルや技術ではなくそれらを束ね統合させたものであり，これが競争力の源泉となる。また，ここで述べる技術は製造業に限られたものではなく，商品仕入れから販売までのビジネスプロセスの効率化を図るサプライチェーンマネジメント（SCM）[8)]の導入等，サービス業や小売業においても技術をコア・コンピタンスとすることは可能である。

ベンチャー・ビジネスでは，独自の技術やノウハウ，独創的な製品・サービス，新たな市場の開発等の事業展開によって，先発者としての優位性を確保し続けることが企業存続のカギとなる。このため，コア・コンピタンスによる競争優位を構築した企業は，これを持続させるための投資や努力が戦略展開上重要な要素となるのである。

注）

1) 清成忠男・中村秀一・平尾光司『ベンチャー・ビジネス』日本経済新聞社，1971年，p. 10
2) 1999年のマザーズやヘラクレス等の新興株式市場の創設から現在までを第4次ベンチャー・ブームとする説もある。
3) Timmons, J. A., *New Venture Creation 4th edition*, Richard D. Irwin, 1994（千本倖生・金井信次訳『ベンチャー創造の理論と戦略』ダイヤモンド社，1997年，p. 188）
4) 日本版SBIR制度（Small Business Innovation Research）：米国で1983年か

ら開始されたベンチャー支援制度であり，商務省や農務省，国防省等10省庁が参加し，省庁横断的に運営されている。それまで国の外部研究開発費のほとんどが大学や大企業に配分されていたが，SBIR制度によって一定割合をベンチャー・ビジネスに投入することとなり，ハイテクベンチャーの創出や成長を支援することができた。これによって米国経済は，1980年代の長期不況から復活を遂げることができた。これを参考に，1999年度から7省庁（総務省，文部科学省，農林水産省，経済産業省，国土交通省，環境省，厚生労働省）の連携による日本版SBIR制度を開始した。

5） エンジェル税制：ベンチャー・ビジネスへ投資を行った個人投資家に対する税制優遇措置である。個人投資家は起業家にとって資金を提供してくれる天使のような存在であることからエンジェルと呼ばれる。個人投資家が購入した株式を譲渡する時点で，① 利益が生じた場合は利益額を1/4に圧縮して課税され，② 損失が生じた場合は損失額を翌年から3年間にわたって控除できる，制度である。

6） Porter, M. E., *COMPETITIVE STRATEGY*, 1980, A Division of MacmillanPublishing Co.（土岐坤・中辻萬治・服部照夫訳『競争の戦略』ダイヤモンド社，1982年，p. 56）

7） 財の生産量が拡大していくと，原材料などの変動コストは生産量に応じて増加していくが，工作機械などの固定コストは一定であるため，生産物の1単位当たりのコストが低減していくこと。

8） 資材調達，製品製造，流通，販売という一連のモノの流れをサプライチェーンという。卸やメーカーといった企業や組織の壁を越えて情報の共有と，サプライチェーンの効率化によって，それぞれの段階で発生していた無駄が排除され，在庫コスト・流通コストを最小限に抑えながらもビジネス・スピードを飛躍的に向上（リードタイムの短縮）させることで，顧客満足度を追求していく経営手法。

参考文献

森谷正規・藤川彰一『ベンチャー企業論』放送大学教育振興会，1999年
松田修一監修，早稲田大学アントレプレヌール研究会『ベンチャー企業の経営と支援』日本経済新聞社，2000年
坂本英樹『日本におけるベンチャー・ビジネスのマネジメント』白桃書房，2001年
金井一頼・角田隆太郎『ベンチャー企業経営論』有斐閣，2002年
井上善海『ベンチャー企業の成長と戦略』中央経済社，2002年
岸川善光・八杉哲・谷井良『ベンチャー・ビジネス要論』同文舘出版，2004年

高橋徳行『起業学の基礎』勁草書房，2005 年
川上義明『現代中小企業経営論』税務経理協会，2006 年
財団法人中小企業総合研究機構『ベンチャー企業の経営戦略に関する調査研究』2006 年
中小企業庁『中小企業白書　2007 年版』ぎょうせい，2007 年

索　引

あ 行

ILO　70
IPO　237
アカウンタビリティ　12
アベグレン，J. C.　191
天下り　213, 214
アンゾフ，H. I.　218
アントレプレナー　231
　——シップ　233
委員会（等）設置会社　36-38
意思決定　136
5つの競争要因　220
イノベーション　1, 13, 230, 233, 239
EPRG プロファイル　168, 178
インターナショナル企業　187
ウォール・ストリート・ルール　53
エージェンシー・コスト　209, 210
エージェンシー問題　6
SRI　21, 54, 88
SA 8000　76
SCM　243
SBU 組織　156
NPO　51, 60, 62
　——法人　11
M&A　12, 170
LLC　10
エンロン事件　16, 76
OECD コーポレート・ガバナンス原則　45, 46
OJT　175, 193
オーソリティー　142-144

か 行

海外直接投資　164
会社機関　204
科学的管理法　93, 97-98, 100, 103-105
課業　96
　——管理　105
株式会社　1-6, 8-10, 12, 13, 163
　——革命論　66
株式相互所有　203, 205, 207, 208
株式相互持合い　16, 204, 206, 209, 211
株式の持合い　58
株主価値最大化　18, 19
株主総会　9
株主代表訴訟　46
カルパース　44
環境経営　174
監査委員会　37
監査役設置会社　34
監視　22
監督の範囲の原則　149
管理　108
管理過程学派　117
管理的意思決定　147
機械人モデル　103, 104
機関投資家　18, 207
起業家　231
　——精神　233
企業戦略　220, 222
「企業と社会」論　56
企業の社会的責任　62, 64, 65, 67, 72, 75, 174
企業別組合　194, 198
企業別労働組合　194, 195
企業倫理　80-85, 88, 89, 91
　——の制度化　87
機能別職長　100
キャロル，A. B.　73
キャンペーン GM　68
QC 活動　175
競争戦略　220, 223
協働　123-125, 127, 128, 132, 133
クリーク　142
グローバリゼーション　171, 172
グローバル企業　187
グローバルスタンダード　172
グローバル・ビレッジ　171
経営戦略　218, 221
計画機能　151
計画部　102
経済人モデル　103, 104
限定された合理性　139
コア・コンピタンス　243
公開会社　7
公害問題　71
貢献意欲　128, 130

合資会社　8, 9
公式組織　127, 129, 186
合同会社　8, 10
合弁会社　170
合名会社　8
功利主義　87
国際事業部　179-181, 183
コスト・リーダーシップ戦略　240
COSO　43
　――レポート　22
護送船団方式　59
コーポレート・ガバナンス　12, 16-18, 20-23, 28, 31-34, 36, 38, 42, 44, 46, 47, 59, 203
　――原則　45
コンプライアンス　88

さ　行

財閥　4
サイレントパートナー　59
作業の標準化　99
サステナビリティ　20, 76
サプライチェーンマネジメント　243
差別化戦略　240
差別出来高払制　98, 99
三種の神器　192, 197
CSR　13, 20, 21, 61, 62, 64, 75, 174
事業戦略　223
事業部制組織　154-157, 178
市場メカニズム　81, 83
慈善原理　65
持続的発展　20
執行機能　151
執行役　37
執行役員　35, 36
　――制度　36
シナジー　227
指名委員会　37
社会的責任投資　21, 88
社会的責任否定論　72
社会的責任論　53
シャンシャン総会　60
終身雇用　193, 195
　――制　191, 198
集団主義　197, 198, 201
集中戦略　240
受託者原理　65
消費者ホットライン　69
情報の非対称性　209
職能的職長制　151
所有経営者　7
所有と経営の分離　3, 16
新興市場　236
新自由主義　83
人本主義経営　201
スタッフ　153
ステークホルダー　13, 50-62, 76, 89, 90, 174, 203
SWOT 分析　225
成果主義　199
成長ベクトル　225
責任の鉄則　67
石門心学　83
セクシュアル・ハラスメント　86
説明責任　12
セルフ・ガバナンス　43
全体最適　104
専門経営者　3, 4
戦略経営　220
組織　123, 126
　――の能率　125
　――の有効性　124
組織的怠業　94
SOX 法　22-24, 26, 28

た　行

第 3 セクター　7
多角化　218
　――戦略　227
多国籍企業　163, 164, 167, 172-174, 177, 181, 182, 184-188
ダブルスタンダード　174
超優良企業　221
提携関係　189
敵対的買収　206
出来高払制　94
Dual Class 株式　14
統制活動　42
トップダウン方式　196
ドメイン　223, 224
取締役　2
　――会　9

トリプル・ボトム・ライン　21

な　行

内部統制　41
南海泡沫事件　3
日本版 SOX 法　24, 25, 41
年功制　193, 198

は　行

派閥　142
バーリ，A. A.　65
バリュー経営　241
反グローバリズム　172
PLC　219
非公式組織　129, 182
非正社員　199, 200
PDCA サイクル　242
PPM　218, 219
標準時間　105
5 フォース　220
ファンクショナル組織　151, 152
フィランソロピー　67
4 パート・モデル　73-75
ブランド・マネジャー　159
ブルー・オーシャン　228, 229
プロフィット・センター　155, 182
分権的組織　155, 156
ベンチャー企業　11
ベンチャー・ビジネス　230-238, 243
報酬委員会　37
法令遵守　88
ポーター，M. E.　220
ボトムアップ
　——経営　192, 197, 199, 200
　——方式　196

ま　行

マトリックス組織　156-161, 181
マルチ・ナショナル　186
ミッション　224
ミーンズ，G. C.　65
ミンツバーグ，H.　221
無限責任　6, 8
命令一元化　181
　——の原則　149, 152, 154
命令（の）一元性　111, 112, 115
メインバンク　203, 204, 209-212
　——・システム　209
　——制度　16
モニタリング　22, 209

や　行

誘因　128, 129, 131
有限責任　9, 10

ら　行

ライセンス契約　170
ライン・アンド・スタッフ組織　152, 154
ライン組織　149-152, 157
利害関係者　20, 27, 203
リスク・マネジメント　80
リーダーシップ　132
リレーションシップ・インベストメント
　21, 44
稟議　187, 197, 200
　——制　192, 196
連邦量刑ガイドライン　82
労働生活の質　70
労働の人間化　70
ローカライゼーション　175

編著者紹介

佐久間信夫

明治大学大学院商学研究科博士課程修了

現　職　創価大学経営学部教授

専　攻　経営学，企業論

主要著書　『企業集団研究の方法』文眞堂　1996年（共編著），『企業集団と企業結合の国際比較』文眞堂　2000年（共編著），『リニューアル現代の多国籍企業論』学文社　2002年（編著），『企業支配と企業統治』白桃書房　2003年（単著），『企業統治構造の国際比較』ミネルヴァ書房　2003年（編著），『経営戦略論』創成社　2004年（共編著），『増補版　現代経営用語の基礎知識』学文社　2005年（編集代表），『アジアのコーポレート・ガバナンス』学文社　2005年（編著），『現代経営戦略論の基礎』学文社　2006年（共編著），『CSRとコーポレート・ガバナンスがわかる事典』創成社　2007年（共編著）。

浦野　倫平

長崎大学経済学部卒業

同志社大学大学院商学研究科博士課程（後期）満期退学

現　職　九州産業大学経営学部教授

専　攻　企業財務論，企業論，ベンチャービジネス論

主要著書　『コーポレート・ガバナンスの国際比較』（共著）税務経理協会，2007年

『現代企業の財務戦略』（共著）ミネルヴァ書房，2004年

『株式会社支配論の展開〔イギリス編〕』（共著）文眞堂，1991年

経営学総論

2008年3月10日　第一版第一刷発行

編著者　佐久間信夫
　　　　浦野倫平

発行所　㈱学文社

発行者　田中千津子

〒153-0064　東京都目黒区下目黒3-6-1

電話(03)3715-1501（代表）　振替　00130-9-98842

http://www.gakubunsha.com

落丁，乱丁本は，本社にてお取り替えします。

定価は，売上カード，カバーに表示してあります。

印刷／中央印刷

〈検印省略〉

ISBN 978-4-7620-1769-8